张建宏 ◎编著

一本涵盖餐饮服务全方位知识的百科全书

餐饮服务小百科

 化学工业出版社

·北京·

本书以问答的形式详细介绍了餐饮服务员必须掌握的知识与技能，内容涉及餐饮业入门知识、对客服务的礼貌修养、基本技能、服务规范、服务技巧，与服务相关的酒水常识、烹饪基础、饮食掌故、饮食习俗、西餐文化、卫生消防等知识，以及餐饮业领班的基层管理技能。

本书内容结合餐饮服务员的日常工作，注重实际操作，是餐饮服务员常备常查的小百科，也可作为餐饮企业对服务员进行岗前或在岗培训的指导用书。

图书在版编目（CIP）数据

餐饮服务小百科/张建宏编著． —北京：化学工业出版社，2012.4（2019.11重印）
ISBN 978-7-122-13544-5

Ⅰ.餐… Ⅱ.张… Ⅲ.饮食业-商业服务-问题解答 Ⅳ.F719.3-44

中国版本图书馆CIP数据核字（2012）第026016号

责任编辑：温建斌　　　　　　　　　　　文字编辑：张春娥
责任校对：王素芹　　　　　　　　　　　装帧设计：尹琳琳

出版发行：化学工业出版社（北京市东城区青年湖南街13号　邮政编码100011）
印　　装：三河市延风印装有限公司
710mm×1000mm　1/16　印张16　字数270千字　2019年11月北京第1版第4次印刷

购书咨询：010-64518888　　　　　　　　售后服务：010-64518899
网　　址：http://www.cip.com.cn
凡购买本书，如有缺损质量问题，本社销售中心负责调换。

定　　价：39.80元　　　　　　　　　　　版权所有　违者必究

"民以食为天",道出了"吃"在人们日常生活中的地位。目前,我国正在步入城市化的高速发展进程,随着城乡差距的缩小和人们生活水平的日益提高,人们对餐饮业的要求也越来越高,已经不再满足于温饱,而是向更营养、更卫生、更注重文化情调的层次递进。但是我国从事餐饮行业的服务人员,大多数是刚刚踏入社会的青年人,有很多人在学校里并没有系统学习过服务专业的技能和知识,在工作时虽然他们从心底里想把客人接待好、服务好,却又经常不知所措。因此,迫切需要对从业人员进行培训。

在"知识服务"已成为时代新潮流的背景下,一名优秀的餐饮服务员必须同时兼备丰富的产品知识、高超的服务技巧和良好的销售技能。本书以简单问答的形式,由浅入深地介绍餐厅对客服务知识,能让各位读者在花较少的时间和精力的情况下,学到较多的知识。

本书从实用性的角度出发,分十二个单元介绍了餐饮服务的知识、规程和技艺。其中,行业入门、礼貌修养、基本技能、服务规范等部分为读者提供了规范服务所需的系统知识;服务技巧部分解答了一些餐厅服务员在工作过程中可能会经常遇到的疑难问题;酒水常识、烹饪基础、饮食掌故、饮食习俗以及西餐文化为读者展示了更广阔的饮食知识天地;卫生消防部分介绍了安全服务的知识;基层管理部分则叙述了餐饮业领班的基层管理技能,目的在于使有志于从事这一行业的青年获得提高。本书的编写面向餐饮服务员的工作实际,是餐饮企业对服务员进行岗前或在岗培训的指导用书和服务员工作过程中常备常查的工具书,同时也是各旅游院校学生就业培训的良师益友。

在本书的编写过程中,参阅了部分同行专家的论著,傅琴琴、陈丹苗、肖绪信、杨娇、何淑明、张旭亮、张海霞、尚凤标、徐峰、王晓、朱红霞、肖来、杨方芳为本书的编写提出了许多有益的建议,在此一并表示衷心的感谢!因为个人学识有限,又由于本书涉及面广,再则社会在不断进步,各种思想和观念也在不断变化,故书中不足之处在所难免,企望专家和读者不吝赐教。

张建宏
2012年2月于义乌工商职业技术学院

第一章 行业入门

1 什么是餐饮业? /2
2 餐饮业主要包括哪几类? /2
3 什么是特色餐厅? /2
4 什么是绿色餐厅? /4
5 什么是服务? /5
6 什么是优质服务? /7
7 什么是服务意识? /9
8 什么是服务态度? /9
9 餐饮服务主要有哪些特点? /11
10 什么是首问责任制? /11
11 什么是双向沟通理论? /11
12 什么是三A法则理论? /11
13 什么是亲和效应? /12
14 什么是零度干扰理论? /12
15 如何理解"客人永远是对的"? /13
16 如何理解顾客是"女朋友"? /15
17 餐饮服务的工作岗位主要有哪些? /15
18 餐厅订餐员有哪些工作职责? /16
19 餐厅迎宾员有哪些工作职责? /16
20 中餐零点服务员有哪些工作职责? /16
21 中餐宴会服务员有哪些工作职责? /17
22 餐厅传菜员有哪些工作职责? /17
23 客房送餐服务员有哪些工作职责? /17
24 酒吧酒水员有哪些工作职责? /18
25 酒吧调酒员有哪些工作职责? /18

26 餐厅收银员有哪些工作职责？　　　　　　　　　　　　　　　　/18

第二章　礼貌修养

27 什么是职业道德？　　　　　　　　　　　　　　　　　　　　/21
28 什么是职业修养？　　　　　　　　　　　　　　　　　　　　/22
29 什么是服务礼仪？　　　　　　　　　　　　　　　　　　　　/23
30 餐厅服务员的纪律一般包括哪些内容？　　　　　　　　　　　/24
31 什么是礼节礼貌？　　　　　　　　　　　　　　　　　　　　/25
32 对员工仪容仪表的基本要求有哪些？　　　　　　　　　　　　/25
33 对员工仪态的基本要求有哪些？　　　　　　　　　　　　　　/27
34 对员工表情的基本要求有哪些？　　　　　　　　　　　　　　/27
35 为什么要"微笑服务"？　　　　　　　　　　　　　　　　　/27
36 如何训练微笑？　　　　　　　　　　　　　　　　　　　　　/28
37 面对他人微笑时，应注意哪些问题？　　　　　　　　　　　　/29
38 如何进行站立服务？　　　　　　　　　　　　　　　　　　　/30
39 站立与客人交谈时，怎么办？　　　　　　　　　　　　　　　/31
40 为客人指示方向时，怎么办？　　　　　　　　　　　　　　　/31
41 员工行走时，怎么办？　　　　　　　　　　　　　　　　　　/31
42 迎面遇见客人，为其让路时，怎么办？　　　　　　　　　　　/31
43 客人从背后过来，为其让路时，怎么办？　　　　　　　　　　/32
44 迎宾时，怎么办？　　　　　　　　　　　　　　　　　　　　/32
45 送走客人时，怎么办？　　　　　　　　　　　　　　　　　　/32
46 服务员常见的错误手势有哪些？　　　　　　　　　　　　　　/32
47 员工应熟知的见面礼节有哪些？　　　　　　　　　　　　　　/33
48 服务操作的基本礼节有哪些？　　　　　　　　　　　　　　　/34
49 员工服务语言的基本要求是什么？　　　　　　　　　　　　　/35

50	用于称呼客人的尊称语有哪些?	/36
51	客人进店时的迎候语有哪些?	/37
52	与客人见面时的问候语有哪些?	/37
53	提醒客人注意的关照语有哪些?	/37
54	询问客人,寻求服务的询问语有哪些?	/37
55	客人召唤时的应候语有哪些?	/38
56	对客人表示祝贺的祝贺语有哪些?	/38
57	对客人表示敬慕的敬慕语有哪些?	/38
58	对客人的致谢语与回谢语有哪些?	/38
59	对客人的致歉语有哪些?	/38
60	客人着急或感到为难时的安慰语有哪些?	/39
61	用于客人离店时的告别语有哪些?	/39
62	使用礼貌服务用语时,应注意哪些细节?	/39
63	服务员与客人沟通时,有哪些禁忌?	/40
64	服务员应戒的忌语有哪些?	/40
65	如何倾听客人?	/41
66	接听电话时,怎么办?	/42
67	如果对方要找的人不在,怎么办?	/42
68	终止电话时,怎么办?	/42
69	挂发电话时,怎么办?	/42
70	用电话沟通时,怎么办?	/43
71	为什么在接待前和接待中不宜吃生葱大蒜?	/43
72	为什么在上班前不能饮酒?	/43
73	为什么一些国家和民族特别忌讳"左手服务"?	/43
74	为什么服务员要多学点外宾的手语和头语表达方式?	/43
75	为什么迎客走在前、送客走在后?	/44
76	为什么说替客人取衣、打伞、点火也是服务员的分内工作?	/44
77	为什么客人进餐中不要扫地?	/44
78	为什么"单间儿"是服务员忌用的服务词语?	/44
79	为什么为客人"帮忙"还要事先征得同意?	/45
80	为什么征询客人点菜点饭时,不要说"要饭吗"一类的词语?	/45
81	如果个别客人用不文明语言招呼服务员时,怎么办?	/46
82	服务员能否使用方言服务?	/46
83	服务员如何说"不"?	/47
84	为什么服务员要了解不同宾客的习俗、嗜好与忌讳等常识?	/48

85	餐厅门卫如何留给客人良好的第一印象?	/48
86	如何保持适度服务距离?	/50
87	如何克制住自己的情绪?	/51

第三章 基本技能

88	餐饮服务的基本操作技能有哪些?	/53
89	什么是托盘?	/53
90	什么是轻托?	/53
91	什么是重托?	/54
92	单手端一个盘(或碗)的方法是怎样的?	/54
93	单手端两盘的方法是怎样的?	/55
94	单手端托三盘的方法是怎样的?	/55
95	端托盘行走的步法有哪些?	/55
96	什么是餐巾折花?	/55
97	什么是"推折"?	/56
98	什么是"折叠"?	/56
99	什么是"卷筒"?	/56
100	什么是"翻拉"?	/56
101	什么是"捏"?	/57
102	什么是"穿"?	/57
103	怎样折单荷花?用折单荷花的手法还能折出哪些花型?	/57
104	怎样折圆花篮?用折圆花篮的手法还能折出哪些种类?	/57
105	怎样折并蒂莲花?用折并蒂莲花的手法还能折出哪些花型?	/58
106	怎样折鸵鸟型?用折鸵鸟型的手法还能变换什么种类?	/58
107	怎样折叠海棠花?用折海棠花的手法还能折哪些种类?	/58
108	怎样折牵牛花?用折牵牛花的手法还能折出哪些类型?	/58
109	餐巾折花如何选择花型?	/58
110	怎样掌握外宾对餐巾折花花型的喜忌?	/59
111	餐巾折花应如何摆放?	/59
112	什么叫"摆台"?	/60
113	什么是"推拉式"铺台布?	/60
114	什么是"撒网式"铺台布?	/60
115	什么是"抖铺式"铺台布?	/60

116	桌与椅怎样恰当摆放?	/61
117	早餐用具怎样摆放?	/61
118	午餐、晚餐用具怎样摆放?	/61
119	鲜花、烟灰盅、转盘应怎样摆放?	/62
120	什么是桌斟?	/62
121	什么是捧斟?	/63
122	如何开启易拉罐?	/63
123	如何开瓶装啤酒?	/63
124	如何为客人斟送扎啤?	/63
125	如何为客人开坛装酒品?	/63
126	如何给葡萄酒开瓶?	/64
127	如何给香槟酒开瓶?	/64
128	如何为客人提供饮料服务?	/65
129	如何为客人提供啤酒服务?	/65
130	中餐上菜的要点有哪些?	/66
131	如何上汤羹?	/67
132	如何上火锅?	/67
133	如何上易变形的油炸菜?	/68
134	如何上泥包、纸包、荷叶包的菜?	/68
135	如何上有声响的菜?	/68
136	如何上原盅炖品菜?	/68
137	摆菜的技巧有哪些?	/68
138	如何撤换餐具?	/69
139	翻台时,应注意哪些问题?	/69
140	中餐分菜工具如何使用?	/70
141	分菜的方法有哪些?	/70
142	分菜的基本要求有哪些?	/70
143	特殊宴会,如何分菜?	/70
144	如何分让特殊菜肴?	/71
145	常用的分鱼用具有哪些?	/71
146	分鱼有哪些要求?	/71
147	分鱼的方法有哪些?	/72
148	分鱼的注意事项有哪些?	/72
149	如何分糖醋整鱼?	/72
150	如何分清蒸整鱼?	/72

151	如何分鳞鱼?	/73
152	服务员应具备哪些服务技能?	/73
153	服务员的推销用语有哪些讲究?	/75
154	如何对轻松型的客人进行推销?	/76
155	如何对享受型的客人进行推销?	/77
156	如何对苛求型的客人进行推销?	/77
157	如何对小朋友推销?	/77
158	如何对老年人推销?	/78
159	如何对情侣推销?	/78
160	如何在客人用餐中推销?	/78
161	如何记住客人的名字?	/78

第四章　服务规范

162	什么是服务的规范化?	/82
163	餐前服务有哪些规范?	/82
164	餐间服务有哪些规范?	/83
165	明档制作服务有哪些规范?	/84
166	宴会自助餐服务有哪些规范?	/84
167	餐厅结账服务有哪些规范?	/84
168	"打米饭"服务有哪些规范?	/85
169	吃蟹服务有哪些规范?	/86
170	订餐员接受电话预订时,应注意哪些问题?	/87
171	订餐员接受现场预订时,应注意哪些问题?	/88
172	订餐员应如何落实订餐?	/88
173	迎宾服务的规范有哪些?	/88
174	引座服务的规范有哪些?	/89
175	如何递铺餐巾?	/89
176	如何展示菜单?	/89
177	如何提供小毛巾服务?	/90
178	如何提供茶水服务?	/90
179	如何提供点菜服务?	/90
180	如何撤换烟灰缸?	/92
181	如何更换固体酒精?	/92

182 现金结账有哪些规范? /92
183 信用卡结账的规范有哪些? /93
184 支票结账的规范有哪些? /94
185 签单结账的规范有哪些? /94
186 送客时,要注意哪些问题? /94
187 如何将剩菜打包? /95

第五章 服务技巧

188 有急事的客人前来用餐时,怎么办? /98
189 特别爱挑剔的客人前来用餐时,怎么办? /98
190 带小孩的客人前来用餐时,怎么办? /98
191 客人用餐中,孩子哭闹怎么办? /99
192 信奉宗教的客人前来用餐时,怎么办? /100
193 熟人前来用餐时,怎么办? /100
194 伤残人士前来用餐时,怎么办? /100
195 客人带小动物进餐厅时,怎么办? /101
196 生病客人前来用餐时,怎么办? /101
197 遇到心情不佳的客人来用餐时,怎么办? /102
198 遇到衣冠不整的客人来用餐时,怎么办? /103
199 遇到肤色、外貌异常的客人来用餐,怎么办? /103
200 左手用餐的客人前来用餐时,怎么办? /103
201 客人来店时已经客满,怎么办? /103
202 餐厅里已坐满,只有留给旅行团的座位,客人要坐怎么办? /103
203 如何为独自就餐的客人服务? /104
204 开餐中,米饭供应不上怎么办? /104
205 客人把吃剩的食品、酒水等留下,要求服务员代为保管时,怎么办? /104
206 开餐时小孩在餐厅乱跑,怎么办? /105
207 开餐时,遇到客人同时争坐一张台时,怎么办? /105
208 客人预订的宴会,开餐时要求减人怎么办? /105
209 厨房不按顺序出菜时,怎么办? /105
210 服务员未分完菜就发现菜品不够,怎么办? /105
211 客人用餐时间较长,要求热菜时,怎么办? /105
212 服务员在宴会开始前,才知道有个别客人吃清真或素食时,怎么办? /106

213	客人在餐厅跌倒时，怎么办？	/106
214	客人在大厅用餐时猜拳或打牌，怎么办？	/106
215	客人不小心摔伤、烫伤怎么办？	/106
216	如何为老人和小孩介绍菜式？	/106
217	如何为情侣介绍菜式？	/107
218	客人点菜犹豫不定时，怎么办？	/107
219	客人问的菜式，服务员若不懂时，怎么办？	/107
220	客人已点菜又因急事不要了，怎么办？	/107
221	宴会临时加人时怎么办？	/107
222	客人需要的菜品，菜谱上没有，怎么办？	/108
223	客人按菜谱点菜而厨房没有时，怎么办？	/108
224	服务员正在为一桌客人服务，其他桌上的客人也要求其服务时，怎么办？	/108
225	客人因为晚来的客人较之自己先吃上了菜，从而表示不满时，怎么办？	/108
226	客人对同桌和邻桌要的是同一道菜，而菜量不一样而产生异议，怎么办？	/109
227	客人在用餐过程中要求改菜时，怎么办？	/109
228	客人因服务不及时或上菜不及时而发牢骚，怎么办？	/109
229	对消费较高的客人，应注意些什么？	/109
230	当客人举手示意时，怎么办？	/109
231	负责主台的服务员在主宾、主人离席讲话时，怎么办？	/110
232	当服务员听不清楚客人的吩咐或要求时，该怎么说？	/111
233	服务员未听清客人所点的菜而上错菜，客人不要时，怎么办？	/111
234	服务员不小心将菜水、菜汤、饮料溅出而弄脏了客人衣物，怎么办？	/111
235	上菜时，桌面不够摆放怎么办？	/112
236	客人提出食物变质并要求取消时，怎么办？	/112
237	客人反映上菜速度慢时，怎么办？	/112
238	客人在进餐中要求退菜，怎么办？	/113
239	客人投诉食物未熟、过熟或味道不好时，怎么办？	/113
240	客人认为他所点的菜不是这样时，怎么办？	/114
241	客人用餐时发现菜品中有异物时，怎么办？	/114
242	客人对菜品不满意时，怎么办？	/115
243	客人认为餐厅所提供的香烟、饮料、酒水是假冒伪劣产品时，怎么办？	/115
244	客人之间互相搭台用膳，服务员为客人点菜上菜时怎么办？	/116
245	客人正在谈话，而又有事要问客人，怎么办？	/116
246	客人要求以水代酒时，怎么办？	/116
247	发现客人喝洗手盅中的水时，怎么办？	/116

248	大型自助餐结束后，客人提出打包时，怎么办？	/117
249	客人核对账单时，发现多收的错误怎么办？	/117
250	客人未付账并已离开时，怎么办？	/117
251	在结账时，包房里所用酒水和吧台所记的数量不符，怎么办？	/118
252	客人对账单产生疑问，怎么办？	/118
253	遇到客人恶意逃账时，怎么办？	/119
254	客人因等菜时间太长，要求取消食物时，怎么办？	/119
255	客人点的菜长时间没有上而要求减账，应如何处理？	/120
256	当供应品种加价，餐厅常客有意见，不愿付增加款项，怎么办？	/120
257	客人无欢迎卡（贵宾卡）要求签单时，怎么办？	/120
258	结账时客人所带的现金不够，怎么办？	/120
259	负责结账买单的客人喝醉酒，结不了账怎么办？	/121
260	客人对饭菜、酒水不满意而拒付款，怎么办？	/121
261	客人结账后已离开台面，发现客人把不该带走的物品带走了，怎么办？	/121
262	客人要求优惠餐费怎么办？	/122
263	客人要求餐厅发给一张VIP卡，怎么回答？	/122
264	如何为急躁型客人提供服务？	/122
265	遇到因上次用餐不满意，这次来餐厅故意挑毛病的客人，怎么办？	/122
266	客人对服务员的服务很满意，邀请其到他公司，怎么办？	/123
267	客人要服务员喝酒时，怎么办？	/123
268	服务过程中，客人要求与服务员合影时，怎么办？	/123
269	服务过程中，客人邀请服务员跳舞时，怎么办？	/124
270	客人想约服务员出去玩（喝茶、吃饭），怎么办？	/124
271	客人问女服务员的年龄时，怎么办？	/124
272	客人问员工的工资，怎么回答？	/124
273	客人询问餐厅每天的流水，怎么回答？	/125
274	客人喝醉酒时，怎么办？	/125
275	客人因醉酒而行为不检点，怎么办？	/126
276	在用餐过程中，客人不小心碰翻水杯、酒杯时，怎么办？	/128
277	客人损坏餐具，怎么办？	/128
278	客人被餐具划伤时，怎么办？	/128
279	遇客人在店内吵闹，怎么办？	/128
280	客人用餐时突然停电怎么办？	/129
281	客人仍在用餐，而服务员又需为下次接待做准备时，怎么办？	/130
282	当发现走单，在公共场所找到客人时，怎么办？	/130

283	当餐厅收银台遇到罪犯（持枪或刀）抢劫时，怎么办？	/130
284	突然接到一个电话，恐吓本餐厅有炸弹时怎么办？	/131
285	遇到个别客人故意刁难服务员时，怎么办？	/131
286	客人滋扰女服务员时，怎么办？	/131
287	客人出现不礼貌的行为时，怎么办？	/132
288	在服务中，客人要求你为之买东西时，怎么办？	/132
289	如有客人寻找正在包房就餐的客人时，怎么办？	/132
290	客人要求见经理或老总，怎么办？	/133
291	客人自带酒水来餐厅用餐时，怎么办？	/133
292	客人自带食品要求加工时，怎么办？	/133
293	下班时间已到，仍有客人就餐时，怎么办？	/134
294	客人询问餐厅业务范围以外的事时，怎么办？	/134
295	工作时不小心损坏了客人的东西时，怎么办？	/134
296	服务员如何正确对待客人投诉？	/134
297	如何安排顾客同席同桌？	/135
298	接待外国客人，语言不通怎么办？	/136

第六章 酒水常识

299	什么是酒？酒对人体有哪些益处？	/138
300	为什么空腹喝酒易醉？	/138
301	喝酒不醉的小窍门有哪些？	/138
302	我国常见的酒有哪几种？	/139
303	中国名酒茅台酒的特点是什么？	/139
304	中国名酒五粮液的特点是什么？	/140
305	中国名酒剑南春的特点是什么？	/140
306	中国名酒古井贡酒的特点是什么？	/140
307	中国名酒董酒的特点是什么？	/140
308	什么是洋酒？	/141
309	什么是威士忌？	/142
310	什么是白兰地？	/142
311	什么是伏特加？	/143
312	什么是金酒？	/143
313	什么是朗姆酒？	/143

314	什么是特吉拉酒？	/143
315	什么是香槟酒？	/143
316	什么是利口酒？	/143
317	什么是配制酒？	/144
318	什么是鸡尾酒？	/144
319	什么是啤酒？	/144
320	怎样鉴别啤酒质量？	/144
321	哪些人不宜喝啤酒？	/144
322	怎样看啤酒的商标？	/145
323	怎么看外国酒的年份陈酿？	/146
324	外国酒与食品如何搭配？	/146
325	什么是软饮料？	/146
326	饮茶的益处有哪些？	/146
327	我国常见的茶有哪几种？	/146
328	不同国家或地区的人分别喜欢饮用什么茶？	/147

第七章 烹饪基础

329	世界三大烹饪王国是指哪三个国家？	/149
330	服务员应了解哪些烹饪知识？	/149
331	烹饪的原料可分为哪几类？	/149
332	什么是菜系？	/149
333	中国传统的"四大菜系"、"八大菜系"、"十大菜系"是怎样划分的？	/150
334	中国新的"八大菜系"是怎样划分的？	/150
335	鲁菜的主要特点是什么？主要代表菜、面点小吃有哪些？	/150
336	川菜的主要特点是什么？主要代表菜、面点小吃有哪些？	/151
337	苏菜的主要特点是什么？主要代表菜、面点小吃有哪些？	/151
338	粤菜的主要特点是什么？主要代表菜、面点小吃有哪些？	/152
339	浙菜的主要特点是什么？主要代表菜、面点小吃有哪些？	/153
340	闽菜的主要特点是什么？主要代表菜、面点小吃有哪些？	/153
341	湘菜的主要特点是什么？主要代表菜、面点小吃有哪些？	/154
342	徽菜的主要特点是什么？主要代表菜、面点小吃有哪些？	/154
343	京菜的主要特点是什么？主要代表菜、面点小吃有哪些？	/154

344	沪菜的主要特点是什么？主要代表菜、面点小吃有哪些？	/155
345	什么是清真菜？	/155
346	什么是素菜？	/156
347	什么是炒？	/156
348	什么是熘？	/156
349	什么是炸？	/157
350	什么是烹？	/157
351	什么是爆？	/157
352	什么是烩？	/157
353	什么是氽？	/157
354	什么是烧？	/157
355	什么是煮？	/158
356	什么是焖？	/158
357	什么是炖？	/158
358	什么是扒？	/158
359	什么是煎？	/158
360	什么是蒸？	/158
361	什么是烤？	/159
362	什么是贴？	/159
363	什么是煨？	/159
364	什么是涮？	/159
365	中国菜肴配色的途径有哪些？	/159
366	什么是本色？	/159
367	什么是加色？	/160
368	什么是配色？	/160
369	什么是缀色？	/161
370	什么是润色？	/162
371	上螃蟹时，为什么要配姜醋汁作佐料？	/162
372	上拔丝菜时，为什么要配上凉开水？	/162
373	涮羊肉一般需要配上哪些配料和调料？	/162
374	上烤鸭时，为什么要配大葱、甜面酱等佐料？	/162
375	为什么宴席点心要先上咸点后上甜点？	/162
376	为什么冷盘都作第一道菜上席？	/163

第八章　饮食掌故

377　什么是饮食掌故？　/165
378　鱼香肉丝是怎样产生的？　/166
379　宫保鸡丁是怎样产生的？　/166
380　麻婆豆腐是怎样产生的？　/166
381　夫妻肺片是怎样产生的？　/166
382　回锅肉是怎样产生的？　/167
383　水煮牛肉是怎样产生的？　/167
384　东坡肉是怎样产生的？　/167
385　鱼头豆腐是怎样产生的？　/168
386　大煮干丝是怎样产生的？　/168
387　九转大肠是怎样产生的？　/169
388　白云猪手是怎样产生的？　/169
389　白煮肉是怎样产生的？　/169
390　曹操鸡是怎样产生的？　/169
391　佛跳墙是怎样产生的？　/170
392　三杯鸡是怎样产生的？　/170
393　金华火腿是怎样产生的？　/171
394　过桥米线是怎样产生的？　/171
395　涮羊肉名肴是怎样产生的？　/172
396　北京烤鸭名肴是怎样产生的？　/172
397　德州扒鸡是怎样产生的？　/173
398　圆梦烧饼是怎样产生的？　/173
399　"狗不理"包子是怎样产生的？　/174
400　豆腐干、臭豆腐是怎样产生的？　/174
401　油条是怎样产生的？　/175
402　饺子是怎样产生的？　/176

第九章　饮食习俗

403　北京人、天津人、上海人、重庆人的饮食特点是什么？　/178
404　东北人的饮食特点是什么？　/178
405　河北人、河南人的饮食特点是什么？　/179

406	山西人、山东人的饮食特点是什么?	/179
407	湖北人、湖南人、四川人的饮食特点是什么?	/179
408	安徽人、江西人、福建人的饮食特点是什么?	/179
409	江苏人、浙江人的饮食特点是什么?	/180
410	陕西人、甘肃人、宁夏人的饮食特点是什么?	/180
411	云南人、贵州人的饮食特点是什么?	/181
412	广东人、广西人、海南人的饮食特点是什么?	/181
413	内蒙古人、新疆人的饮食特点是什么?	/181
414	青海人、西藏人的饮食特点是什么?	/181
415	港、澳、台地区人的饮食特点是什么?	/182
416	华侨的饮食特点是什么?	/182
417	中国人饮食口味总的特点是什么?	/183
418	日本人在饮食上有何嗜好?	/184
419	韩国人在饮食上有何嗜好?	/184
420	蒙古国人在饮食上有何嗜好?	/185
421	新加坡人在饮食上有何嗜好?	/185
422	马来西亚人在饮食上有何嗜好?	/185
423	泰国人在饮食上有何嗜好?	/185
424	越南人在饮食上有何嗜好?	/186
425	印度尼西亚人在饮食上有何嗜好?	/186
426	菲律宾人在饮食上有何嗜好?	/186
427	印度人在饮食上有何嗜好?	/186
428	巴基斯坦人在饮食上有何嗜好?	/187
429	沙特阿拉伯人在饮食上有何嗜好?	/187
430	土耳其人在饮食上有何嗜好?	/187
431	英国人在饮食上有何嗜好?	/188
432	法国人在饮食上有何嗜好?	/188
433	德国人在饮食上有何嗜好?	/188
434	意大利人在饮食上有何嗜好?	/188
435	西班牙人在饮食上有何嗜好?	/189
436	葡萄牙人在饮食上有何嗜好?	/189
437	荷兰人在饮食上有何嗜好?	/189
438	瑞典人在饮食上有何嗜好?	/189
439	希腊人在饮食上有何嗜好?	/190
440	俄罗斯人在饮食上有何嗜好?	/190

441	波兰人在饮食上有何嗜好?	/190
442	罗马尼亚人在饮食上有何嗜好?	/190
443	美国人在饮食上有何嗜好?	/191
444	加拿大人在饮食上有何嗜好?	/191
445	墨西哥人在饮食上有何嗜好?	/192
446	巴西人在饮食上有何嗜好?	/192
447	阿根廷人在饮食上有何嗜好?	/192
448	澳大利亚人在饮食上有何嗜好?	/192
449	新西兰人在饮食上有何嗜好?	/192
450	埃及人在饮食上有何嗜好?	/192
451	尼日利亚人在饮食上有何嗜好?	/193
452	坦桑尼亚人在饮食上有何嗜好?	/193

第十章 西餐文化

453	我国西餐业态主要分为哪几方面?	/195
454	西餐有哪些特点?	/196
455	法式菜的主要特点是什么?	/197
456	英式菜的主要特点是什么?	/197
457	美式菜的主要特点是什么?	/198
458	俄式菜的主要特点是什么?	/198
459	意式菜的主要特点是什么?	/198
460	德式菜的主要特点是什么?	/198
461	何谓"法式服务"?	/198
462	何谓"俄式服务"?	/199
463	何谓"英式服务"?	/199
464	何谓"美式服务"?	/199
465	何谓"大陆式服务"?	/199
466	何谓自助餐服务?	/199
467	西餐餐具如何摆放?	/199
468	西餐宴会服务的程序是怎样的?	/200
469	西餐菜品与酒水如何搭配?	/201

第十一章 卫生消防

470	餐饮卫生主要包括哪几方面?	/204
471	服务员个人卫生的要点有哪些?	/205
472	冷菜间卫生操作的要点有哪些?	/206
473	食品粗加工卫生操作的要点有哪些?	/207
474	切配菜卫生操作的要点有哪些?	/208
475	烹饪卫生操作的要点有哪些?	/208
476	食品再加热卫生操作的要求有哪些?	/208
477	冷菜制作卫生操作的要求有哪些?	/208
478	热菜制作的卫生要求有哪些?	/209
479	面点间卫生操作的要点有哪些?	/209
480	备餐卫生操作的要点有哪些?	/209
481	什么是突发公共卫生事件?	/210
482	什么是食物中毒,其发病特点是什么?	/210
483	细菌性食物中毒常见原因有哪些?	/210
484	预防细菌性食物中毒的关键点有哪些?	/211
485	化学性食物中毒常见原因有哪些?	/212
486	预防常见化学性食物中毒的措施有哪些?	/212
487	什么是食品污染?	/213
488	什么是绿色食品和无公害食品?	/213
489	禁止采购的食品有哪些?	/213
490	食品保持期和保存期的区别是什么?	/214
491	什么是火灾?	/214
492	厨房为什么会成为餐饮企业发生火灾的主要地点?	/214
493	饭店厨房的防火应注意哪些?	/215
494	饭店餐厅防火应注意哪些?	/216
495	灭火有几种基本方法?常用的灭火器有哪几种?	/217
496	水为什么能灭火?	/217
497	油锅着火是否可以用水灭火?为什么?	/217
498	烟头为什么能引起火灾?	/218
499	在使用煤气(液化气)点火时,应注意什么?	/218
500	在液化气灶上起油锅,油锅着火怎么办?	/218
501	为什么液化石油气罐不能卧放和倒置?	/218

502	当发生火灾时，怎样办？	/218
503	怎样使用手提式泡沫灭火器和手提式干粉灭火器？	/219
504	火场逃生应注意什么问题？	/219
505	身上着火怎么办？	/220

第十二章 基层管理

506	餐厅领班的工作职责有哪些？	/222
507	如何才能成为一名称职的领班？	/223
508	领班的禁忌用语有哪些？	/223
509	领班如何激励女员工？	/224
510	领班的工作作风有哪些禁忌？	/225
511	领班如何处理员工的抱怨？	/227
512	领班如何给新员工以友善的欢迎？	/228
513	领班应让新员工了解关系其自身生存与发展的哪些信息？	/229
514	领导如何让新老员工和谐相处？	/229
515	领班的不良心态有哪些？	/230
516	"走动管理法"有哪些优点？	/231
517	影响员工微笑的因素有哪些？	/231
518	如何妥善处理客人的投诉？	/232
519	领班如何采取有效的培训方法？	/233

参考文献

第一章
行业入门

"民以食为天",餐饮是人类生活中最基本、最重要的活动。餐饮业作为我国第三产业中的一个支柱产业,一直在社会发展与人民生活中发挥着重要作用。目前,我国餐饮业呈现出高速增长的发展势头,成为"热门"行业之一,餐厅、饭馆、酒楼鳞次栉比,其从业人员以百万计。随着人们生活水平的提高,人们对餐饮及其服务的要求也越来越高,人们要求的不单单是一桌好饭菜,还要求享受到优质的服务和良好的餐饮文化,这就对餐厅服务人员提出了新的更高的要求。

餐饮服务小百科

① 什么是餐饮业？

餐饮业是指利用餐饮设备、场所和餐饮原料，从事饮食烹饪加工，为社会生活服务的生产经营性服务行业。提供餐饮的场所有很多，如酒楼、餐馆、菜馆、饮食店、餐厅等。

② 餐饮业主要包括哪几类？

（1）饭店餐饮。即宾馆、酒店、度假村、公寓等场所内部的餐饮部系统，包括各种风味的中西式餐厅、酒吧、咖啡厅和茶座等。

（2）社会餐饮。即独立经营的餐饮服务机构，包括社会餐厅、餐馆、酒楼、餐饮店、快餐店、小吃店、茶馆、酒吧和咖啡屋等。

（3）其他。如企事业单位的餐厅及一些社会保障与服务部门的餐饮服务机构，包括企事业单位食堂、餐厅，学校、幼儿园的餐厅，医院的餐厅，军营的餐饮服务机构等。

（注：本书主要针对前面两类餐饮服务机构，后面一类餐饮服务机构不在本书介绍范围内。）

③ 什么是特色餐厅？

特色餐厅是指具有鲜明主题，围绕一定时期、地域的人物、文化艺术、风土人情、宗教信仰、神话传说等，营造就餐氛围，设计服务方式和程序、菜单等，满足客人对餐饮的多元化需求，并力图在社会公众中树立独特形象的餐厅。

阅读材料

◆ "另类"餐厅

荒唐餐厅。德国慕尼黑有一家"荒唐"的餐厅，专门向客人开玩笑，当你在那儿吃得津津有味时，椅子会突然矮了。他们的椅子是特制的，椅子上面有重量时，经过若干时间后，会自动缩进去，椅子突然矮下来时，会使客人的鼻子刚巧陷入汤里。有时却不是椅子降下来，而是桌子突然升起，高到客人无法攀得上，只好站在桌子上吃。还有许多时候，当客人正在聚精会神地吃东西时，会突然有一些液体从食物中喷向客人脸上。

发泄餐厅。法国利维拉市有一家奇特的餐厅，每天晚上这里都有价值上万美元的玻璃和桌椅被食客砸掉，不过，被破坏的物品价值都会计入账单中。平常一张能坐6位客人的桌子，可以被破坏的东西总价值达3000多美元。实际上，来这里的客人都很富有，他们并不在乎花费几千美元，只想来疯狂发泄一番。该餐厅的最高纪录是一位某国王子创下的，他和他的同伴一晚砸掉了5万美元的东西，除了砸坏所有的桌椅碗碟之外，还打碎了餐厅所有的门窗。

孕妇餐厅。北京有一家以孕妇为主题的餐厅，餐厅为来这里就餐的孕妇提供了一个"孕、产、育交流的平台"，准妈妈们在这里可以互相沟通、交流经验。餐厅会定期为她们举办专业课程讲座，会请来营养师讲授孕、产、育等方面的专业知识。餐厅有一个送餐团队，对于行动不便的准妈妈来说，一个电话或通过网络预订，就可以在家里享受到美味可口的营养套餐。

卡通餐厅。在长沙，幼儿园老师李娟在工作中发现很多小朋友不爱吃饭，这让她很头疼。有一次，李娟发现一名小朋友在吃饭时，将米饭和菜组合成了"一休"的形象，并且吃得津津有味。第二天，李娟主动将饭拼成一个惟妙惟肖的"一休"形象。谁知，更多的小朋友都吵着要吃带有"一休"卡通形象的午餐，这使她萌发了做"卡通餐"的灵感。后来，李娟开起了餐厅，专门设计了蜡笔小新、樱桃小丸子、机器猫等"卡通餐"，深受小朋友欢迎。

血型餐厅。印度海得拉巴省有一家自助餐餐厅，你不要以为走进自助餐餐厅就可以无所顾忌地大吃一顿了，而要仔细看清楚，哪个菜品是允许A型血的人食用的，B型血的人吃什么才有助于保持身材？原来，这家自助餐餐厅在每道菜品旁，都标注了适合哪种血型的人食用。餐厅经理表示，每种血型的人体质都有所不同。他们推出这种"血型健康食谱"就是为了让消费者更好地根据自身情况，合理膳食，帮助其控制体重，同时能让人精力充沛。

计时餐厅。许多就餐的顾客，往往没有时间概念，针对这种情况，有的餐厅老板想出"顾客就餐计时收费"的新招。浙江有一家餐厅就是根据顾客用餐的时间长短来收费的。在这家餐厅中，每张餐桌上放一个大钟，计算顾客的就餐时间。如果顾客在规定时间内吃完饭，餐厅便给予优惠价。这家餐厅的老板认为，时间就是金钱，在吃饭方面所花费的时间也要有限制，不能一味地追求享受。因此，他制定了独特的经营规则，以鼓励人们节省时间。光顾该店者因此大多也是行色匆匆。由于该店经营效率高，接纳客人次数多，所以营业额十分可观。

自定价餐厅。广东有一家名为"自定价格"的餐厅，店主将餐厅经营的各种菜肴、点心、饮料等分成五六种一套的套餐，每种套餐分别规定了高低不等的五种价格，由顾客自己在用餐结束后任选其中一种价格付账，店家绝无二话。据老板介绍，大部分顾客都是付一、二等价格，只有当顾客对餐厅的菜肴感到不合胃口，或遇到质量不好、服务不周时，才会只付三等价格，但这种情况十分少见。老板认为，让顾客自定价格，一方面可以招引顾客，另一方面也可以根据顾客付款情况来反馈自己的服务质量，以便改进经营，提高菜肴制作水平。

DIY餐厅。上海有一家"DIY炒"餐厅，如果顾客有自己炒菜的愿望，便可提前向餐厅预订所需原料、作料等。餐厅将所有的原料和作料切好、配好，然后由顾客掌勺炒菜，炒好的菜由顾客自行安排享用。餐厅还把灶台、炒勺等工具搬到台前，让顾客在大家面前展示自己的厨艺，使顾客颇有成就感。对于顾客炒的菜，该餐厅只收取工料的成本费用，因为顾客一般只炒一两个菜。但如果顾客要求全部由自己炒菜，则该餐厅就会对菜的价格作适当的上浮调整。

④ 什么是绿色餐厅？

当人们开始关注餐饮的安全、卫生、营养时，绿色餐饮就逐渐发展了起来，它也正满足了环境保护与可持续发展的要求。绿色餐厅是指以可持续发展经营理念为指导，以绿色食品为主要原料，产品的生产、服务与销售均符合绿色食品生产操作规程、包装储运标准及环境质量标准的餐饮企业。比如当客人点菜时，服务员要本着"经济实惠、合理配置、减少浪费"的原则推荐食品，并尽可能介绍绿色、健康食品、饮品；客人用餐后应主动提供"打包"服务。

第一章 行业入门

◆ "绿色餐饮"服务员

在一家餐饮店,小侯看完菜单,一口气报出剁椒鱼头、家常豆腐等4个菜。一抬头,看见服务员佩戴着一个大大的绿色提示贴,上写着"适量点餐,减少浪费"几个字,他犹豫了一秒后说:"还是减掉最后一个菜吧。"在这家餐饮店里,所有服务员工作时都会佩戴上一个这样的"绿色餐饮"提示贴,兼职担任"绿色餐饮"宣传员。在每个餐桌上,放置菜单或介绍特色菜品的夹子上,还竖着一个小提示牌:剩菜打包、减少浪费。点餐时,服务员都会微笑着提醒一句"差不多了"。除了引导适量点菜,服务员在收拾饭后的餐桌时,也将进行垃圾分类,就是将剩菜、饮料包装、餐巾纸等分别按照厨余垃圾、可回收垃圾、其余垃圾分类,分别置放于后厨的分类垃圾桶。

5 什么是服务?

国家质检总局的有关文件为服务所下的定义是:"为满足顾客的需要,供方与顾客接触的活动和供方内部活动所产生的结果。"本书在上述定义的基础上将服务定义为:在一定的场所和时间内,供方以提供活劳动的形式满足顾客合理需求的单向供应过程。

西方服务行业认为服务就是"SERVICE",其每个字母都有着丰富的含义:

S—Smile(微笑):其含义是服务员应该对每一位客人提供微笑服务。

E—Excellent(出色):其含义是服务员将每一服务程序,每一微小服务工作都做得很出色。

R—Ready(准备好):其含义是服务员应该随时准备好为客人服务。

V—Viewing(看待):其含义是服务员应该将每一位客人看作是需要提供优质服务的贵宾。

I—Inviting(邀请):其含义是服务员在每一次接待服务结束时,都应该显示出诚意和敬意,主动邀请客人再次光临。

C—Creating(创造):其含义是每一位服务员应该想方设法精心创造出使客人能享受其热情服务的氛围。

E—Eye(眼光):其含义是每一位服务员始终应该以热情友好的眼光关注客人,

餐饮服务小百科

适应客人心理，预测客人要求并及时提供有效的服务，使客人时刻感受到服务员在关心自己。

◆ 九次微笑，改写人生

小姑娘小廖来到广州，在某四星级大酒店当了一名餐饮服务员，她表现得相当出色。就在她结束试用期的前两天晚上，有位港商模样的宾客来到酒店，指名道姓要小廖为他调送一杯咖啡。当时，小廖正忙得脱不开身。当小廖手捧咖啡杯，轮到为这位宾客服务时，已经比约定的时间迟了！于是，她面带微笑，对宾客说："先生，首先感谢您对我的欣赏和信任。但由于暂时没能抽出身来，耽误了您的时间，我感到非常抱歉！"宾客没有领情，左手一扬，正好碰到小廖双手捧着的咖啡杯，咖啡溅了她一身。可宾客视而不见，指了指手表说："多长时间了？这还像个四星级酒店的服务吗？"接下来的时间里，小廖更加小心并全心全意地为宾客服务。尽管宾客是多么的不配合，她并不介意，始终挂着一脸微笑。但是，真诚的微笑服务似乎没能换来宾客的满意。临走时，宾客向小廖要了意见簿。小廖心里一沉，因为她如果在此时遭到宾客的投诉，就没有机会成为正式员工了。但出于职业道德，小廖依然面带微笑地呈上意见簿，并真诚地说："请允许我为您莅临我们酒店表示感谢，更为我今晚的服务不佳再次表示深深的歉意。您有什么意见和看法尽管写上去，我欣然接受您的批评。如果您还能给我一次机会，我一定能打动您！"听了小廖的话，宾客久久没落笔，但最终还是写下了他的意见，指责小廖素质低、不称职！

欲哭无泪的小廖向小姐妹们倾诉了事件的整个过程，大家劝她干脆把意见撕了。小廖没有这么做，她觉得撕掉顾客的留言是一种欺骗行为。第二天，小廖像什么事都没发生一样，又全身心地投入到工作中去。第三天早会，酒店餐饮部经理宣布了录用员工的名单。小廖没有听到自己的名字，正当她泪水夺眶而出时，经理又宣读了一项任命，说根据酒店总经理的特别提议，任命小廖为餐饮部的领班！小廖蒙了！同事们都蒙了！会后，餐饮部经理带小廖去见了酒店老总，没想到，他就是那位刁难的宾客。老总亲切地对小廖说："你在我们酒店3个月不到，就好评如潮，我是专门来试探和考验你的。虽然你的综合素质表现得很不错,但真正能打动我的,还是你的微笑,那一脸甜美灿烂的微笑,你一共发挥了九次!特别是你的第九次微笑,那种毫不矫情的、纯真的笑,简直可以击退我最后一道冷漠的防线!当时,我真想把我的批评写成表扬,但是,我终于克制住了,再考验你一次又何妨?结果,你又得了满分,印证了你的微笑是多么的真实!"后来,小廖只在这个领班的位置上锻炼了两个月,餐饮部经理调离,她就荣升为经理了。

(资料来源:耘铸.第九次微笑.深圳特区报,2003-6-9.节选。)

6 什么是优质服务?

优质服务就是顾客在消费过程中,认为其满意度达到了期望值的那部分服务。对顾客来说,当满意度达到或超过他的期望值时,他会认为是优质服务;当满意度接近期望值时,他会认为是一般服务;当满意度距离期望值较远时,他会认为是劣质服务。

优质服务的基本特征是:建立在规范化服务基础上的个性化服务。规范化服务亦称标准化服务,它是对服务中反复出现的常规性事务,以业内的共同认识为标准而提供的服务。规范化服务是具有共同特征的服务,一般情况下,它可以满足大多数顾客的要求。个性化服务是指为顾客提供与众不同的、有针对性特征的服务。它是规范化服务的发展和延伸。

◆ 海底捞服务"异经"

海底捞是一家火锅店,但它的核心业务却不是餐饮,而是服务。2004年7月,海底捞进军北京,开始了一场对传统的标准化、单一化服务的颠覆革命。从此,海底捞有了一些专属名词:肉麻式服务、变态服务——在海底捞,顾客能真正找到"上帝的感觉",甚至会觉得"不好意思"。甚至有食客点评:"现在都是平等社会了,让人很不习惯。"但他们不得不承认,海底捞的服务已经征服了绝大多数的火锅爱好者,顾客会乐此不疲地将在海底捞的就餐经历和心情发布在网上,越来越多的人被吸引到海底捞,一种类似于"病毒传播"的效应就此显现。

如果是在饭点,几乎每家海底捞都是一样的情形:等位区里人声鼎沸，等待的人数几乎与就餐的相同。这就是传说中的海底捞等位场景。等待，原本是一个痛苦的过程，海底捞却把这变成了一种愉悦：手持号码等待就餐的顾客一边观望屏幕上打出的座位信息，一边接过免费的水果、饮料、零食；如果是一大帮朋友在等待，服务员还会主动送上扑克牌、跳棋之类的桌面游戏供大家打发时间；或者趁等位的时间到餐厅上网区浏览网页；还可以来个免费的美甲、擦皮鞋。即使是提供的免费服务，海底捞一样不含糊。一名食客曾讲述她的经历：在大家等待美甲的时候，一个女孩不停地更换指甲颜色，反复地折腾了大概5次。一旁的其他顾客都看不下去了，为其服务的阿姨依旧耐心十足。待客人坐定点餐的时候，围裙、热毛巾已经一一奉送到眼前了。服务员还会细心地为长发的女士递上皮筋和发夹，以免头发垂落到食物里；戴眼镜的客人则会得到擦镜布，以免热气模糊镜片；服务员看到你把手机放在台面上，会不声不响地拿来小塑料袋装好，以防油腻……每隔15分钟，就会有服务员主动更换你面前的热毛巾；如果你带了小孩子，服务员还会帮你喂孩子吃饭，陪他们在儿童天地做游戏；抽烟的人，他们会给你一个烟嘴，并告知烟焦油有害健康；为了消除口味，海底捞在卫生间中准备了牙膏、牙刷，甚至护肤品；过生日的客人，还会意外得到一些小礼物……如果你点的菜太多，服务员会善意地提醒你已经够吃；随行的人数较少，他们还会建议你点半份。餐后，服务员马上送上口香糖，离开时的一路上所有服务员都会向你微笑道别。一个流传甚广的故事是，一位顾客结完账，临走时随口问了一句："怎么没有冰激凌？"5分钟后，服务员拿着"可爱多"气喘吁吁地跑回来："让你们久等了，这是刚从超市买来的。""只打了一个喷嚏，服务员就吩咐厨房做了碗姜汤送来，把我们给感动坏了。"很多顾客都曾有过类似的经历。孕妇会得到海底捞的服务员特意赠送的泡菜，分量还不小；如果某位顾客特别喜欢店内的免费食物，服务员也会单独打包一份让其带走……这就是海底捞的粉丝们所享受的，"花便宜的钱买到星级服务"的全过程。毫无疑问，这样贴身又贴心的"超级服务"，经常会让人流连忘返，一次又一次不自觉地走向这家餐厅。

（资料来源：白灵.变态海底捞火锅使怪招儿年赚3亿.商界，2009（9）.节选。）

7 什么是服务意识？

服务意识的内涵是：它是发自服务人员内心的；它是服务人员的一种本能和习惯；它是可以通过培养、教育训练形成的。餐饮服务是一个综合性服务过程，从采购、运输、保管、加工、烹制、迎宾、服务、收款，直至把顾客送出餐厅，每个环节都是相互连贯的，必须紧密配合才能做好。任何一个环节出现问题，都会影响餐厅全局。因此，餐厅的所有员工都要有服务意识，即全员服务意识。

◆ 服务24点

感情浓一点、微笑多一点、嘴巴甜一点
问候多一点、讲话轻一点、解释多一点
安慰多一点、鼓励多一点、责任强一点
名利淡一点、态度高一点、委屈忍一点
埋怨少一点、肚量大一点、理由少一点
脾气小一点、脑筋活一点、行动快一点
做事多一点、效率高一点、工作勤一点
眼神快一点、查对细一点、操作精一点

8 什么是服务态度？

服务态度是指服务人员在对服务工作认识和理解的基础上，所产生的对顾客的情感和行为倾向。良好的服务态度，会使客人产生亲切感、热情感、朴实感、真诚感。具体来说，为客人服务要做到：

（1）文明礼貌。就是要有较高的文化修养，语言健康，谈吐文雅，衣冠整洁，举止端庄，待人接物不卑不亢，尊重不同国家、不同地区、不同民族的风俗习惯、宗教信仰和忌讳，时时处处注意表现出良好的精神风貌。

（2）热情耐心。就是要待客如亲人，初见如故，面带笑容，态度和蔼，语言亲切，热情诚恳。在川流不息的客人面前，不管服务工作多繁忙，压力多大，都保持不急躁、不厌烦，镇静自如地对待客人。客人有意见，虚心听取，客人有情绪尽量解释，决不与客人争吵，发生矛盾要严于律己，恭敬谦让。

餐饮服务小百科

（3）认真负责。就是要急客人之所需，想客人之所求，认真地为客人办好每件事，无论事情大小，均要给客人一个圆满的结果或答复，即使客人提出的服务要求不属于自己岗位的服务，也主动与有关部门联系，切实解决客人的疑难问题，把解决客人之需当作工作中最重要的事，按客人要求认真办好。

（4）细致主动。就是要善于观察和分析客人的心理特点，懂得从客人的神情、举止发现客人的需要，正确把握服务的时机，服务在客人开口之前，效果超乎客人的期望之上，力求服务工作完善妥当，体贴入微。

◆ 截然不同的服务态度

某饭店，一位客人进入餐厅坐下，桌上的残汤剩菜还没有收拾。客人耐心等了一会儿不见动静，只得连声呼唤，又过了一会儿，服务员才姗姗而来，非但收拾起来慢慢腾腾，而且动作非常"粗放"。客人问有什么饮料，服务员低着头，突然一连串地报上八九种饮料的名字，客人根本无法听清，只得再问上一声"请问有没有柠檬茶？"服务员却不耐烦地说："刚才我说有了吗？"说罢，扭头就走。客人茫然不知所措。服务员这一走，仿佛"石沉大海"，10多分钟过去了，再不见有服务员前来，客人不得不站起来喊服务员。当问服务员为什么不上来服务时，服务员却是"语惊四座"："你举手了吗？你到过这饭店吗？难道连举手招呼服务员这样起码的常识都不知道吗？"这样一番话终于使客人愤然离去。

某饭店，几位客人在餐厅落座之后开始点菜，并不时地向服务员征询意见，结果费了半天劲儿，服务员应客人要求所推荐的餐厅拿手菜和时令菜，客人们却一个都没点，仍然问这问那。于是服务员说："几位是初次到本餐厅吧，对这里的菜肴品种特色也许还不大了解，请不要着急，慢慢地挑。"几位客人终于点好了菜，还没等服务员转身离去，客人们又改变了主意，要求换几个菜。等服务员再次转身离去，客人们又改变了主意，又要求换几个菜。客人们自己都觉得不好意思了，服务员仍然微笑着说道："没关系，使你们得到满意的服务是我们的责任和义务。"亲切热情的语言，使客人深受感动。

9 餐饮服务主要有哪些特点？

餐饮服务，是指客人在餐厅就餐过程中，由餐厅工作人员利用餐饮服务设施向客人提供菜肴、饮料并提供方便就餐的一切帮助。餐饮服务的主要特点有：

（1）无形性。餐饮服务只能凭客人对就餐过程中服务员所提供的服务的感觉好坏、是否满意来衡量，是看不见摸不着的。

（2）一次性。餐饮服务只能当场使用、当场享受，过时不补。

（3）同步性。餐饮产品的生产、销售、消费是同步进行的，生产服务过程同时也是客人的消费过程。

（4）差异性。餐饮服务会因不同的客人、不同的服务员、不同的场合、不同的时间以及客人的不同情绪而形成服务差异。

10 什么是首问责任制？

在服务领域内，任何一名员工只要有客人提出服务需求，不管与自己的岗位、职责、业务领域有无关系，都要主动地把自己当成实现客人需求的第一责任人，自觉地想尽办法力争在第一时间让客人满意，不允许以任何理由或借口予以推托或指点客人如何去做。

11 什么是双向沟通理论？

所谓双向沟通，是指信息发送者和接受者两者之间的位置不断交换，且发送者是以协商和讨论的姿态面对接受者，信息发出以后还需及时听取反馈意见，必要时双方可进行多次重复商谈，直到双方共同明确和满意为止。具体到餐饮服务过程中，服务人员与服务对象之间应在相互尊重的基础上，相互交流、相互理解，只有这样，服务人员才能给服务对象提供满意的服务。

12 什么是三A法则理论？

服务人员欲向服务对象表达自己的尊敬之意时，必须善于抓住接受对方、重视对方、赞美对方三个重点环节。在英文中，"接受（Acceptance）"、"重视（Attention）"、"赞美（Admiration）"这三个词汇都以字母"A"打头，所以它们又

餐饮服务小百科

被称作三A法则。三A法则主要是有关服务人员向服务对象表达敬重之意的一般规律。它告诫全体服务人员，想要向服务对象表达自己的敬意，并且能够让对方真正地接受自己的敬意，关键是要在向对方提供服务之时，以自己的实际行动去接受对方、重视对方、赞美对方。

13 什么是亲和效应？

所谓亲和效应，就是在服务应酬过程中，往往会因为彼此之间存在着某些共同之处或近似之处，从而感到相互之间更加容易接近。而这种相互接近，则通常又会使服务人员与服务对象之间萌生亲切之感，并且更加相互接近、相互体谅。

14 什么是零度干扰理论？

服务行业与服务人员在向服务对象提供具体服务的一系列过程之中，必须主动采取一切行之有效的措施，将对方所受到的一切有形或无形的干扰，积极减少到所能够达到的极限，也就是要力争达到干扰为零的程度。它的主旨就是要求服务行业与服务人员在服务过程之中，为服务对象创造一个宽松、舒畅、安全、自由、随意的环境，使对方在享受服务的整个过程中，尽可能地保持良好的心情。在进行消费的同时，令对方真正可以获得精神上的享受。总体而言，零度干扰理论的核心，就是要使服务对象在服务过程中所受到的干扰越少越好。

◆ **热情应有度**

餐厅的服务工作中常常发生这种情况，尽管服务员满腔热情地为顾客提供服务，但顾客有时不仅不领情，反而会不满、抱怨。某客人一次去一家酒吧喝酒，点了一个芝华士套餐，服务员一直按操作要求规范服务，不断倒软饮料，介绍酒的年份和酿造过程及产地，换毛巾，斟酒，不断地使用礼貌用语"先生，请问绿茶冲兑得淡一点还是浓一点等？""女士，请问您喝什么饮料，我们有各种鸡尾酒……""打扰一下，为您换烟缸。""不好意思，打扰一下，为您换毛巾。""……"最后，其中某位客人终于忍不住发话了："你可不可以安静一点站在一边儿？需要服务时我们会吩咐你的。"从科学的角度来讲，只有需求的适

第一章 行业入门

当满足才能够维持人自身在生理、心理、感情上的平衡。而需求的过度满足则会破坏这种平衡,任何人在生理、心理、感情上的不平衡都会造成对人自身的伤害,从这个意义上来说,"服务过度"本质上就是在伤害客人,服务过度和服务不足一样存在不足。

15 如何理解"客人永远是对的"?

客人是餐厅经营利润的来源,是餐厅经济收入的财源,是餐厅真正的"老板"。

(1)"客人永远是对的"强调的是一种无条件地、全心全意为客人服务的思想,而不能仅从字面上理解,否则,便会出现类似"客人酒醉打人也是对的、客人逃账也是对的"这样的问题。

(2)"客人永远是对的"是指一般情况下,客人总是对的,无理取闹者很少。一旦客人提意见,或前来投诉,就说明我们的服务或管理出了问题,重要的是要尽快帮助客人解决,而非争论孰对孰错。

(3)"客人永远是对的",因为"客人就是'上帝'"。餐饮企业生产经营活动都是围绕顾客进行的,顾客是否满意,决定了企业能否生存和发展。企业的利润乃至员工的工资都来自顾客,因此,顾客就是企业的衣食父母,顾客就是"上帝"。

(4)"客人永远是对的"并不意味着"员工总是错的",而是要求员工"把对让给客人"。要求员工必须宽宏大量,有时甚至要"忍气吞声",无条件尊重客人,不要与客人争论"对与错"的问题。

(5)"客人永远是对的"意味着管理人员必须尊重员工,理解员工。"客人永远是对的"并不意味着"员工总是错的",而是要求员工"把对让给客人"。管理人员必须尊重员工,理解员工。否则,将会极大地挫伤员工对客服务的积极性。

◆ 面对无礼客,牢记五个一

客人素质的差别、情绪的变化,经常使餐厅服务员面对发怒甚至"找茬"的客人。餐厅服务员要以德报怨,以柔克刚,主动地把"对"让给客人。

一点忍耐。面对粗鲁的客人,"忍"一时或许会"海阔天空"。服务员小王在其工作的餐厅是一名非常优秀的员工,但最近家里的烦心事情比较多，导致在工作中经常出现小差错。一天，一位客人看到小王的表情不好，就故意发难，竟把酒水洒到了小王的身上，小王非常生气。但是，小王还是克制住了自己的冲动情绪，依然笑容以对，使客人感到非常不好意思。餐后，客人在留言册上表扬了小王。

一个台阶。面对"错"了的客人，给他一个体面的台阶下。"先生，请您把脚放下来，好吗？"当训练有素的服务员一边添加开水一边委婉地轻声提醒时，胡先生才发现自己竟不经意地把脚搁在对面的椅子上摇晃，并引起了其他客人频频注视。正在久等朋友的胡先生极为烦躁，未加思索，他带了怨气盯着服务员一字一句地说："我偏不放下，你怎么办？"有片刻的沉默，服务员笑了笑："先生，您真幽默，出这样的题目来考我。我觉得您满有素质的。"说完，她很快转身就走，并且始终没有回头。稍后，胡先生弯腰借弹烟灰的刹那，把脚放了下来。

一种技巧。面对失态的客人，要讲究应对技巧。某饭店曾发生过这样一件事：一天晚上7点左右，一位微醉的客人在餐厅账台与服务员小姐闲聊，突然先生说："小姐你这么美，我能吻你一下吗？"小姐略微思考了一下，然后不慌不忙地说："可以啊！"客人没想到小姐会这么说，反而觉得很尴尬，脸一下子红到脖子根儿。但他还是把嘴凑过来，小姐立即将手伸过来说："请吻这儿！"只见那位先生装模作样地碰了一下小姐的手背，赶紧溜出了餐厅。

一丝安慰。面对前来道歉的客人，要给予一丝安慰。在某家饭店餐厅里，客人们都在进餐，有一个客人吃完了，起身的时候过于猛烈，把身后一个端着汤盆的服务员撞了一下，盆里的汤洒在客人的西服上，这个客人立即大叫起来，嚷着要服务员赔他价值不菲的西服。这位服务员态度诚恳地向客人道歉，并耐心地解释这件事并不是由自己造成的，其他客人也纷纷"声援"服务员。客人知道自己理亏后，深感内疚，于是当面道歉。对此，服务员则真诚地说："没关系，您也不是有意的。"一句安慰的话，把"对"大度地让给了客人，让他不安的心理得到了抚慰，体现了服务员的豁达和周到。

一丝体谅。面对并无恶意的客人，要给予一丝体谅。某餐厅来了一位常客，他看上去心绪不佳。牛尾汤送上来后，客人一尝，把服务员叫了过来，抱怨道："今天牛尾汤的味道怎么跟以前不一样了，这么咸？"服务员立即将汤送回厨房，厨师检查后认为不咸，且味道与以前相比亦

没有什么变化。于是服务员将汤拿回，并十分认真地向客人解释，汤属于正常口味等。客人不禁大怒，并扬言以后再也不来此餐厅消费了。其实这家餐厅的"汤"还是那个"汤"，味道并没有改变，变的是客人的心情和心理。正所谓心随境转，人的情绪不好，就认定"汤"的味道有异。这时，服务员应体谅客人的心情，运用服务应变技巧，与厨师积极协作，适当加一些调料或稍许改变烹调方法，重做"符合客人口味"的"汤"。

16 如何理解顾客是"女朋友"？

继"顾客是同志"、"顾客是上帝"、"顾客是亲人"等服务理念之后，有人进一步提出了把顾客当作自己"女朋友"的理念。该理念在餐饮服务中的具体体现如下：

（1）女朋友要的不是甜言蜜语，而是你能深情地看着她。每天的联络固然重要，但是比不上给她一个惊喜。启示：不要千篇一律、机械教条地为顾客服务，应为客人提供个性化、亲情化、人性化的服务，不断地为客人创造惊喜。

（2）女朋友生你气，其实只是希望你能更在乎她，做错事情时不要因为身为男人而不愿意低头认错，要学会谦让和爱护她。启示：客人给你提意见是希望你能不断改进，他们以后再来消费时能更满意。他们的投诉也是企业的财富。

（3）平时一定要记得女朋友的生日、鞋号、最怕的事、最喜欢的衣服等，她不做任何暗示，你也一定要正确地完成。她让你记住的话，也要一字不差地记住，当然最重要的还是得心里要有她。启示：在工作中，你一定要记住客人的姓氏和特别要求，同时了解客人的喜好和特点，根据他的个人爱好提供服务。

（4）在情人节，女朋友要的也许不是用金钱买来的礼物，而是你能抽出时间，静静地陪在她身边，默默地看着她，听她说话，仅此而已。启示：客人生日或节假日时，电话或短信问候一下，比你为他优惠、打折更有用。

（5）在女朋友的朋友面前，要表现得成熟大方，同时又不能缺少幽默感，最重要的是不要盯着她的同性朋友久看，而是要保持时刻站在她身边，警惕着她的异性朋友。启示：在客人的朋友面前一定要给足他面子，同时还要招呼好他的朋友。

17 餐饮服务的工作岗位主要有哪些？

餐饮服务的工作岗位主要有订餐员、迎宾员、零点服务员、宴会服务员、传菜员、客房送餐服务员、酒水员、调酒员、收银员等。

18 餐厅订餐员有哪些工作职责？

（1）按照工作程序与标准接受客人的电话订餐，对大型团体宴会主动约客人面谈。

（2）了解餐厅创新菜肴及每日特荐食品并积极推销。

（3）按标准准确记录所有信息，积极与客人及有关部门沟通。

（4）及时反馈客人的意见和建议，主动走访重要客户。

（5）当班结束前与下一班做好交接工作，确保所有信息准确无误。

19 餐厅迎宾员有哪些工作职责？

（1）服从领班的工作安排，掌握和了解每天宴席预订、客人用餐和餐桌安排及当日特色菜点情况。

（2）认真按照岗位服务工作规程和质量要求，迎送接待进餐的客人。

（3）礼貌迎客，根据餐桌安排和座位情况引领客人到适当座位上，并礼貌地将值台服务员介绍给客人。

（4）微笑送别客人，征求客人意见，与客道别。

（5）参加餐厅开餐前的准备和餐后结束工作。

20 中餐零点服务员有哪些工作职责？

（1）服从领班的工作安排，向其负责并报告工作。

（2）按餐厅服务工作规程和质量要求，做好餐前准备、餐中服务和餐后结束工作。

（3）了解菜单上所有菜品及其简单制作方式。

（4）掌握供餐菜单变化和厨房货源情况，主动介绍和推销各种菜肴及酒水。

（5）保持餐厅环境整洁，确保餐具、布件清洁完好，备齐各种物料用品。

（6）爱护餐厅设备财产和餐具物料，做好清洁保养工作。

21 中餐宴会服务员有哪些工作职责？

（1）服从宴会领班的工作安排，掌握和了解每天宴席预订、客人用餐和餐桌安排及当日特色菜点情况。

（2）按照宴会服务工作规程和质量要求对客人进行优质细致的服务。

（3）做到"六知三了解"（知席数，知人数，知主人身份，知标准，知开餐时间，知菜式品种；了解宾客的风俗习惯，了解全场环境，了解特例情况）。

（4）掌握菜单变化和厨房货源情况，主动介绍和推销各种菜肴及酒水。

（5）保持餐厅环境整洁，确保餐具、布件清洁完好，备齐各种物料用品。

（6）做好厅内餐具及物品交接，保证设施设备的正确使用及维护。

（7）严格按照服务程序及规程对客进行服务。

（8）每餐结束后参加餐厅的整理清扫工作。

22 餐厅传菜员有哪些工作职责？

（1）服从领班的工作安排，按照餐厅服务工作规程和质量要求做好传菜服务工作。

（2）参加餐厅开餐前的准备工作，做好餐厅环境和连接厨房通道的清洁工作，准备好传菜用具和各种调料。

（3）开餐期间主要负责点菜单和菜点的传递和输送工作，做到熟记餐桌台号，传递点菜单迅速，按客人要求掌握出菜次序和速度，准确无误上菜，传菜稳捷。

（4）及时清理边台的餐具，做到轻拿轻放。

（5）每餐结束后参加餐厅的整理清洁工作。

23 客房送餐服务员有哪些工作职责？

（1）服从领班安排，按照工作程序与标准做好送餐前的各项准备工作。

（2）送餐至房间，为客人提供标准化服务。

（3）从客房收回服务托盘及服务餐车，及时回收脏餐具并送到洗碗间。

（4）保持工作区域的清洁卫生。

（5）当班结束后，与下一班做好交接工作；营业结束后，做好收尾工作。

餐饮服务小百科

24 酒吧酒水员有哪些工作职责？

（1）熟悉各类酒的特性、产地、度数和价格。
（2）做好领取和保管酒水的工作。
（3）调节存放酒水的冰箱温度，保持冰箱清洁卫生。
（4）账目要清楚，账物要相符。每餐后核对数量，每日一结，半月一小点，月终总盘点。

25 酒吧调酒员有哪些工作职责？

（1）负责当日盘点，并开出领货单，请主管签字确认，营业前负责吧台内的一切准备工作。
（2）负责到酒水库房领足酒吧所需要的酒水。
（3）接受酒水订单，为酒吧及餐厅客人准备鸡尾酒及其他酒水。
（4）负责妥善保管客人存放在酒吧的烈性酒。
（5）负责擦净酒吧所有玻璃器皿和服务用具。
（6）保养吧台内设备，如有损坏及时报修。
（7）提醒服务员积极向客人推销酒水。
（8）与餐厅保持联系，以便保证在预订等特殊情况下能为客人提供良好的服务。
（9）设立临时流动酒吧，为宴会、酒会、自助餐会提供服务。
（10）保存所有的酒水订单，并交财务部以备核查。
（11）掌握各种酒品的相关知识，不断创新品种，搞好销售。

26 餐厅收银员有哪些工作职责？

（1）集中精力做好收款工作。
（2）收款时要做到款数两清（客人交款时数目要点清，找零数要复核清）。
（3）遵守财务制度，按时交款。
（4）按规定时间做好上报报表，长短（差额）款要上报。
（5）领取和保管好单据，按号码顺序使用，听到客人意见要及时反映。
（6）每天的营业收入要在本部门公布。
（7）接听电话，并把交办事项记录好，及时通知各班、组长。

第一章 行业入门

◆ 谨防假信用卡、假币行骗

收银员应接受专业知识培训,熟练掌握辨别真假信用卡和识别假币的专业知识和技能。收银员必须熟悉各银行通报的黑名单。收银员必须严格按照信用卡的检验程序,认真检验信用卡的有效期和卡上特有标志。认真鉴别货币的真伪,特别对大面值的货币认真检验。发现有人使用"黑名单"上的信用卡或假信用卡、假币,收银员应稳住对方,并立即通知保安部上报公安机关处理。

第二章
礼貌修养

　　百万餐饮服务大军，每天又向十几倍甚至几十倍于他们的顾客提供餐饮服务，与千万人打交道，餐饮企业自然成为了一个反映社会精神文明的窗口。餐饮服务工作绝不仅仅是端盘子、撤碗筷的活，还要为顾客提供文明、礼貌、周到的服务，服务员所说的每一句话以及服务时的态度、表情和动作，都将直接影响顾客。服务人员必须具备良好的道德修养，在服务中尊重人、帮助人，热情服务，处处体现出自身良好的素质。

第二章 礼貌修养

27 什么是职业道德？

职业道德是指从事某一具体职业的人，在其工作岗位上所应遵循的与其职业活动紧密相连的行为准则，它本身受到个人素质与自我良心的制约。由于各种职业所固有的社会性质和社会地位不尽相同，决定了每一种职业在道德上往往都会有着自己的特殊要求，各行各业都有着与本行业的性质相一致的道德准则。服务行业的职业道德，是指服务人员在服务过程中，接待自己的服务对象，处理自己与服务对象、自己与所在单位和国家之间的相互关系时所必须自觉遵守的职业行为准则。其核心思想是要为社会服务，为人民服务，对服务对象负责，让对方对于我方的服务质量称心满意，并且通过全体服务人员的一言一行，传达出本单位对于服务对象的体贴、关心与敬意，反映出本单位积极进取、报效于国家与社会的精神风貌。

◆ 他们的职业道德何在？

一酒吧实习生李某在实习过程中，发现窖藏名酒可以由服务员提出，只需签单注明用途即可。李某因此起意，在他实习即将结束的日子里，决定私自取出名酒贩卖。一天，李某本应是8：00至下午16：00在酒吧上白班，他却在早上6：00即赶到酒吧，从吧台中找出酒库钥匙，将3瓶价值人民币6万余元的法国拉图城堡普伊勒法定产区干红红酒装在准备好的纸袋中带出酒店，并马上到酒店附近的烟酒专营部销赃，将其中两瓶酒变卖所得1.4万元，另一瓶酒暂时寄存在专营部。8：00整，李某正常赶回酒店上班，对负责登记酒的去向的工作人员李某口头称：这三瓶酒是酒店老总需要，并让登记人员帮忙做书面记录，自己则并未签单。后来，李某被抓获归案。

一位女士走进一家日本料理店吃午饭。"欢迎光临！"服务生声音洪亮地说，这个店她来过好几次，气氛不错，那天她要了一个荞麦面。吃的时候她觉得有一股味道，感觉是盛饭的碗里有鳗鱼的腥味。付账后她对服务生说："盛饭的碗里怎么会有鳗鱼的味道？"服务生听到女士这么说，就答道："是吗？实在抱歉，因为有个鳗鱼套餐，也许不知道什么时候串了味，以后一定注意。"接着，他又对女士说："这样吧，今日的费用就不用给了。"但这时女士已经付了钱，就说："已经吃过了，也没有理由不付，算了吧。""那么，您下次再来时，我们给您免费。"服务生热情地说。三天之后,她又去了那家餐厅。她今天心情特好,心想:"今日吃饭不用付款,真好。"她坐下来后,就点了菜。她要的依然是上次那个荞麦面,还是上回那个服务生把面端来的。她慢慢地吃,直到把荞麦面吃完了,那服务生也没什么反应,也没说过什么,就像之前什么也没有发生过一样。结账的时候,服务生也像平常那样把钱收下了。这位女士本是乘兴而来的,现在心里却变得很不舒服,感觉好像被欺骗了似的。离店的时候,她嘀咕着说:"这样不遵守信用的餐厅,以后再也不来了。"

在一家餐厅,来了4个客人,他们叫了4瓶啤酒,4个客人把一瓶分了,还剩一杯的分量。甲某喝一口,告诉另外三人说啤酒味苦,肯定是前面客人的退货啤酒。大家尝过后也都有同感。他们找来经理,经理未向吧台确认先前是否有客人退啤酒,便一口咬定啤酒绝对是新鲜的,并且坚持不肯退换。4人也不发作,吃了饭,退了余下那三瓶啤酒就走了。接下来的麻烦是,后来的客人又喝到退货两次的苦味啤酒。经理明知啤酒有问题,但不承认也拒绝退换。这些客人经历过这些"教训",就永不回头了。

某市一家四星级饭店发生了这样一件事:一著名的外企公司在该饭店宴请一位副市长,由饭店总经理出席作陪。市长要一杯扎啤,但过了十几分钟还没有上,总经理忙借故离席到后台查询,服务小姐说:"我跟酒吧服务员说了,他不给拿!"当酒吧服务员看到怒气冲冲奔来的总经理时,以最快的速度取来了扎啤,但为时已晚,不太高兴的副市长已改喝矿泉水。据查,酒吧服务员不给扎啤是因为他与服务小姐平时有矛盾,显然,正是该饭店员工缺乏协作精神而导致了服务失败。

28 什么是职业修养?

职业修养是指某一行业的从业人员,在自己的工作岗位上通过长期的磨炼,在思想上、业务上达到一定的水准,以及由此而养成的待人处事的基本态度。对于广大服务人员而言,自己的职业修养往往会直接影响到他的服务质量与工作态度。

第二章 礼貌修养

◆ **真诚服务带来的感动**

小燕在本市一家五星级大酒店作餐饮服务员。某年冬天，作为业务骨干，她参加了某国总理率队的政府代表团访华结束举行的答谢宴会的接待服务。在全店上下周密的安排和精心的准备下，宴会如期在酒店的帆船型宴会大厅举行。宾主双方致辞后服务员们开始布菜，宴会厅里笑声一片，热闹异常，在觥筹交错中宴会进入高潮。这时，天气突变，外面刮起了大风，下起了大雨，在大风的作用下，大厅的帆船顶篷忽然漏水。雨水一点一点地滴落在红色的地毯上，此时，宴会的气氛正浓，是不可能通知工程部立即上前检修的，这种意外是从来都没有出现过的，在如此重大的场合，酒店经理皱紧了眉，怎么办？正在大家一筹莫展的时候，小燕迅速地放下手上的托盘，不动声色地站到了滴水处，用自己的身体接挡了漏下的冰冷的水滴，并一直保持着标准的站姿。宴会继续举行，宾客们丝毫没有受到这一偶然因素的影响。等到宴会结束时，小燕已浑身湿透，事后大病了一场，但她丝毫不后悔自己当初的行为。

一天，上海某饭店宴会厅内正在举办一个大型婚宴。席间气氛热烈，参与者不停地走动、敬酒、说笑，向新人祝贺。一位服务员手托一盆刚出锅的热汤向主桌走去。刚到桌旁停住，新郎突然从座位上站起准备向别人敬酒，一下子撞到了服务员的身上。服务员出于职业本能和潜意识的支配，将汤盆向自己身上拉来，高温的热汤泼到了他的胳膊上。顿时，他感到剧痛钻心，但他却强忍疼痛，不哼一声，脸上仍带着微笑，并向新郎道歉。婚宴还在进行，这位服务员继续忙着为客人们上酒上菜，直到大家一一离席为止。当新人向接待婚宴的服务员道谢时，发现这位服务员的手臂上烫起了几十个水泡。大家问他为什么被烫的时候不说？服务员回答，如果被烫时表现出反常神情，便会影响婚宴喜庆的气氛。新郎和新娘听后，异常感动。

29 什么是服务礼仪？

就是服务人员在工作岗位上，通过言谈、举止、行为等，对顾客表示尊重和友

餐饮服务小百科

好的行为规范和惯例。简单地说,就是服务人员在工作场合适用的礼仪规范和工作艺术。服务礼仪主要以服务人员的仪容礼仪、仪态礼仪、服饰礼仪、语言礼仪、岗位礼仪规范和行业礼仪规范为基本内容。

30 餐厅服务员的纪律一般包括哪些内容?

(1)按时上班,不迟到、不旷工、不擅离职守。

(2)不在店堂内聚堆聊天、嬉笑打闹、会客长谈。

(3)不在工作时间吸烟、吃东西、干私活。

(4)不在操作或服务工作时看书、看报、哼小调、耍怪态。

(5)不拉关系,不走后门,不送礼,不受礼,不接受客人的馈赠,不优亲厚友,不带亲友、小孩进入服务场所。

(6)不与客人顶嘴吵架,更不可辱骂和殴打客人。

(7)不吃、不拿餐厅经营的食品和原材料。

(8)遵守营业时间,耐心接待好最后一位客人,不催促或变相催促客人。

阅读材料

◆ 员工行为规范三字经

上班时,	莫迟到,	须打卡,	勿代劳;
女员工,	发束严,	不染发,	不披肩;
上班前,	化淡妆,	不艳抹,	忌浓妆;
男员工,	短发型,	不遮耳,	莫盖颈;
戴饰物,	要记牢,	结婚戒,	与手表;
着工装,	按规定,	工号牌,	要戴正;
员工证,	保管好,	若遗失,	及时报;
更衣柜,	要锁好,	不私换,	防被盗;
工作服,	换及时,	下班后,	不带离;
上班时,	不早走,	下班时,	不逗留;
站立正,	行走好,	不得用,	客用道;
吃东西,	吹口哨,	不允许,	要记牢;
工作时,	勿会客,	打私电,	更不可;
语言美,	声音轻,	禁喊叫,	莫高声;

讲卫生，整理勤，常保持，口气新；
服务者，礼为先，说敬语，忌恶言；
宾客至，微笑迎，先问好，要热情；
对宾客，要周到，用心做，不说NO；
遇客激，勿争辩，听完后，先致歉；
效率高，要超前，帮宾客，排忧难；
爱公物，保环境，讲安全，不放松；
领导讲，必服从，不拖延，要完成；
交接班，互协作，客史记，不可缺；
守法纪，遵规章，这一条，记心上；
餐饮人，自律紧，爱岗位，敬业真；
讲团结，善待人，争一流，再创新。

31 什么是礼节礼貌？

礼貌是人与人之间相互表示敬重和友好的行为，通过仪表、仪容、仪态以及语言和举止来体现。礼节是人们在日常生活中，特别是交际场合中，相互之间表示问候、致意、礼貌、慰问以及照料和协助等的社交形式，是礼貌的具体表现。

32 对员工仪容仪表的基本要求有哪些？

（1）仪容。保持头发的整洁，定期清洗头发，定期修剪头发（应半个月修剪一次，最多不超过一个月）。经常梳理头发，但是不可当众梳头，尤其是不能当着客人的面梳头；不可乱扔断发和头屑；梳完后应检查一下自己身上和制服上有没有头发和头皮屑，切忌带着满身的头皮屑去见客人。头发长度要求适中，以短为主，男员工应侧不压耳，后不盖领，女员工应前不遮眉，后不披肩；长发后束，露出耳朵。一般不允许烫发、染发、戴假发（有生理缺陷的除外），也不允许佩戴色彩艳丽、造型奇特的发饰，以及其他一些头部装饰品，包括时装帽。淡妆上岗，化妆要自然，无明显痕迹，不可过分和前卫；出汗、用餐、休息之后，上岗之前要及时检查、自觉补妆；化妆和补妆的时候要避人，要到卫生间或工作间，到客人看不到的地方，不要当着客人的面或在公共场所整理。男员工不留胡须，常修面。不准留长指甲、涂指甲油。不得抹刺激性的香水。注意个人清洁卫生，爱护牙齿，男士坚持每天刮胡子，鼻毛不准出鼻孔，手要保持清洁，早晚要刷牙，饭后要漱口。勤洗澡防汗臭，上班前不吃异味食品和不喝含酒精的饮料。注意休息好，充足睡眠，常做运动，保持良好的精神状态，不要上班时面带倦容。

（2）仪表。工作时间应着规定的制服。制服应按照个人的岗位性质不同而不同，不可借其他岗位同事的制服乱穿。上班之前，前后台工作人员都应检查仪表，检查制服的整洁性，扣子是否齐全，衣裤是否有漏缝和破边，领子和袖口是否干净。袖口和领口的扣子一定要扣好，尤其是不打领带的制服，领口的扣子一定不能松开，里面的衣服领子和袖子切记不可外露。男、女员工均以深色皮鞋为宜，皮鞋要保持光亮。男服务员鞋跟不能超过3厘米，女服务员鞋跟不超过4厘米；袜子颜色应该和鞋子相协调，深色配深色，浅色配浅色，一般不宜穿花袜子，袜子口不能露在裤子或裙子外。工号牌应该端正地佩戴在左胸上方，不可斜挂、竖挂，挂于拉链、纽扣缝、腰带、里面衣服等；工号牌要保持清洁，无破损。不准戴手镯、手链、戒指、耳环及夸张的头饰，戴项链不外露。男女均不准戴有色眼镜。

◆ **看指甲选人**

某酒店餐饮部新招一批服务员。面试时，经理特意观察了每位应聘者的手指，然后决定了这些人的去留。面试结束，有服务员向经理询问去留这些人的依据。经理笑着答道："很简单，依据各人的指甲而定。长指甲的走人，修剪干净的留下！"经理见问者还是一脸的疑惑，又作了进一步的解释："指甲修剪干净的，说明他平时就讲究卫生，同时也说明其平时就很勤快。而讲究卫生与做事勤快不正是餐厅服务员的基本素质吗？我当然要聘用。至于长指甲的，一般有两种人，一种是懒得剪的，标志是指甲缝里常常塞满了污渍，这种既懒惰又不讲卫生的人我自然不能用；还有一种是故意留的，指甲虽长，但绝对干净，可是我也不能用，因为这样的人往往会将很多时间花在清洁指甲之类的芝麻小事上，做起事来很可能会分心。"问者恍然大悟。

33 对员工仪态的基本要求有哪些？

仪态是指员工在服务活动中的举止所表现出来的姿态和风度，其基本要求如下：
（1）站姿应端庄、挺拔，体现出优美和典雅。
（2）坐姿要端正，表现出坐的高贵和娴雅。
（3）步态应轻盈、稳健。
（4）手势运用规范适度。

34 对员工表情的基本要求有哪些？

表情是人的面部动态所流露的情感，在给人的印象中，表情非常重要，在为客人服务时，要注意以下几点：
（1）要面带微笑，和颜悦色，给人以亲切感；不能面孔冷漠，表情呆板，给客人以不受欢迎感。
（2）要聚精会神，注意倾听，给人以受尊重之感；不要无精打采或漫不经心，给客人以不受重视感。
（3）要坦诚待客，不卑不亢，给人以真诚感；不要诚惶诚恐，唯唯诺诺，给人以虚伪感。
（4）要沉着稳重，给人以镇定感；不要慌手慌脚，给客人以毛躁感。
（5）要神色坦然，轻松、自信，给人以宽慰感；不要双眉紧锁，满面愁云，给客人以负重感。
（6）不要带有厌烦、僵硬、愤怒的表情，也不要扭捏作态，做鬼脸、吐舌、眨眼，给客人以不受敬重感。

35 为什么要"微笑服务"？

作为一名服务员，要经常保持笑容，对客进行微笑服务。微笑服务，既是一种职业要求，又是企业服务水平高低的标志，同时也是服务员本身素质和文明程度的外在体现。每一位光临企业的顾客都希望看到一副笑脸，享受热情周到的服务。但微笑不能随心所欲、不加节制，微笑要讲分寸、看场合。只有得体、适度的微笑，才能充分表达友善、诚信、和蔼、融洽等美好的情感。

◆ 不合时宜的微笑

一位台胞的母亲不幸去世了。这位台胞在他所下榻的饭店餐厅安排了四桌丧宴，以表示对亲友的谢意。服务员在为这几桌客人服务时，依然面带微笑。席间客人虽有含蓄提醒，但该服务员还是浑然不知，微笑如故。用餐完毕，这位台湾客人找经理投诉，他只愿付一半的餐费。他说："这顿饭我吃得很痛苦，我母亲去世办丧席，服务员却不时幸灾乐祸地朝我笑，难道他们都不是父母所生？他们都是没有感情的冷血动物？"

36 如何训练微笑？

服务工作中，不能没有微笑，许多境况下，不愿或者不会微笑，就做不好工作。有些人天生就是一副笑脸，而更多的人却没有这样一副笑脸，那该怎么办？学会微笑！微笑的练习方法有很多，见表2-1。

表2-1 微笑训练方法

方　　法	训练要求
对镜训练法	端坐镜前，衣装整洁，以轻松愉快的心情，调整呼吸自然顺畅；静心3秒钟，开始微笑：双唇轻闭，使嘴角微微翘起，面部肌肉舒展开来；同时注意眼神的配合，使之达到眉目舒展的微笑面容。如此反复多次。自我对镜微笑，训练时间长短随意。为了使效果明显，放背景音乐（较欢快的节奏）
模拟训练法	A.轻合双唇。B.两手食指伸出（其余四指自然并拢），指尖对接，放在嘴前15～20厘米处。C.让两食指尖以缓慢匀速分别向左右移动，使之拉开5～10厘米的距离。同时嘴唇随两食指移动速度而同步加大唇角的展开度，并在意念中形成美丽的微笑；并让微笑停留数秒钟。D.两食指再以缓慢匀速向中间靠拢，直至两食指相接；同时，微笑的唇角开始以两指移动的速度，同步缓缓收回。需要提示的是，训练微笑缓缓收住，这很重要。切记不能让微笑突然停止（如此反复开合训练20～30次）
情绪诱导法	情绪诱导就是设法寻求外界物的诱导、刺激，以求引起情绪的愉悦和兴奋，从而唤起微笑的方法。诸如，打开你喜欢的书页，翻看使你高兴的照片、画册，回想过去幸福生活的片断，放送你喜欢的、容易使自己快乐的乐曲等，以期在欣赏和回忆中引发快乐和微笑。有条件，最好用摄像机摄录下来

续表

方　法	训练要求
记忆提取法	据说这是演员在训练中常采用的一种方法，也被称为"情绪记忆法"。就是将自己过去那些最愉快、最令人喜悦的情景，从记忆中唤醒，使这种情绪重新袭上心头，重享那惬意的微笑
寻找欢乐法	要相信自己的微笑是世界上最美丽的微笑；让那些能够带来轻松愉快的事情围绕着你；在办公室的显眼位置上，摆放假日里令你难忘的照片，这些照片可以使你从日常紧张的工作中得到片刻的休息；尽量消除或减少一些负面消息对你的影响，了解世界上所发生的一些新闻是重要的，但不必要每天都是如此；每天，在你的周围，去努力寻找那些幽默和欢乐的事情
强迫微笑法	强迫自己微笑，如果你是单独一个人，强迫你自己吹口哨，或哼一首欢快的乐曲，表现出你似乎已经很快乐。因为行为和感觉是并肩而行的，如果我们不愉快的话，要获得愉快的主动方式是：愉快地做起来，而且言行都好像是已经愉快起来
观摩欣赏法	这是几个人凑在一起，互相观摩、议论，互相交流，互相鼓励，互相分享开心微笑的一种方法。也可以平时留心观察他人的微笑，把精彩的"镜头"封存记忆中，时时模仿
含箸法	这是日本式训练法。道具是选用一根洁净、光滑的圆柱形筷子（不宜用一次性的简易木筷，以防拉破嘴唇），横放在嘴中，用牙轻轻咬住（含住），以观察微笑状态

37 面对他人微笑时，应注意哪些问题？

（1）在与对方目光接触的同时，在开口说话之前，首先献上一个微笑。这样，就创造了一个友好热情的气氛和情境；肯定会赢得对方满意的回报。

（2）启动微笑时，要目视，启动与收拢都必须做到自然，切忌突然启动和突然收拢。

（3）微笑时，显露出6～8颗上牙是最美的；但不要急于把6～8颗牙都露出来，牙齿微露也可以表示开朗真诚。

（4）微笑要神态自若，双唇轻合，目光有神，自然大方。

（5）微笑的最佳时间长度以不超过7秒为宜，时间过长会给人以傻笑的感觉。

（6）微笑要适度。虽然微笑是人们交往中最有吸引力、最有价值的面部表情，但也不能随心所欲，随便乱笑，想怎么笑就怎么笑，不加节制。不要笑过头了，嘴咧得太大，给人一种傻乎乎的感觉。

（7）不要出现皮笑肉不笑的现象。克服这种现象的最有效办法就是态度真诚。

（8）微笑要发自内心。要做到这一点，首先要有爱岗敬业的思想，因为有了对工作的热爱，就有了做好工作的主动性和责任感；其次要加强文化知识的学习，文化水平的提高有助于思维的扩展。

◆ 微笑型抑郁症

"无论遇到什么情况，一定要将微笑挂在脸上。"在一家高档酒楼工作的周女士，一直遵守着这个职业准则。工作中，她时刻保持着具有亲和力的微笑，即使自己心情很郁闷或是遇到蛮不讲理的顾客时。周到的服务和适时送上的微笑，也确实让她赢得了众多顾客的交口称赞，为此，她多次被酒楼评为"微笑大使"。然而，上班时笑靥如花的她，下班后想笑却怎么都笑不出来。她不只一次地对好朋友说起："很多人都觉得我和蔼可亲，脸上总是喜气洋洋，但我却觉得莫名其妙的无奈，每天下班后，觉得心情很沉重，一天笑下来，脸部常常会觉得要抽筋。"其实，她很想卸下面具，给自己的情绪和心情有个释放的机会。但是，酒店有酒店的服务准则——"客人总是对的"。所以在工作时间内，她除了服从还是服从，除了微笑还是微笑。她觉得累，却不能露出疲倦；她觉得烦躁，却依然要保持优雅；她感到紧张，却只能表现从容。无奈，为了不让自己完全崩溃，她只能把郁闷和一切不如意向丈夫发泄，因为和婆婆同住，她在婆婆面前还得忍着。

像周女士这种人前强颜欢笑，回家后却恍然孤独、无名火起的人，正是"微笑型抑郁症"的受害者。"微笑型抑郁症"的根源是患者无法正当地处理外界压力，他们的共同点是不愿意倾诉、不愿意放弃"尊严"。建议从事餐饮服务行业工作的人员，要特别注意培养自己对生活和工作的兴趣，不要将微笑当成是被迫的。应保持开阔的胸襟，将顾客当朋友，用心去感受生活中的每一份新鲜。让微笑发自内心，就不会觉得累。下班后，不妨参加一些自己喜欢的活动，以分散注意力，缓解压力。

38 如何进行站立服务？

（1）男员工要两眼正视前方，头正肩平，下颌微收，挺身收腹；两手自然交叉

于背后；双脚分开，与肩同宽或比肩略宽。

（2）女员工要两眼正视前方，头正肩平，下颌微收，挺身收腹；两手交叉于腹前或背后，右手搭于左手上，虎口靠拢，指尖微曲；双脚并拢或呈丁字步。

39 站立与客人交谈时，怎么办？

（1）目光停留在客人眼睛和双肩之间的三角区域。
（2）与客人相距60～100厘米之间。
（3）与客人距离太近，一则侵犯客人的隐私权，二则使客人产生压力感，特别是给个矮的客人造成压力。
（4）与客人距离太远，一则需大声说话，造成喧哗，二则显得疏远。

40 为客人指示方向时，怎么办？

（1）拇指弯曲，紧贴食指，另四指并拢伸直。
（2）手臂伸直，指尖朝所指方向。
（3）男员工出手有力，女员工出手优雅。
（4）不可用一个手指为客人指示方向。

41 员工行走时，怎么办？

（1）一般要靠右行走，不能走中间，不可跑步，不可与客人抢道。
（2）随时问候客人、上司和同事，不可左顾右盼，摇晃肩膀或低头看地。
（3）双手肘关节不弯曲，摆动幅度平行。
（4）男员工足迹在前方一线两侧。
（5）女员工足迹在前方一条直线上。
（6）略用脚尖力量点地，落地重心在脚拇指和食指之间的关节上，使人觉得富有韵味和弹性，但不要给人以操练的感觉。

42 迎面遇见客人，为其让路时，怎么办？

（1）靠右边行，右脚向右前方迈出半步；

（2）身体向左边转；

（3）右手放在腹前，左手指引客人前进的方向；

（4）30度鞠躬，并问候客人。

43 客人从背后过来，为其让路时，怎么办？

（1）停步，身体向左边转向客人，向旁边稍退半步；

（2）左手放在腹前，右手指引客人前进的方向；

（3）30度鞠躬，并问候客人。

44 迎宾时，怎么办？

（1）面带微笑，点头致意，问候客人；

（2）确认客人预订情况，询问有何特殊要求；

（3）协助客人在衣帽间存放衣物；

（4）引领客人入座，走在客人前侧1～1.5米之间；

（5）不时回头关照客人，帮助客人搬开座椅；

（6）和服务员做好交接，告诉服务员来宾情况。

45 送走客人时，怎么办？

（1）走在客人后侧，距离50～100厘米左右；

（2）向前方伸手指引客人走向门口的方向；

（3）手举的高度在肩膀和腰部之间；

（4）微笑着与客人道别。

46 服务员常见的错误手势有哪些？

（1）指指点点。用手指指点对方的面部，特别是指着对方的鼻尖，是对对方的不恭敬。

（2）随意摆手。摆手的一般含义是拒绝别人，有时还有极不耐烦之意。

（3）双臂抱起。双臂抱起，然后端在自己身前，这一姿势，往往暗含孤芳自赏

之意。

（4）双手抱头。服务于人时这样做，会给人以目中无人的感觉。

（5）摆弄手指。反复摆弄自己的手指会给人以歇斯底里之感。

（6）手插口袋。工作中如果把一只手或双手插在自己的口袋里，会给人以忙里偷闲、工作并未竭尽全力之感。

（7）搔首弄姿。在工作岗位上不要整理自己的服饰，或为自己梳妆打扮。

◆ 习惯性小动作

在一家酒店中餐厅，一位服务员在为客人上完菜和饮料后，总要用手去蹭蹭鼻子下面。这位服务员的习惯性动作，让客人感到很不卫生。在这家酒店的西餐厅，一位客人对接待他的服务员说："你有无意识地向上推眼镜的毛病。"客人接着说："我倒是不在意，但是，或许有人对你用推了眼镜的手去拿杯子感到不快。"

47 员工应熟知的见面礼节有哪些？

（1）鞠躬礼：取立正姿势，双目注视受礼者，面带微笑，然后使身体上部向前倾斜，视线也随鞠躬自然下垂。鞠躬分45度、30度、15度三种，角度越大，表示越谦恭，职位越低，年龄越轻，鞠躬时间越长，鞠躬次数越多，幅度越大。餐厅服务中多以15度、30度为常用礼节。男服务员鞠躬时双手放在裤线的稍前方向；女服务员将两只手在身前轻轻搭在一起，面带微笑，动作不要太快，并自然说一些如"欢迎光临"、"再见"等的话语。

（2）握手礼：时间要短，一般3～5秒，简单地说一些欢迎语或客套话；必须面带微笑，注视对方并问候对方；手用力适度，不可过轻或过重；上、下级之间，上级先伸手；年长、年轻之间，年老者先伸手；先生、小姐之间，小姐先伸手；冬天要先脱去手套再行握手礼，在室内不可戴帽与客人握手；不可双手交叉和两个人同时握手。

（3）合十礼：信仰佛教的人士以合十表示敬礼；对方以双手合十回礼；行合十礼后不再行握手礼。

（4）拥抱礼：拥抱礼是通过身体某一部位的接触向对方表示爱意或敬意，从而达到致意、沟通、交流的目的，是一种西方人的见面礼节，在我国一般限于亲近的人。所以，当餐厅服务员遇到这种情况时，就应该"灵活变通"了。

◆ 当外宾要来拥抱时

在一家酒楼门前，服务员小姐正在迎接外宾。一位西方客人来到酒楼门前，见到礼貌、举止不凡的服务员小姐，欲向她行拥抱礼。但服务员小姐只知握手礼，不知有拥抱礼，她以为别人非礼，气得面色绯红，并一巴掌打过去。客人很愕然，整个场面也很尴尬。

在一家酒店门前，一位迎宾小姐正在迎接外宾。一位风度翩翩的外宾由远而近来到酒店门前，见到美丽的迎宾小姐，欲向她行拥抱礼。这时，迎宾小姐礼貌地先伸出手，与外宾施握手礼，并说："欢迎光临！谢谢。"迎宾小姐的这一举动，既显得彬彬有礼，又摆脱了尴尬。

48 服务操作的基本礼节有哪些？

（1）"三轻"：操作轻、走路轻、说话轻。

（2）"四勤"：手勤、嘴勤、腿勤、眼勤。

（3）"五声"：迎客声、问候声、致意声、致谢声、送客声。

（4）"六一样"：即对高消费客人和低消费客人一样看待；对国内客人和境外客人一样看待；对华人客人（包括华侨、外籍华人和港澳台客人）和外国客人一样看待；对东方客人和西方客人一样看待；对黑人客人和白人客人一样看待；对新来的客人和常客一样看待。

◆ "高"、"低"不一样

一天中午，小李进入一家餐厅，见客人较多，就随便点了两个简单的小菜：鱼香肉丝，外加一个番茄汤，想吃完后马上去工作。可是这两个简单的菜却久等不来，催一下，服务员便应付一句："稍等一下。"稍等了多次，菜就是上不来。原来这家餐厅在忙着伺候"大鱼"，于是就把小李这样的"小鱼"晾在了一边。看到别的餐桌上热气腾腾的美味佳肴以及客人们觥筹交错的热闹情景，小李突然感到一种强烈的被羞辱感，愤然起身走出了这家餐厅。

有一天中午，10多名客人匆匆来到某酒店用餐，要了260元一桌的饭菜。他们要求服务员快些上菜，说吃完了好去办事。开始时，上菜的速度不算慢，但后来渐渐慢了起来，而客人的脸上露出了不耐烦的神色。尤其当他们发现一些迟来客人的餐桌上都已上齐了菜，而他们的菜还迟迟没有上来时，其中一人便大声嚷了起来："喂！当班的，我们比他们来得早，为啥他们的菜倒比我们上得快？""他们是680元一桌，你们是260元。"餐厅服务员脱口而出。说者无意，听者有心，这一下可惹怒了客人："你这话是什么意思？钱少的就活该等吗？"服务员知道说错了话，但万万没有料到竟会招来客人如此愤怒，顿时脸红耳赤，无言以对，处境十分尴尬。后来，只得由酒店经理出面，虚心接受客人的批评意见，并向客人一再道歉，才平息了这个因服务员的一句话而引起的服务事故。

49 员工服务语言的基本要求是什么？

（1）文明礼貌，亲切柔和。勤用尊称敬语，不讲粗话脏话；语言亲切，语气温和；不宜用命令式、训诫式的语句对客人说话，而应以劝告、建议、请求、协商等语气为主。

（2）吐字清楚，词简意明。要学会普通话，力求发音标准，用词准确，简明扼要，不引起歧义和误解，并尽量避免使用"可能"、"差不多"等含糊不清、模棱两可的词汇。

（3）真诚朴实，表情自然。说话的内容要真实，态度要诚恳，少用专业术语，避免公式化语言或书面语言；适当配以表情，增加语言的感染力。

（4）音量适中，速度平缓。餐厅是公共场所，员工与客人说话的音量应以对方能听清为限，以避免造成餐厅杂音过大，影响他人进餐；说话速度也不能过急，以避免客人听不清或使人感到员工有不耐烦的情绪。

（5）慎择词语，巧妙问答。尽量选择礼貌、文雅、善意、客气的词语，使客人易于接受；在遵循服务原则的前提下，兼顾客人、企业等多方面的利益，巧妙地推销食品，处理投诉，婉言谢绝不合理要求。

餐饮服务小百科

◆ 服务员的巧妙应答

当客人不小心把酒弄倒了，服务员说："酒到福到。"

筷子落在地上，服务员说："快乐、快乐，祝您天天快乐，"并及时拿一双筷子换上。

当客人不小心把杯子打碎，服务员说："没有关系，碎碎平安，落地开花，富贵荣华。"

客人说："小姐酒怎么没倒满呢？"，服务员说："美满幸福（或生活美满）。"

客人说："盘子这么大，这鱼也太小了吧？"服务员说："天高任鸟飞，海阔任鱼跃。"

当客人是老师时，服务员说："我很羡慕您的职业，您是培养国家栋梁之才的功臣，希望您能对我们的服务多加指导。"

老人过生日，服务员说："今天您是寿星，在这儿给您端起来这杯酒，跟着您老沾点寿气，祝您老人家福如东海，寿比南山，身体健康，合家欢乐。"

50 用于称呼客人的尊称语有哪些？

（1）先生、小姐、女士、太太（尽量冠以姓氏）；

（2）同志、首长、老板；

（3）您（"您"属尊称，"你"属泛称，语言服务要求用"您"）；

（4）您老、×老（对德高望重的老人）；

（5）老师、教授（对老师、教授或学者这样称呼较亲切）；

（6）贵公司、贵单位；

（7）您太太、您夫人；

（8）您先生（您丈夫之意）；

（9）小弟弟、小妹妹（对少年儿童）；

（10）小宝宝（对婴儿）；

（11）您贵姓、您大名是……？您尊姓大名？请教您贵姓（问客人姓名）。

（12）注意一些服务忌语，如"老张"、"老李"属泛称，无尊敬之意，忌用；

"师傅"只用于工人、手艺人或体力劳动者,身份不明者忌用;"老头子"带贬义,禁用。

51 客人进店时的迎候语有哪些?

(1)请、请进、里面请、这边请、请上楼、请坐!
(2)欢迎、欢迎您、欢迎光临、欢迎您来我们餐厅!
(3)您好!

52 与客人见面时的问候语有哪些?

(1)您好、您早!
(2)早上好、早安、晚上好、晚安(晚安用于入睡前)!
(3)新年好、春节好、过年好、节日好、节日快乐、圣诞快乐!
(4)身体好些吗?请多保重!(用于客人有病时)。
(5)路上辛苦了。
(6)注意一些服务忌语,"吃饭了吗?"太俗气,忌用;"您的病还没好吗?",缺乏安慰作用;"您去哪里?"有窥探隐私之嫌。

53 提醒客人注意的关照语有哪些?

(1)请走好、请跟我走。
(2)小心碰头(请人下车时)。
(3)请拿好、请坐好、请当心、请小心。

54 询问客人,寻求服务的询问语有哪些?

(1)请问有预订吗?请问有几位?
(2)需要我帮助吗?需要我帮忙吗?
(3)还需要什么吗?
(4)注意一些服务忌语,"就您一个人吗?"语言不吉利,一律问"有几位?";"您想干什么?"有盘查或威胁之意,忌用。

餐饮服务小百科

55 客人召唤时的应候语有哪些?

（1）先生，请问有什么事吗？
（2）太太，您要做什么吗？
（3）需注意的服务忌语，如"干什么？""干啥"有嫌麻烦之意，忌用；"等一等。"对客人怠慢，禁用。

56 对客人表示祝贺的祝贺语有哪些?

（1）祝贺您！
（2）祝您愉快、祝您快乐、祝您幸福！
（3）祝您成功、祝您走运、祝您发财！
（4）祝您生日快乐、祝您节日快乐、祝您圣诞快乐、祝你们新婚幸福！

57 对客人表示敬慕的敬慕语有哪些?

（1）×××教授，久仰大名！
（2）见到您很荣幸，久仰、久仰！
（3）刘老板，您是宏图大展、马到成功啊！

58 对客人的致谢语与回谢语有哪些?

（1）致谢语：谢谢、多谢、谢谢您、谢谢关照、谢谢您的鼓励、谢谢您的好意、感谢您的夸奖！
（2）回谢语：不用谢，这是应该的；我应感谢您的支持呢。

59 对客人的致歉语有哪些?

（1）请原谅、对不起、很抱歉、实在抱歉！
（2）打搅了，真不好意思！
（3）让您久等了，给您添麻烦了！

60 客人着急或感到为难时的安慰语有哪些?

(1)您别着急,慢慢来。
(2)您稍等,我了解一下。
(3)您稍等,很快会给您解决的。

61 用于客人离店时的告别语有哪些?

(1)再见、下次见、请再光临!
(2)欢迎再来、欢迎下次光临!

62 使用礼貌服务用语时,应注意哪些细节?

(1)三人以上对话,要用互相都懂的语言;
(2)不得模仿他人的语言、声调和谈话;
(3)不得聚堆闲聊、大声讲、大声笑、高声喧哗;
(4)不得以任何借口顶撞、讽刺、挖苦客人;
(5)不开过分的玩笑;
(6)不准粗言恶语、使用蔑视和侮辱性的语言;
(7)不高声辩论、大声争吵、高谈阔论;
(8)不讲有损企业形象的语言;
(9)不讲"机械式"的服务用语;
(10)不讲人们忌讳的用语。

◆ "机械"用语与禁忌用语

某餐厅的常客黄先生对该餐厅服务员"机械式"的服务用语颇有怨言。每次黄先生来到餐厅,服务员总是说:"欢迎光临。"有一次,黄先生回敬道:"光临、光临、怎么不光临呢?"还有一次,黄先生结完账,收银员习惯地说:"谢谢,欢迎下次光临,请慢走,祝您一路顺风。"黄先生听后一肚子不高兴地说:"我要赶飞机,怎么能慢走,更不能顺风!"

几位客人在餐厅用餐,结账时值台服务员拿着账单走到餐桌旁,只

餐饮服务小百科

是简单地对客人说:"先生,二百五。"客人听到这句话很不高兴,便提醒服务员说:"是不是算错了?"服务员快速核实后,再次向客人说:"没错,是二百五。"这让客人很生气,便向餐厅经理投诉。

63 服务员与客人沟通时,有哪些禁忌?

(1)忌抢。谈话时,突然打断客人的讲话或是抢过别人的话题去随心所欲发挥,扰乱对方说话的思路,粗鲁地"剥夺"他人说话的机会。

(2)忌散。说话内容庞杂,重心不明,主旨不清,语句散而乱,使客人有"你不说我还清楚,你越说我越糊涂"的感觉。

(3)忌泛。讲话泛泛而谈,没有中心,使客人不得要领,无所适从;看似健谈,但废话连篇,浪费客人时间,给人以哗众取宠之嫌。

(4)忌急。说话连珠炮似的,使客人应接不暇;发问过急过密,使客人穷于应付,步步紧迫的口吻,同样使人难以接受。

(5)忌空。只唱高调,没有实际内容,把服务宗旨挂在嘴上,但没有行动表现,就会成为"说话的巨人,行动的矮子"。

(6)忌横。在谈话中突出自我,个人意见第一,轻率地下结论,丝毫不尊重客人的意见;当客人对某些话题谈兴正浓时,却武断地把话题转移到自己感兴趣的方面去。

(7)忌虚。说话故弄玄虚,云山雾罩,让对方迷惑不解;说话虚情假意,缺乏真诚,使客人感到服务人员根本不想为解决困难助一臂之力。

(8)忌滑。说话躲躲闪闪,回避矛盾,避重就轻,支支吾吾,敷衍塞责;用语油腔滑调,低级庸俗。

64 服务员应戒的忌语有哪些?

(1)不尊重的语言。对老年服务对象讲话时,绝对不宜说什么"老家伙"、"老东西"、"老废物"、"老没用"。跟病人交谈时,尽量不要提"病鬼"、"病号"、"病秧子"一类的话语。没有什么特殊的原因,也不要提什么身体好还是不好。面对残疾人时,切忌使用"残废"一词。一些不尊重残疾人的提法,诸如"傻子"、"呆子"、"侏儒"、"瞎子"、"聋子"、"麻子"、"瘸子"、"拐子"之类,更是不宜使用。接触身材不甚理想的人士时，尤其对自己最不满意的地方，例如体胖之人的"肥"，个低之人的"矮"，都不应当提及。

（2）不友好的语言。在任何情况下都绝对不允许服务人员对服务对象采用不够友善，甚至满怀敌意的语言。如客人要求服务人员为其提供服务时，服务人员以鄙视前者的语气询问"你买得起吗""这是你这号人用的东西吗"等不友好的语言坚决不说。

（3）不耐烦的语言。服务人员在工作岗位上要做好本职工作，提高自己的服务质量，就要在接待服务对象时表现出应有的热情与足够的耐心。假如遇到了不耐烦之事，不论自己的初衷是什么，均不允许给对方答以"我也不知道"和"从未听说过"之类的言语。

（4）不客气的语言。服务人员在工作之中，有不少客气话是一定要说的，而不客气的话则坚决不能说。如在需要服务对象交零钱，或没有零钱可找时，直截了当地要对方"拿零钱来"，或告知对方"没有零钱找"，都极不适当。

65 如何倾听客人？

对客人的话要全神贯注用心倾听，眼睛要望着客人面部（但不要紧盯着客人），要等客人把话说完，不要打断客人的谈话，客人和你谈话时，不要有任何不耐烦的表示，要停下手中的工作，眼望对方，面带笑容，要有反应。不要心不在焉，左顾右盼，漫不经心，不理不睬，无关痛痒，对没听清楚的地方要礼貌地请客人重复一遍。

◆ 没听懂客人的意思

一位客人饭后正在喝一杯咖啡，服务员看见咖啡快喝光了，就走了上去。服务员："您还要一杯咖啡吗？"客人："好了。"可是服务员又端来一杯咖啡。客人："嗯？我不是说过不要了吗？"服务员："但您不是说还想要一杯吗？"客人："我说'好了'，就是'不要了'的意思。"服务员："啊，是吗？真对不起。"服务员不禁感到很沮丧。

小丁是某度假村零点餐厅的看台服务生。一天的晚餐时间，他为几位英国客人服务，在陪同的帮助下他完成了点菜、侍膳等大部分服务。

餐饮服务小百科

席间，陪同有事出去了一会儿。这时一位外宾示意他过去，说："Where can I wash my hands？（洗手间在哪儿的委婉说法）"。小丁粗通英语，但只听清了"wash my hands（洗手）"，便以为客人在吃完虾之后要洗手，便回答道："Just a moment（请稍候）"，话毕转身就往备餐间走了。片刻，小丁返回并递给客人一个洗手盅："Please wash your hands！（请洗手）"。客人大为不解，又连说带比画地向小丁解释。辛亏陪同回来了，这才结束了这场闹剧。

66 接听电话时，怎么办？

（1）动作要迅速，不让电话铃响超过3声；
（2）问候对方"您好"，表明自己的身份（所在部门或岗位）。

67 如果对方要找的人不在，怎么办？

（1）委婉地告知客人："他现在不在，我能帮您的忙吗？"或告诉客人要找的人在何处及电话号码。
（2）留下客人的号码，待要找的人回来时及时回话。
（3）为客人留言。

68 终止电话时，怎么办？

（1）应使用结束语："除了这些外，还有什么事我可以帮忙吗？"等对方先挂断之后再放下听筒；
（2）轻拿轻放，不可"砰"的一声猛然挂断。

69 挂发电话时，怎么办？

（1）组织好讲话的内容，把有关资料放在电话旁边；
（2）问候对方："您好"，表明自己的身份（所在部门或岗位），转入正题。

第二章 礼貌修养

70 用电话沟通时,怎么办?

(1)话筒和嘴唇距离2.5～5厘米,若靠得太近,声音效果不好;
(2)保持自然音调,不可大喊大叫;
(3)电话机旁备些便条和笔。

71 为什么在接待前和接待中不宜吃生葱大蒜?

大蒜本身含有浓厚的大蒜素,生葱含有芥子油的芳香物质,吃后嘴里会留下一种异味。作为一名服务员,整天和客人打交道,如果说话时口腔里散发出异味,会使人生厌。

72 为什么在上班前不能饮酒?

酒是一种刺激神经的饮料,不少人酒后面红耳赤、酒气熏人,甚至头脑发热、说话含糊,使工作受到影响。作为一名服务员,要接待四面八方的客人,倘若因酒醉而出差错,既不礼貌,又会影响企业形象。

73 为什么一些国家和民族特别忌讳"左手服务"?

原因在于这些大多习惯吃"手抓饭"的国家或民族的人,一般都有"左手肮脏,右手洁净"的传统习俗观念。他们认为左手平时承包着厕所里的所有任务,是不洁净的、肮脏的。所以,他们用餐"手抓饭"时,均用右手来完成。当遇到服务员用左手来为他们做服务性工作时,必然会使他们联想到厕所内的一切,联想到不礼貌,联想到是对他们的污辱等。

74 为什么服务员要多学点外宾的手语和头语表达方式?

手语和头语是不同国家、语言不通的人之间最简易的表达方式,但外宾的手语和头语,与中国的传统表达方式又有很大区别。例如,我们习惯用点头表示同意,可有的国家却用摇头表示赞赏,点头表示不同意;我们惯用大拇指和食指分开表示

"八"，而西方人则表示"二"。如果我们不知晓手语和头语，又听不懂外宾的语言，就很难了解对方的意图和要求。万一理解上出现差错，还可能造成误会，惹出麻烦。

75 为什么迎客走在前、送客走在后？

为了表示对客人尊重，与客人并行时，应让客人走在前面，服务员跟在后边。这也是日常社会交往中一般人所习惯的礼仪。至于迎客要走在前，那是因为有的客人初来，不知道厅室，这时服务员打手势，靠右边走，在前面为客人引路，便于迅速地安置好客人。假如服务员走在后边，客人会茫然不知所措，服务员呼唤客人转左转右就显得不礼貌了。客人餐毕离去，服务员要送别，跟在后边，这除了表示尊重、有礼貌、虚心外，还体现着最后一个服务环节：提醒客人所携物品有无遗失，照顾老人、小孩有无走动不便或以防走散。此外，客人茶余饭后会有一种悠闲的心情，一边走一边欣赏一下景物，服务员走在后边，便于客人停步而不感到拘束。最后，送到门口与客人握手或招手再见也显得自然。

76 为什么说替客人取衣、打伞、点火也是服务员的分内工作？

服务工作从根本上说是无什么分内、分外之分的。服务员能做到的都应是分内事，包括端茶、上菜、斟酒、送饭，乃至带小孩等。至于客人脱下大衣，服务员为他取衣、挂衣；下雨时，服务员为客人打伞；客人抽烟，服务员为他们点火等更是传统的服务项目。就现在来讲，则是服务工作主动、热情、礼貌、周到的具体体现，当然是服务员的分内工作。

77 为什么客人进餐中不要扫地？

客人进餐中扫地，人们习惯上认为这是一种不礼貌的行动。一方面飞尘会污染菜点、污染空气和影响环境，另一方面还可能被人误解为你是在轰赶客人。

78 为什么"单间儿"是服务员忌用的服务词语？

"单间儿"常常是指医院为危重病人准备的房间，也常常是指监狱为重犯、要犯准备的房间。因此，服务员应当选择如"雅座"这种文明、礼貌、恰当的词语，来取代"单间儿"这个词语。

79 为什么为客人"帮忙"还要事先征得同意？

"帮忙"本身是一种助人为乐的崇高风尚，从中体现出我们服务人员文明礼貌的举止。事先征得客人同意，更是礼貌举止的进一步体现。如果不事先征得客人同意就去"帮忙"，往往由于客人不知其意，反而会造成不必要的误会。

◆ "帮忙"有学问

一位客人品尝汤包，但不懂得汤包的正确吃法，夹起来就往嘴里送。在这种情况下，服务员如果不"帮忙"解释一下，客人就会被包子里的汤烫伤；如果不事先征得同意便去为客人"帮忙"解释，拿起筷子给客人说教，往往也会带来使客人难堪或接受不了的局面。最好的做法是先说声"先生（或太太等）您大概是初次品尝我们的风味汤包吧？我能给您提供点有关汤包食用方法的知识吗？"这样，客人会感到我们是真诚地为顾客服务的。

80 为什么征询客人点菜点饭时，不要说"要饭吗"一类的词语？

虽说服务员提及此语一般是征询客人除了已经点的菜品之外，还需要添加点什么主食。但是"要饭吗？"一语让人听起来很不是"滋味"，特别容易被误解成"叫花子"乞讨的含意。同样一句话，如若改用"您看主食用点什么好？"就容易使客人接受了。

◆ 您还要饭吗？

某饭店餐厅，一个来自台湾的旅游团正在用餐。当服务小姐发现一位70多岁的老年人的饭碗已空时，就轻步上前问道："先生，您还要饭吗？"那位老先生摇了摇头。服务小姐又问道："那么先生您完了吗？"

只见那位先生冷笑起来:"小姐,我今年已经70多岁了,自食其力,这辈子还没落到要饭吃的地步,怎么会还要饭呢?我的身体还硬朗得很呢,一下子不会完的。"服务小姐顿时哑口无言。

81 如果个别客人用不文明语言招呼服务员时,怎么办?

如果个别客人用"喂"、"哎"等不文明语言招呼服务员,服务员不能因顾客不礼貌就对其表现冷淡或不耐烦,相反,服务员更应通过主动、热情的服务使客人意识到自己的失礼。

◆ 主角与配角

在一家餐厅,一位客人冲着年轻的女服务员喊:"喂,要龙井茶!"女服务员没有反应。那客人有点火了:"喂,听见了没有?"这回女服务员开腔了:"你'喂'谁呢?懂不懂礼貌?不懂我教给你!""喂,就你……",这样,一场争吵越来越激烈了。本例中,服务员由于没有摆对角色位置,以社会上人与人之间"平等"的观念来处理事情,最终,从角色的错位导入了服务的误区。服务员应有配角意识,服务的任务是衬托主角,为主角服务的。如果没有这种意识,摆不准位置,随意顶撞主角,与主角抬杠,这出戏就演不成了。

82 服务员能否使用方言服务?

在特殊情况下,恰当地使用方言,在与客人交流感情、沟通思想、达成谅解等方面,往往会有意想不到的效果。

◆ 家乡话化危机

一天晚上,到北方某饭店餐厅用餐的客人比往日多了很多,一些食品原料发生了短缺。一位客人连续点的两个粤菜,餐厅都不能提供。客人因此而大为恼火，认为饭店是在故意怠慢他，于是大声吵嚷起来。任凭服务员怎样解释，还是难以平息客人的怒气。眼看事态要进一步扩大，旁边的另一位服务员小杨，从客人的话音里判断这是一位来自海南的客人，于是快步走过去，礼貌地对正发火的客人解释道："先生，对不起，事情是这样的……"他说话时，故意夹杂了一些海南口音。客人一听，语气立刻缓和下来，脸色也好看多了，听完解释后也不再表示什么异议。于是，小杨又不失时机地征询其意见，替客人另点了两份粤菜。服务中，确认那位客人果然是海南人。小杨曾在海南工作过几年，于是他干脆用海南话与客人交谈起来。客人"他乡闻故音"，一种亲切感"油然而生"，先前的不快也荡然无存了。

83 服务员如何说"不"？

（1）将否定用语换成肯定用语。例如：下雨天，店方在入口处放有装雨伞的塑料袋，有的客人却要拿好几个。这时不要说："请不要浪费塑料袋。"而说："请一把伞用一个袋。"这就成了肯定表达，效果也会好很多。

（2）将否定用语变成祈使语气。例如：付款时不要说"不要用信用卡"、"不收信用卡"之类的言语，应用这样的祈使语气说："能不能请您付现金。"

（3）将否定用语换成温和缓解的语言。例如：客人问："我有点急事，能不能马上做好？"不要说"现在很忙，不能马上做好"。应用有缓冲性的语言暗示客人："实在抱歉，现在有点忙……"

◆ 如何说否定语

一位客人进了一家餐厅，想坐在靠窗的座位进餐，就朝那边走了过去。服务员看见后，马上对客人说："不可以哟，这儿已经被预订了。"客人的脸色立即沉了下来，嘀咕着说："哼！餐厅有的是，你以为我非要在这里坐吗？"说完，就头也不回地离开了餐厅。如果服务员说："这个位置已经被其他客人事先预订，实在抱歉，能不能请您坐那个位置？"这样效果就会好些。

餐饮服务小百科

84 为什么服务员要了解不同宾客的习俗、嗜好与忌讳等常识？

因为不同国家、地区和个人，都有自己独特的习俗、嗜好与忌讳，这些都是长时期逐渐养成的，一时很难改变。若我们在迎宾待客中，不了解或不掌握，就可能闹出笑话，发生误会，严重的还会惹出纠纷。

85 餐厅门卫如何留给客人良好的第一印象？

门卫，通常由男性担任，是代表餐厅在大门口接待宾客的服务员，担负着迎送宾客的重要任务。打造优秀门卫，有以下七要点。

（1）门卫在岗时，着装要整齐，站立要挺直，不可叉腰、弯腰、倚靠，走路要自然、稳重、雄健，外貌要注重仪表、目光炯炯。良好的仪容仪表及饱满的精神状态会让客人对门卫产生一种信任感，这有助于工作的顺利进行。在餐厅担任门卫的一般都是小伙子，他们下班后爱玩，晚上睡眠一般比较少，这容易影响第二天上早班的精神状态。对此，门卫小伙子们一定要在工作中注意调节自己，把握好工作和娱乐的"度"。另外，他们天天重复同样的工作，干久了难免会感到枯燥无味，管理者要很好地对其进行引导：门卫工作是相对单一的，但餐厅每天的客人都是新的，小伙子们可以从中不断提高自己的服务能力，广泛地增加自己的知识面，在工作中充实自己，在工作中寻找乐趣。

（2）载客车辆到达，门卫应迅速上前，微笑着为客人打开车门，向客人表示欢迎。但要注意的是，当客人乘坐出租车抵达时，不要一停车就把门打开，因为客人还要花点时间付账，如果把门打开了，客人还没有出来，风一吹进车里就会感觉不舒服，特别是冬天更应注意。凡来餐厅的车辆停在正门时，门卫必须趋前开启车门，迎接客人下车。具体做法是：一般先开启右车门，用右手挡住车门的上方，提醒客人不要碰头。但是对信仰佛教和伊斯兰教的客人不能为其护顶，因为他们认为这样会把"圣光"遮住。判断这两种类型客人的依据，主要靠对客人的着装、言行举止、外貌等的观察。如一时无法确定，可将手抬起而不护顶，做好防范准备。

（3）客人将汽车停放好后，应提醒客人将车窗关好锁好，贵重物品不可摆放在车内，且要特别查看一下汽车内是否有外露的贵重物品。门卫还应检查汽车的外表是否有擦伤，如有应婉转地向客人提出。应注意一下车与车之间的距离是否适当，

道路是否被占用，其他车辆是否被堵住等情况。当停车场瞬间来了五六辆车时，要快速进行指挥，分散停放。

（4）当遇到身体伤残、行动不便的客人时，门卫应主动上前询问是否需要帮助。如果客人需要轮椅，即由门卫将客人送入餐厅，如客人需在餐厅内继续使用，要按餐厅的相关规定帮客人办好手续，客人离店时收回。在为残疾客人服务时，必须充满热情，用语要恰当，让客人感觉到你在关心他、爱护他，你是在为他服务而不是同情他，千万不要有丝毫的不耐烦，也不要马马虎虎、敷衍了事，更不能对客人品头论足。

（5）当载客车辆上装有行李时，门卫应立即帮助客人卸下，并注意有无遗漏的行李物品，而后关门，再退后，向司机道谢，示意司机开车。对待客人的行李物品，一定要轻拿轻放，团体行李要集中摆放，对贵重和易碎物品，尤其要小心处理。

（6）拉关门有学问。为客人拉门时，门卫要让客人感觉到你是在为其服务，这就要求做到适度，恰如其分，达到这种要求必须在工作中注意不断总结和积累。如果餐厅的大门是玻璃旋转门的话，可能有些客人不会走，这时门卫必须站在旁边给予帮助，特别是老年人和小孩；如果客人带有密码箱之类的行李，应提醒其注意，以免挤碎玻璃而引起纠纷。如果餐厅的大门是拉门，在客人离门有四五步远的时候把门打开。客人离店，当提出有乘坐计程车的要求时，门卫应主动上前和客人沟通并代客人叫车。待车停稳后，替客人打开车门，请客人上车；如客人有行李，门卫应主动帮客人把行李搬上车，让客人核实行李数。在关车门时，不要甩手关门，使门发出很大的声响，应先握住门把手关到离门框30厘米左右停顿一下，看看客人是否已将腿跨入车内，衣带裙边是否被收好，同时用敬语向客人道别，然后再用适中的力量将门一次关紧。车辆即将开动，应躬身立正，站在车的斜前方一米远的位置，上身前倾15度，双眼注视客人，举手致意，微笑道别，说："再见"、"一路平安"、"一路顺风"、"谢谢您的光临"、"欢迎您再来"、"祝您旅途愉快"等道别语，目送客人的车离去。

（7）积累必要的知识。门卫处在一个较为特殊的工作地点，要掌握本地及附近的交通道路，特别要知晓机场、火车站、码头等地的路线和方位，还应知道旅游景点和节日行车路线等，这些是停车客人问得最多的问题。门卫还应知道附近汽车修理点的电话号码，以解决客人的燃眉之急。此外，客人经常会顺便问询有关情况，如餐厅的设施、一些娱乐活动的举办地点以及当地的旅游景点等，门卫都应热情地回答，努力给客人一个满意的答复。

◆ 如此"第一印象"

两位客人到某餐厅就餐,当出租车停在该餐厅门前时,只见门童手插着兜和一名保安员闲聊,对他们的到来丝毫没有理会,两位客人只好自己开门下车。他们没有直接进入这家餐厅,而是到对面的一家餐厅逗留了一会儿。半小时后,两位客人又返回到这家餐厅。方才那个门童不见了,保安员则双手插兜立在门前。当两位客人踏上台阶时,保安员突然使劲地将一口痰吐在了离两位客人只有几步远的地上。两位客人惊奇地看了他一眼,不曾想,这位保安员竟毫不示弱地怒目回视。两位客人走进餐厅大堂后,始终感到"如芒在背",回头一看,原来那保安员竟扭头冲着他们行"注目礼"呢,让人感觉像警察盯小偷似的。两位客人心里很不舒服,对餐厅的印象大打折扣,愤然走出了这家餐厅。本案例中,门卫对前来就餐的顾客熟视无睹,缺乏基本的服务意识。而后客人再次返回餐厅,可以说给了店家第二次机会,但却因保安员的低劣行为而丧失了"再次让客人走进餐厅"的可能性,从而直接影响了餐厅的经济效益和良好口碑。也从另一个侧面说明,门卫不仅仅是一个站在外面给客人开车门的角色,很大程度上,他们是企业形象的第一块活招牌,可以帮助餐厅留住客人。

86 如何保持适度服务距离?

心理学实验证明:人际距离过大,容易使人产生疏远之感;人际距离过小,则又会使人感到压抑或是被冒犯。服务人员在工作岗位上需要与客人间保持的人际距离,可分为六种:

(1)服务距离。是服务人员与客人之间所保持的一种最常规的距离。它主要适用于服务人员应客人的请求,为其直接提供服务之时。一般情况下,服务距离以0.5~1.5米为宜。

(2)展示距离。即服务人员在客人面前进行操作示范,以便使客人对服务项目有更直观、更充分、更细致的了解。进行展示时,服务人员既要使客人看清自己的操作示范,又要防止对方妨碍自己的操作示范,或使客人遭到误伤,展示距离以1~3米为宜。

（3）引导距离。指的是服务人员在为客人带路时彼此间的距离。根据惯例，在引导时，服务人员行进在客人左前方1.5米左右为宜。

（4）待命距离。特指服务员在客人尚未传唤要求自己为之提供服务时，与对方自觉保持的距离。在正常情况下，应当是在3米之外。只要服务对象视线所及，可以看到自己即可。

（5）信任距离。指的是服务人员为了表示自己对客人的信任，同时也为了使客人浏览、斟酌、选择或体验更为专心致志而采用的一种距离，即离开对方而去，从对方的视线中消失。采取此距离时必须注意：一是不要躲在附近，似乎是在暗中监视客人；二是不要一去不返，让客人在需要帮助时根本找不到人。

（6）禁忌距离。主要是指服务人员在工作岗位上与客人之间应当避免出现的距离。其特点是双方身体相距过近，甚至有可能直接发生接触，即小于0.5米。这种距离，一般只出现于关系极为亲密者之间。

87 如何克制住自己的情绪？

在日常服务过程中，由于服务员的心理受到各种主客观因素的影响，不愉快的事情经常发生。在这种情况下，稍有不慎就很可能把心中的怨气发泄到客人身上，影响服务质量。有意识控制调节以至转化自己的情绪，取决于服务员自制力的强弱。有了良好的自制力，就能做到"有理让三分"，加深客人的谅解。自制力是一种意志力，是自尊、自爱、自重的表现。为了提高自制力，日常生活中可采用以下几种方法进行训练：

（1）转移注意法。就是在受到不好的刺激时，可以先想点或干点别的。如俄国著名作家屠格涅夫劝人在吵架将要发生时，必须把舌头在嘴里转上10个圈。

（2）心理暗示法。如林则徐用"制怒"条幅自控，苏轼以"忍小忿而就大谋"的词句自勉，以使自己在遇到不良刺激时，保持良好的心境。

（3）回避刺激法。当遇到可能使自己失去自制力的刺激时，应竭力回避。如隔壁有人骂自己，不是侧耳去听，而是外出散步。

（4）合理发泄法。有人在情绪波动时，利用听音乐和绘画来宣泄其情绪。

（5）积极补偿法。即利用愤怒激情产生的强大动力，找一件你喜欢的工作埋头猛干，或拼命读书，或伏案疾书，使消极情绪得到积极疏导。

（6）反其道而行法。就是要首先干那些不愿干的事，也就是故意与自己过不去。

第三章
基本技能

　　服务技能,是指服务人员在接待服务工作中,应该掌握和具备的基本功。服务人员的操作技能娴熟与否,从一个侧面反映出其业务素质的高低和服务质量的好坏,娴熟的服务技能,是提高服务水平、保证服务质量的技术前提。

88 餐饮服务的基本操作技能有哪些?

餐饮服务基本技能有托盘、餐巾折花、摆台、斟倒酒水、上菜、分菜等六项。

◆ 手忙脚乱的服务操作

某天晚上,北京一家三星级饭店的中餐厅十分火爆,短短的一个小时,餐厅内便座无虚席了,后来的客人不得不在休息室稍事休息,待有客人退后才能再进入餐厅就餐。由于客人比较多,所以服务员都十分繁忙。服务员小张看到这种情况,心中暗暗着急,只盼着一些已经快吃完饭的客人尽快结账离开,为那些在外等待的客人空出座位。正在此时,她所负责的6号桌客人要求结账,在为客人办理了结账手续之后,小张迅速取出托盘并径直走向餐桌,将托盘放在桌面!小张开始撤台,而此刻6号桌的客人正在起身穿衣,看到小张的这一举动,客人不禁奇怪地盯着小张看了一眼,但他们并未说什么就离开了饭店。由于外面客人迫不及待要进入餐厅就餐,因此还未等小张将台面摆好,迎宾人员就已领了几名客人到此落座。虽说台布已铺好,但餐具餐巾、花卉等都还没摆好,小张只好当着客人的面摆放餐具、折叠餐巾。在摆放餐具时,一位客人说自己不喝白酒,因此要求小张撤掉自己面前的白酒杯,小张手忙脚乱之际,不小心将要撤下的白酒杯摔落在地,使周围的客人都吓了一跳,小张也忙不迭地向客人道歉。此刻,小张不禁出了一头汗,真不知是热汗还是冷汗。

89 什么是托盘?

托盘是餐厅运送各种物品的基本工具。正确使用托盘,是每个餐厅服务员的基本操作技能,同时可以提高工作效率、服务质量和规范餐厅服务工作。

90 什么是轻托?

一般在客人面前操作,主要用于托送较轻的物品,所托重量一般在5千克左右。

轻托动作要求熟练、优雅和准确，操作方法如下：

（1）理盘。根据所托的物品选择清洁合适的托盘，如果不是防滑托盘，则在盘内垫上洁净的垫布。

（2）装盘。根据物品的形状、体积和使用先后合理安排，以安全稳当和方便为宜。一般是重物、高物放在托盘里档，轻物、低物放在外档；先上桌的物品放在上、在前，后上桌的物品放在下、在后。要求托盘内物品重量分布均衡，重心靠近身体。

（3）起盘。左手五指分开，掌心向上，上臂与前臂垂直于左胸前，平托着盘略低于胸前。

（4）行走。行走时要头正肩平，上身挺直，目视前方，脚步轻快稳健，精力集中，随着步伐移动，托盘会在胸前自然摆动，但以菜肴酒水不外溢为标准。

（5）卸盘。到达目的地，要把托盘平稳地放到工作台上，再安全取出物品。用轻托方式给客人斟酒时，要随时调节托盘重心，勿使托盘翻倒。

91 什么是重托？

重托是托载较重的菜点和物品时使用的方法，所托重量一般在10千克左右。目前国内饭店使用重托的不多，一般用小型手推车递送重物，既安全又省力。尽管如此，服务员也应了解重托的基本技能。

（1）理盘。将物品合理摆放在托盘内，要求托起后重心靠近身体。

（2）托盘。双手将托盘移至工作台外，用右手拿住托盘的一边，左手伸开五指托住盘底，掌握好重心后，用右手协助左手向上托起，同时左手向上弯曲臂肘，向左后方旋转180度，擎托于肩外上方，做到盘底不搁肩，盘前不靠嘴，盘后不靠发，右手自然摆动或扶托盘的前内角。

（3）行走。上身挺直，两肩放平，行走时步伐轻快，肩不倾斜，身不摇晃，掌握重心，保持平稳，动作表情轻松自然。

（4）放盘。屈膝直腰，放盘。

92 单手端一个盘（或碗）的方法是怎样的？

食指、中指、无名指勾托盘（碗）底边棱，拇指跷起稳压盘（碗）边，以正常速度前进，至桌前保持盘（碗）平稳，然后朝桌上轻放。如端鱼盘（椭圆形盘），应端短轴所在的一边，方法与上相同。

93 单手端两盘的方法是怎样的?

先用食指勾托盘底,拇指跷起稳压盘边,端起第一盘。然后再用无名指托住另一个,中指护住其边、食指压住使其平稳。

94 单手端托三盘的方法是怎样的?

左手食指和拇指自然平伸,将第一盘的边沿插入左手虎口(盘子的重心落在虎口以外),盘底托住第二盘,将第一盘的边沿下部压住第二盘的盘边,并将第二盘边沿紧靠掌心,最后用中指托住第三盘,将第二盘的边沿下部及食指根部稳压住第三盘的盘边。这样,即可使三只盘子均稳固牢靠。

95 端托盘行走的步法有哪些?

(1)常步:即按照正常的步速和步距迈步行走,要求步速均匀,不可急快急慢,步距适中。

(2)快步:这是服务员运送一些比较特殊的菜所运用的步伐,主要是需要热吃的菜肴,如果不采用快步走的方式,就会影响菜肴的质量。快步走时,较之常步,步速要快一些,步距要大一些,但应保持适宜的速度,不能表现为奔跑,否则会影响菜形或使菜肴发生意外的泼洒。

(3)碎步:这种步法较适用于端汤行走,步速较快,但步距较小。运用碎步,可以使上身保持平稳,使汤汁避免溢出。

(4)垫步:通常的步态都是左右脚前后交替运动,而垫步则是前脚前进一步,后脚跟进一步。这种步法可以在两种情况下运用,即当服务员在狭窄的过道中间穿行时,或服务员在行进中突然遇到障碍或靠边席桌需要减速时。

(5)跑楼梯步:身体向前弯曲,重心向前,用较大的步距,一步跨两个台阶,一步紧跟一步,上升速度快而均匀,巧妙地借用身体和托盘运动的惯性,既快又节省体力。

96 什么是餐巾折花?

餐巾,又称口布,是客人用餐时的保洁方巾。折叠成不同样式、花型的餐巾,蕴含着不同的寓意,摆放在餐桌上,既显示出宾主位置,便于入座;又显示美观大方,增加宴席气氛。餐巾折花的基本技法包括推折、折叠、卷筒、翻拉、捏、穿等六大部分。

97 什么是"推折"?

在打折时,两个大拇指相对成一线,指面向外,指侧面按紧餐巾推折,这样形成的褶比较均匀。初学可以用食指或中指向后拉折,这时应用食指将打好的褶挡住,中指控制好下一个褶的距离,三个指头互相配合。推折时,要在光滑的盘子或托盘中进行。推折可分为直线推折或斜线推折,折成一头大一头小的褶或折成半圆形或圆弧形。

98 什么是"折叠"?

就是将餐巾平行取中一折为二、二折为四或者折成三角形、长方形等其他形状。折叠的要求是:要熟悉基本造型,折叠前算好角度,一下折成。避免反复,以免餐巾上留下一条褶痕,影响餐巾美观。

99 什么是"卷筒"?

将餐巾卷成圆筒并制出各种花型的一种手法。卷的方法可以分为直卷和螺旋卷两种。直卷:餐巾两头一定要卷平;螺旋卷:可先将餐巾折成三角形,餐巾边要参差不齐。无论是直卷还是螺旋卷,餐巾都要卷紧,如卷得松就会在后面折花中出现软折。

100 什么是"翻拉"?

将餐巾折卷后的部位翻成所需花样,翻拉大都用于折花鸟。操作方法是:一手拿餐巾,一手将下垂的餐巾翻起一角,拉成花卉以及鸟的头颈、翅膀、尾巴等。翻拉花卉的叶子时,要注意对称的叶子大小一致、距离相等,拉鸟的翅膀、尾巴或头时,一定要拉挺,不要软折。

101 什么是"捏"？

捏的方法主要用于折鸟的头部。操作时先将鸟的颈部拉好（鸟的颈部一般用餐巾的一角）；然后用一只手的大拇指、食指、中指三个指头，捏住鸟颈的顶端；食指向下，将餐巾一角的顶端尖角向里压下，大拇指和中指将压下的角捏出尖嘴。

102 什么是"穿"？

穿是指用工具从餐巾的夹层褶缝中边穿边收，形成皱褶，使造型更加逼真美观的一种手法。穿时左手握住折好的餐巾；右手拿筷子，将筷子的一头穿进餐巾的夹层褶缝中；另一头顶在自己身上，然后用右手的拇指和食指将筷子上的餐巾一点一点往里拉，直至把筷子穿过去。皱褶要求拉得均匀，穿好后要先将折花插进杯子，再把筷子抽掉，否则皱褶易松散。

103 怎样折单荷花？用折单荷花的手法还能折出哪些花型？

单荷花是最容易掌握的一种折花造型，不管是大型宴会，还是一般宴会或特殊的宴请，都可以选用这种花型，其步骤是：将餐巾叠成小方形，由中间向两侧捏成五折，将捏好的餐巾提起，将四片一一掰开形成荷花瓣形，放入杯中成单荷花。折单荷花的基本手法是方形餐巾折花法，掌握这种手法后，加以不同变化，就会折出翻荷花、双荷花、金鱼、仙人掌、月季花等多种花型。

104 怎样折圆花篮？用折圆花篮的手法还能折出哪些种类？

将餐巾折成三角形，从三角形底部往上卷三分之二，然后将一层小角往下翻，由中间向上翻起，再将两个直筒向上翻，将两角做成圆形篮筐，放入杯内，双手将两角顶端插接成为花篮把，形成圆花篮，如加以变动可折成长花篮、海鸥、马蹄莲、竹节等。

餐饮服务小百科

105 怎样折并蒂莲花？用折并蒂莲花的手法还能折出哪些花型？

折并蒂莲花采用长方形餐巾折花法，其具体步骤是：将餐巾叠成长方形，从里向外一一捏成四折。由中间折成W形，掰开花瓣形成并蒂莲。在此基础上可折出牡丹花、双喇叭花、双月季花、千枝梅花等。

106 怎样折鸵鸟型？用折鸵鸟型的手法还能变换什么种类？

将餐巾的对称两角向中心叠起，然后向外翻开，再将右角向里叠，整个翻过来，从右向左捏成五折，两手捏住五折的两端，向上窝，用左手攥住底部，右手将大角捏成嘴部，放入杯内形成鸵鸟型，鸵鸟型采取菱形折叠法，掌握这种折法，在折鸵鸟型的基础上加以变化，可以折出水浮莲、鸡冠生蕊等。

107 怎样折叠海棠花？用折海棠花的手法还能折哪些种类？

将餐巾由中间向上抻起，用左手攥住花心，右手将四个直边中间向上做成花瓣。再将四角向上做成大花瓣，放入杯内形成海棠花。折叠海棠花的花型采取提取翻折手法，在此基础上加以变化可以折出金钟花、蝴蝶花、玉兰花等。

108 怎样折牵牛花？用折牵牛花的手法还能折出哪些类型？

将餐巾叠成三角形，将左右上下两角各向中心卷成斜筒形，用手攥住底部，然后将四角一一翻开成花瓣，在此基础上还可折成海燕、马莲花、玉兔耳、对孔雀等。

109 餐巾折花如何选择花型？

（1）选择来宾喜爱的花型：对来自不同国家、不同地区的宾客，要根据他们不同的宗教信仰、性格、年龄和职业、爱好（还要熟悉他们的风俗习惯和生活特点）

来选择他们喜爱的花型。如日本客人对梅花就不大喜欢，就应折樱花。如来宾是信奉伊斯兰教的，就忌用猪的花型，甚至连熊猫的花型也不要折，因为折不好很像猪。

（2）选择适应菜单的花型：根据菜单的内容不定期选择花型，以增加宴会的热烈气氛。如用荷花冷盘的宴会桌，要选配各式花类的花型，把餐桌设计成"百花齐放、争相斗艳"的情趣，要给人一种还未吃，一看就高兴，引起想吃的情绪。

（3）选择适应季节的花型：要根据不同季节来选择花型。如在夏天举行的宴会，就要多选一些荷花、玉兰花、石竹花、蝉和适应季节变化的候鸟等花型。如在冬季举行的宴会，可选用冬笋、梅花、仙人掌、企鹅等花型。符合生活规律变化的花型，其折花就能给人一种真实感。

110 怎样掌握外宾对餐巾折花花型的喜忌？

选用一些国家的国花作为餐巾折花的花型，会受到该国宾客的喜爱。如日本：樱花；印度：荷花；印度尼西亚：茉莉花；英国：红玫瑰；法国：金百合花；意大利：雏菊、玫瑰；西班牙：石榴花；墨西哥：仙人掌；埃及：睡莲；坦桑尼亚：丁香花；澳大利亚：金合欢花。

不要选用那些禁忌花型。如日本：忌讳荷花图案。英国：把孔雀看作淫鸟、祸鸟。法国：讨厌仙鹤图案，认为仙鹤是蠢汉和淫妇的代称。意大利：忌用菊花，因菊花盛开季节是人们扫墓的时刻。

还要注意外宾对花卉色彩的禁忌，如日本：忌绿色，认为绿色是不祥的颜色。法国：忌黄色，认为黄色是不忠诚的表现，还忌用墨绿色，因为墨绿色是纳粹党军服的颜色。德国：忌用茶色、红色和深蓝色。

111 餐巾折花应如何摆放？

（1）主花要摆插在主位。主花摆在主位，一般的餐巾花摆在其他宾客席上，但要高低均匀，错落有致，达到一种视觉艺术的美。

（2）餐巾折花将观赏面朝向宾客。摆放餐巾折花，要使宾客正面观赏，如孔雀开屏、和平鸽等花型，要将正面朝向宾客。适合侧面观赏的，要将最佳观赏面朝向宾客。

（3）相似花型错开摆放。在一个台面上摆放不同品种花型时，形状相似的花型要错开，对称摆放。

（4）恰当掌握杯内餐巾花的深度。餐巾折成花型后，放入杯内的深度要适中。杯内的部分要折叠整齐而规范。

（5）摆放距离均匀。各种餐巾花之间的间距要均匀，做到花不遮餐具，不妨碍服务操作。

112 什么叫"摆台"？

摆台又称铺台、摆桌，是将餐具、酒具以及辅助用品按照一定的规格整齐美观地铺设在餐桌上的操作过程。包括餐台排列、席位安排、餐具摆放等。摆台要求做到清洁卫生、整齐有序、各就各位、放置得当、方便就餐、配套齐全。

113 什么是"推拉式"铺台布？

选取与桌面大小相适合的台布，站在副主人席位旁，靠近桌边，将台布用双手平行打折，向前推出，再拉回，台布鼓缝面朝上，中线缝正对正、副主人席位，台布的四角和桌腿成直线下垂，四角垂直部分与地面等距，不可搭地。铺好的台布图案、花纹置于桌正中，台布铺完后再围椅子。

114 什么是"撒网式"铺台布？

在选好合适台布后，站在副主人的位置，用双手把台布平行打折并提起，向第一主宾方向一次撒开，鼓缝朝上，中线缝直对正、副主人席位，台布四角要与桌腿成直线下垂，四角垂直部分与地面等距，不许搭地，铺好的台布图案、花纹置于餐桌正中，台布铺完后再围椅子。撒网式铺台布时要求动作干脆利落、优美、技艺娴熟，一气呵成。

115 什么是"抖铺式"铺台布？

即用双手将台布打开，平行打折后将台布提拿在双手中，身体呈正位站立式，利用双腕的力量，将台布向前一次性抖开并平铺于餐台上。这种铺台方法适合于较宽敞的餐厅或在周围没有客人就座的情况下进行。

116 桌与椅怎样恰当摆放？

（1）4人方台，采取十字对称法。

（2）6人圆台，采用一字对中，左右对称法。

（3）8人圆台，采用十字对中，两两对称法。

（4）10人圆台，采用一字对中，左右对称法。

（5）12人圆台，采用十字对中，两两相间法。

117 早餐用具怎样摆放？

（1）餐碟（或称餐盘）：根据台形摆放，要求餐碟与桌边相距1.5厘米，保持一个食指位的长度。

（2）茶碟：放在餐碟右侧，与桌边的距离同样为1.5厘米。

（3）茶杯：扣放在茶碟上面，杯耳朝右。

（4）汤碗：摆放于餐碟的正前方位置。

（5）汤匙：摆放于汤碗内，汤匙梗把朝左。

（6）筷子架、筷子：筷子架摆放于餐碟右上方，筷子放在筷子架上，筷子的后端距桌边1.5厘米。筷子套的图案要向上；筷子从餐碟与茶碟中间位置穿过。

118 午餐、晚餐用具怎样摆放？

（1）餐碟：根据台形摆放，要求餐碟与桌边相距1.5厘米。

（2）筷子架、筷子：将筷子架摆在餐碟右上方，再将筷子（带卫生筷套）摆在筷子架上。筷子的后端距桌边1.5厘米，筷子套的图案向上。

（3）汤碗、汤匙：汤碗摆放在骨碟前方偏左，汤匙摆放在汤碗内，梗把朝左。

（4）酒具：中餐宴会一般使用三套杯，即饮料杯、葡萄酒杯、白酒杯，先将葡萄酒杯摆放在距翅碗与味碟边约0.5厘米的餐碟垂直线上，然后将饮料杯放于其左，白酒杯居于其右，三杯直径横向成一条直线，杯距约0.5厘米，以不互相碰撞为宜。

（5）茶碟、茶杯：茶碟放在餐碟右侧，与桌边保持1.5厘米距离；茶杯倒扣放在茶碟上面，杯耳朝右。

（6）牙签：牙签多为袋装，摆在筷子与餐碟之间，印有图文的一面向上对正即可。

餐饮服务小百科

（7）餐巾：将45厘米长的餐巾折叠整齐，可折成各种款式，一般摆放在餐碟中，另一种是摆插在饮料杯中。

（8）香巾、香巾托：上香巾时，将香巾放在香巾托内置于餐碟左边。

◆ 爱动脑筋的服务员

小马是北京一家会馆中餐厅的一位热情、细心的服务员，最近她发现很多客人到餐厅坐下以后，所做的第一件事是将面前的餐具往餐桌中心方向移，然后双手靠在餐桌上点菜、喝茶。一天中午，有位客人终于忍不住对小马建议道："小姐，这餐具往里面摆点不是更好吗？为什么非要摆得这么靠边呢？"餐厅的服务员都知道，中餐摆台的标准是骨碟摆放在距桌边1.5厘米的地方。小马忙说："先生，对不起，给您添麻烦了，您提的建议很好，我一定会及时转告我们的经理。"经过小马的提议，这家会馆很快将骨碟摆放在距桌边4厘米的位置。小马也得到了会馆经理的表扬和奖励。确实，中餐摆台的很多做法和标准都是从西餐摆台中移植过来的，但到底是否符合中餐的用餐要求和中国人的用餐习惯，还缺乏深入的分析和研究。

119 鲜花、烟灰盅、转盘应怎样摆放？

（1）鲜花：单枝插花、花瓶插花通常摆放在小方台正中，多枝插花、盆栽插花通常摆放于转台中心上。

（2）烟灰盅：在大台摆放烟灰盅时呈"品"字形。

（3）转盘：通常用在大圆台上，盘底宜压在台布"十"字折边的正中。

120 什么是桌斟？

桌斟在桌上完成，站在客人右后侧，右脚在前，左脚在后，右手握住瓶子的下半部，标签面向客人，以食指控制流速，顺着杯壁倒，待满后，向里旋转瓶身（90～180度）抬起瓶口，使最后一滴酒随着瓶身的转动均匀地分布在瓶口边沿上。

121 什么是捧斟？

捧斟在手上完成，站在客人右后侧，左脚在前、右脚在后，右手握住瓶子的下半部，标签面向客人，以食指控制流速，左手握住杯子下半部，杯子倾斜45度，瓶口不与杯口相接触，随着酒水的增加，杯子慢慢抬起，适量时，右手向里旋转瓶身（90~180度）抬起瓶口，使最后一滴酒随着瓶身的转动均匀地分布在瓶口边沿上。

122 如何开启易拉罐？

用托盘将饮料送至餐台，左手托盘，在客人右侧用右手开启，不可对着客人拉。开启啤酒和汽水前不可摇晃易拉罐，避免液体外喷。

123 如何开瓶装啤酒？

啤酒最佳的饮用温度为7℃，在为客人服务前，啤酒要放在冰箱中冷藏一下。特别是在夏秋两季，客人喜欢饮用温度较低的啤酒，瓶装啤酒开瓶要用瓶起子，打开的动作要轻稳，要在桌上进行。由于啤酒从冰箱拿到餐厅后，可能瓶外有凝结水，给客人上之前，要用布巾擦拭一下。同时也要擦净瓶底，防止瓶底在台布上留下污渍。

124 如何为客人斟送扎啤？

当有客人要扎啤时，服务员在斟酒时要把扎啤杯倾斜一些，啤酒快斟满时将杯摆正。扎啤杯口要有1厘米左右的泡沫，这样看起来才显得新鲜而有吸引力。

125 如何为客人开坛装酒品？

中国传统的黄酒大都是用陶坛装盛，陶坛的盖用的是软木塞。它与葡萄酒的软木塞不是同样的品种，不好用酒钻来开启。一般开这种坛，所需要的是一个锥子，将锥子斜插进木塞，然后慢慢地将木塞挑出。需要注意的是不要将软木塞插透，否则木屑会掉入酒中。一般坛装的黄酒坛口都有一层漆皮，服务员在开启前要用手撕掉，漆皮很容易燃烧，但是一定不要点火去烧，因为漆皮燃烧后产生的气味刺鼻，会对酒味产生不良影响。

126 如何给葡萄酒开瓶？

葡萄酒开瓶操作，不仅需要一定的技术功底，而且也需要相当的表演天赋。开瓶操作的好坏，常常给人留下深刻的印象。葡萄酒经客人验酒无误后即可开瓶。步骤如下：

（1）用开瓶钻上的小刀沿瓶口下沿割断密封胶套。

（2）从软木塞的中心轻轻地把螺旋拔旋进木塞。

（3）轻轻地把木塞拔出，注意用力均匀，应避免用力过猛而使木塞破碎。

（4）旋出木塞，检查一下有无变质现象，然后递给客人进一步确认。

（5）用餐巾擦净瓶口内部，准备斟酒给客人。

（6）倒少量葡萄酒给点酒人品尝，经认可后，再依照先女士后男士、先客人后主人的原则，从主人右侧开始按顺时针方向给客人逐一斟酒。一般白葡萄酒斟七成满，红葡萄酒斟五成满。

（7）若饮用较陈年的红葡萄酒时，还应先过酒，以免把沉淀物倒入杯中。过酒的方法是：准备一只过酒瓶，点燃一支蜡烛后，轻轻倾斜酒瓶，使酒液慢慢流入过酒瓶中，动作要轻，不要搅起瓶底的沉淀物，对着烛光直到酒液全部过完，然后再把酒斟给客人。红葡萄酒在服务时还可以装在酒篮中，酒瓶应保持一定斜度，酒篮与酒瓶一起放在桌子上。

127 如何给香槟酒开瓶？

（1）左手握住瓶颈下方，左手拇指压住瓶盖，右手将瓶口的包装纸揭去，并将铁丝网套锁口处的扭缠部分松开。

（2）在右手除去网套的同时，左手拇指需适时按住瓶塞，将酒瓶倾斜45度，注意不要将酒瓶口对着客人。

（3）然后右手以餐巾布替换左手拇指，捏住瓶塞；左手从瓶底将酒瓶托住，再慢慢地旋转香槟酒瓶，酒瓶转动时会利用瓶内压力把瓶塞推出，不会有任何危险。

（4）如瓶内气压不够，瓶塞受压力冲出前，可用右手捏紧瓶塞，再将瓶塞拔出。

（5）对于发泡酒或香槟酒的斟酒服务，应采用两次倒酒方法。

128 如何为客人提供饮料服务？

（1）站在客人右侧0.5米处，按先女士后男士、先客人后主人的次序并按顺时针方向依次进行。

（2）左手托盘，右手从托盘中取出酒杯，在客人的右侧将杯子放在客人的右前方。

（3）倒饮料前须提示客人要倒饮料了，对外国客人要说："Excuse me, sir/madam, here is your drink."

（4）右手从托盘中取饮料，在客人的右侧将饮料倒至杯子的3/4处。

（5）给客人倒饮料时速度不宜过快，饮料的商标要朝向客人，瓶口不要对着被服务的客人。

（6）将剩余的饮料瓶或饮料听放在杯子的右前方。

（7）请客人慢慢品尝，对外国客人要说："Please enjoy your drink."

（8）当客人杯中饮料剩余1/3时，应上前为客人添加饮料或询问客人是否再续另一杯饮料。

（9）当客人再次订饮料时，应更换新的饮料杯。

（10）空瓶及时撤走，客人杯中饮料用完后，客人示意再要饮料时，征得客人同意，马上撤下空杯。

（11）当为客人服务完毕，客人向服务员道谢时，服务员要向客人表示非常高兴提供服务，对外国客人要说："My Pleasure, madam/sir."

129 如何为客人提供啤酒服务？

（1）将啤酒、啤酒杯和杯垫放在托盘上，送至客人桌前。

（2）从客人的右侧为客人服务。

（3）先将杯垫放在桌子上，徽标朝向客人，再将啤酒杯放在杯垫上。

（4）将啤酒顺杯壁慢慢倒入杯中，啤酒的商标朝向客人。

（5）将剩余的啤酒放在另外一个杯垫上，酒瓶的商标朝向客人。

（6）当杯中的啤酒占杯体1/2时，及时上前为客人添加啤酒。

（7）空瓶及时撤走。

餐饮服务小百科

130 中餐上菜的要点有哪些？

（1）将凉菜先行送上席。

（2）当客人开始就餐后，服务员即可通知厨房作好出菜准备，待凉菜剩下1/3左右时，服务员即可送上第一道热菜。

（3）当前一道菜快吃完时，服务员就要将下一道菜送上，不能一次送得过多，使宴席桌上放不下，更不能使桌上出现菜肴空缺的情况，让客人在桌旁干坐，这既容易使客人感到尴尬，也容易使客人在饮酒时，没有菜可供及时下酒，易使客人喝醉。

（4）服务员给客人提供服务时，一般要以第一主人作为中心，从宴席的左面位置上菜，撤盘时从宴席的右侧位置。上菜或撤盘时，都不应当在第一主人或主宾的身边操作，以免影响主客之间的就餐和交谈。

（5）菜肴上有孔雀、凤凰图案的拼盘应当将其正面放在第一主人和主宾的面前，以方便第一主人与主宾的欣赏。

（6）第一道热菜应放在第一主人和主宾的前面，没有吃完的菜则移向副主人一边，后面菜可遵循同样的原则。

（7）遵循"鸡不献头，鸭不献尾，鱼不献脊"的传统礼貌习惯，即在给客人送上鸡、鸭、鱼一类的菜时，不要将鸡头、鸭尾、鱼脊对着主宾。

（8）上整鱼时，由于鱼腹的刺较少，肉味鲜美腴嫩，所以应将鱼腹而不是鱼脊对着主宾，表示对主宾的尊重。

◆ 上菜五禁忌

禁忌一、一股脑儿上菜。 尽管顾客选择了各种各样的菜品，但餐厅服务员也要结合到位的人数，尤其是就餐的对象、氛围、时间、饮食习惯等做出合理安排，因为顾客到餐厅就餐，并非仅仅为了吃，还带有与亲朋好友、上司领导、业务伙伴等沟通和交流的任务。上菜要把握进度，切不可不加思考地一股脑儿上菜。

禁忌二、先热后凉，或者热凉混上。 按照一般的就餐习惯，酒不过三巡，常常不上热菜。尤其要考虑到敬酒的习惯，餐厅服务员要考虑到顾客的需要，切不可混淆上菜程序。

禁忌三、堆积菜品。 上菜前要清理菜。餐厅服务员在服务过程中，要眼疾手快，发现一道菜已吃完，应马上主动上菜，而不能等待顾客暗示。同时，在上菜前要及时对桌面进行清理，避免碟盘堆积，从而影响客人就餐的情绪。

　　禁忌四、上菜不讲菜。餐厅一般都会有自己的特色菜，也叫餐厅的招牌菜。对招牌菜进行讲解，也是对餐厅的良好宣传。餐厅服务员应当抓住这一良好机会，而不能在上菜时沉默不语，把问题留给顾客，并等待询问。

　　禁忌五、不做菜品成本提醒。顾客到一家餐厅就餐，并非对其分量了如指掌。餐厅服务员应当就就餐人数、选择菜品的合适度、菜品的节约程度等多方面对顾客进行帮助和提醒，避免在不知情的情况下大量点菜，从而造成菜品浪费。

（资料来源：阮文华.餐厅服务员五禁忌.中国旅游报，2009-8-19。）

131 如何上汤羹？

在为客人分派汤或羹时，服务员应当先使用小碗将汤按客人人数分好，然后从客人的左侧送到桌上。客人将汤喝完后如表示还需要，服务员应立即用小碗为客人装满。

132 如何上火锅？

（1）在火锅点燃之前，先将搭配好的四荤、四素送到值台服务员处，然后一起送到转盘上，交错放开，另外准备筷子一双、大汤匙一只、火柴一盒、干净的小毛巾一块，一同放到火锅桌上。

（2）作好准备工作之后，将火锅送到宴席上。火锅内的汤一般在送上之前，已在厨房内热好，因此，服务员在将火锅及火锅汤送上桌面时，一定要注意安全，谨防将汤汁溢出。火锅安放稳妥后，再用火柴或打火机将火锅燃料点上，或打开电源开关，开始加热。

（3）等到汤煮沸后，按照先荤后素的顺序及先排骨、羊肉、鱼虾的次序将菜一一放下锅，再将锅盖盖上。在等待过程中，可以为每位客人准备好汤碗，排放在火锅周围。

（4）当食品在火锅内煮熟后，餐厅服务员应依次给每位客人盛上食品、汤汁，每一碗要尽量荤素搭配，第一碗与最后一碗无多大差别。当火锅汤不足时，应加上新的汤料。

（5）火锅食用完毕后，服务员应当先将火熄灭，然后轻轻撤下火锅，操作时要注意安全。

133 如何上易变形的油炸菜？

厨师先将装在油锅的菜端到落台旁，当厨师将菜装上盘子后，服务员要立即将菜端上桌面供客人食用，这样才能使菜保持原汁原味，如果动作较慢，菜就会干瘪变形。

134 如何上泥包、纸包、荷叶包的菜？

服务员应先将菜拿给客人观赏，然后再送到操作台上，在客人的注视下打开或打破，然后用餐具分到每一位客人的餐盘中。如果先行打开或打破，再拿到客人面前，则会失去菜的特色，并使这类菜不能保持其原有的温度和香味。

135 如何上有声响的菜？

一些菜如锅巴菜一出锅就要以最快速度端上台，随即把汤汁浇在锅巴上，使之发出响声。做这一系列动作要连贯，不能耽搁，否则此菜将失去应有效果。

136 如何上原盅炖品菜？

原盅炖品菜上台后要当着客人的面启盖，以保持炖品的原味，并使香气在席上散发。揭盖时要翻转移开，以免汤水滴落在客人身上。

137 摆菜的技巧有哪些？

（1）摆菜时不宜随意乱放，而要根据菜的颜色、形状、菜种、盛具、原材料等，讲究一定的艺术造型。

（2）中餐宴席中，一般将大菜中的头菜放在餐桌中间位置，砂锅、炖盆之类的汤菜通常也摆放到餐桌中间位置。散座桌可以将主菜或高档菜放到餐桌中心位置。

（3）摆菜时要使菜与客人的距离保持适中，散座桌摆菜时，应当将菜摆放在靠近小件餐具的位置上，餐厅经营高峰中，两批客人同坐于一个餐桌上就餐时，摆菜要注意分开，不同批次客人的菜向各自方向靠拢，而不能随意摆放，否则容易造成误解。

（4）注意菜点最适宜观赏一面位置的摆放。要将这一面摆在适当位置，一般宴席中的头菜，其观赏面要朝向正主位置，其他菜的观赏面则对向其他客人。

（5）当为客人送上宴席中的头菜或一些较有风味特色的菜时，应首先考虑将这些菜放到主宾与主人的前面，然后在上下一道菜时再移放到餐桌的其他地方。

138 如何撤换餐具？

（1）在客人右边进行服务，左手托盘，右手先撤下用过的骨碟，然后送上干净的骨碟。

（2）从主宾开始顺时针方向绕台进行。

（3）个别客人没有用完的骨碟，可先送上一只干净的骨碟，再根据客人意见撤下前一只骨碟。

（4）撤盘时不拖曳，不能当着客人的面刮擦脏盘，不能将汤水及菜洒到客人身上。

（5）如果客人还要食用餐盘中的菜，服务员应将餐盘留下或在征得客人的同意后将菜并到另一个餐盘中。

139 翻台时，应注意哪些问题？

（1）翻台应注意及时、有序，应按酒具、小件餐具、大件餐具的顺序进行。

（2）如发现客人遗忘的物品，应及时交给客人或上交有关部门。

（3）应注意文明作业，保持动作的稳定，不要损坏餐具、物品，也不应惊扰正在用餐的客人。

（4）应注意周围的环境卫生，不要将餐纸、杂物、残汤剩菜等乱洒乱扔。

（5）撤台结束后，应立即开始规范地摆台，尽量减少客人的等候时间。

餐饮服务小百科

140 中餐分菜工具如何使用？

（1）叉、勺：服务员右手握住叉的后部，勺心向上，叉的底部向勺心；在夹菜肴和点心时，主要依靠手指来控制；右手食指插在叉和勺把之间与拇指酌情合捏住叉把，中指控制勺把，无名指和小指起稳定作用；分带汁菜肴时用服务勺盛汁。

（2）公用勺和公用筷：服务员站在与主人位置成90度角的位置上，右手握公用筷，左手持公用勺，相互配合将菜肴分到宾客餐碟之中。

（3）长把汤勺：分汤菜，汤中有菜肴时需用公用筷配合操作。

141 分菜的方法有哪些？

（1）餐盘分让式：服务员站在客人的左侧，左手托盘，右手拿叉与勺，将菜在客人的左边分派给客人。

（2）二人合作式：将菜盘与客人的餐盘一起放在转台上，服务员用叉和勺将菜分派到客人的餐盘中，然后由客人自取或服务员协助将餐盘送到客人面前。

（3）分菜台分让式：先将菜在转台上向客人展示，由服务员端至分菜台，将菜分派到客人的餐盘中，并将各个餐盘放入托盘中，应先将客人面前的污餐盘收走，将菜托送至宴会桌边，用右手从客位的左侧放到客人的面前。

142 分菜的基本要求有哪些？

（1）将菜点向客人展示，并介绍名称和特色后，方可分让。大型宴会，每一桌服务人员的派菜方法应一致。

（2）分菜时留意菜的质量和菜内有无异物，及时将不合标准的菜送回厨房更换。客人表示不要此菜，则不必勉强。此外，应将有骨头的菜肴，如鱼、鸡等的大骨头剔除。

（3）分菜时要胆大心细，掌握好菜的份数与总量，做到分派均匀。

（4）凡配有佐料的菜，在分派时要先蘸（夹）上佐料再分到餐碟里。

143 特殊宴会，如何分菜？

（1）客人只顾谈话而冷淡菜肴：遇到这种情况时，服务员应抓住客人谈话出现短暂的停顿间隙时机,向客人介绍菜肴并以最快的速度将菜肴分给客人。

(2)主要客人带有少年儿童赴宴:此时分菜应先分给儿童,然后按常规顺序分菜。

(3)老年人多的宴会:采取快分慢撤的方法进行服务。分菜步骤可分为两步,即先少分再添分。

144 如何分让特殊菜肴?

(1)汤类菜肴的分让方法:先将盛器内的汤分进客人的碗内,然后再将汤中的原料均匀地分入客人的汤碗中。

(2)造型菜肴的分让方法:将造型的菜肴均匀地分给每位客人。如果造型较大,可先分一半,处理完上半部分造型物后再分其余的一半。也可将食用的造型物均匀地分给客人,不可食用的,分完菜后撤下。

(3)卷食菜肴的分让方法:一般情况是由客人自己取拿卷食。如在老年人或儿童多的情况下,则需要分菜服务。方法是:服务员将吃碟摆放于菜肴的周围;放好铺卷的外层,然后逐一将被卷物放于铺卷的外层上;最后逐一卷上送到每位客人面前。

(4)拔丝类菜肴的分让方法:由一位服务员取菜分类,另一位服务员快速递给客人。

145 常用的分鱼用具有哪些?

常用的分鱼用具有鱼刀、鱼叉、鱼勺。分鱼配用的餐具应根据鱼的烹调方法而定,如分糖醋整鱼时,因其焦酥,可带鱼骨分用,故而应配用餐叉、餐勺;分干烧整鱼、红烧整鱼、清蒸整鱼时,要将鱼骨、鱼肉分离,故而应配用餐刀剔出鱼骨刺及切割鱼肉,配以餐叉、餐勺用于分鱼装碟。

146 分鱼有哪些要求?

分鱼操作前应先备好餐碟、刀、叉、勺,并将要拆分的整形鱼向客人展示。展示的方法有两种,一种为端托式展示,即餐厅服务员用托盘将放有鱼的盘子托至客人面前,向客人介绍菜肴,在介绍的过程中向客人进行菜肴的展示;另一种为桌展,即将烹制好的鱼放在餐台上，然后餐厅服务员向客人介绍菜肴，在介绍的过程中客人也观察到了鱼的形状。待餐厅服务员向客人将鱼展示完毕，方可进行分鱼服务。

147 分鱼的方法有哪些？

分整形鱼大体有两种方法，一种是在餐台上分，即餐厅服务员向客人展示完后，将鱼转至服务员处，使鱼呈头朝右、尾朝左，鱼腹朝向桌边，当着客人的面，将鱼进行拆分。另一种是餐厅服务员向客人展示完鱼后，将鱼拿到转菜台或配餐室进行分鱼。

148 分鱼的注意事项有哪些？

分鱼服务时，要求餐刀、叉、勺使用手法得当，不得在操作中发出声响；做到汤汁不滴不洒，保持盛器四周清洁卫生；操作时，动作要干净利落；鱼骨剔出后头尾相连、完整不断，鱼肉去骨后完整美观；分鱼装碟时要均匀、准确。

149 如何分糖醋整鱼？

分糖醋整鱼时，左手握餐勺压在鱼头处，右手拿餐叉从鱼腹两侧将鱼肉切离鱼骨。由于糖醋鱼较焦脆，因此在操作时要用力得当。待鱼肉切开后，将鱼块分装于餐碟中，并用餐勺盛糖醋汁浇于鱼块上，便可分送给客人食用。分糖醋鱼时，要速度快，因为它属火候菜，如时间间隔过长，往往直接影响菜肴的质量。

150 如何分清蒸整鱼？

分清蒸整鱼时，左手握餐叉将鱼头固定，右手用餐刀从鱼中骨由头顺切至鱼尾，然后将切开的鱼肉分向两侧脱离鱼骨，待鱼骨露出后，将餐刀横于鱼骨与鱼肉之间，刀刃向鱼头，由鱼尾向鱼头处将鱼骨与鱼肉切开，当骨、肉分离后，用刀、叉轻轻将鱼骨托起放于鱼盘靠桌心一侧的盘边处，再将上片鱼肉与下片鱼肉吻合，使之仍呈一整鱼状（无头尾），同时餐叉与餐刀配合，将鱼肉切成10等份（按10人用餐），并用餐叉、餐勺将鱼肉分别盛于餐碟中送与客人。分干烧鱼、油浸鱼与分清蒸鱼步骤相同。

151 如何分鳞鱼？

分鳞鱼时先将鱼身上的鳞轻轻剥离鱼身并放置在鱼盘一侧，然后与分清蒸鱼步骤相同。在向各个餐碟内分装鱼肉时，将鱼鳞也等份地分装于这些餐碟中，送与客人一同食用。因鳞鱼在制作时，由于其每片鳞下边都有油脂，故而其鳞不可去掉，待其制熟后，其鳞片上的油脂食用时味道十分鲜美。分鱼与分菜在服务程序上的要求是一致的，因此，在分鱼服务中，应遵循分菜的规范要求。

152 服务员应具备哪些服务技能？

服务技能，是指服务人员在接待服务工作中，应该掌握和具备的基本功。娴熟的服务技能是提高服务水平、保证服务质量的前提。服务员应具备以下能力：

（1）语言能力。如果服务员不具备灵活的语言能力，不善于语言交际，无法克服语言交流上的障碍，势必会造成其态度呆板，客人的要求得不到及时的解决和满足，即使不引起投诉也可能给其留下不愉快的印象。

（2）交际能力。餐饮企业是一个人际交往大量集中发生的场所，每一个服务员每天都会与大量的客人，还要同一些同事、上级、下属进行广泛的接触，因而必须具备良好的交际能力。对于服务员来说，每一位新来的客人都是陌生的，但在交际时，服务员则要把客人当作"熟悉的陌生人"。这样，服务员在提供服务时，便会摆脱过于机械的客套和被动的应付状态，使客人感觉到一种比较自然的但又出自真心的礼遇。

（3）观察能力。善于把客人的这种潜在需求一眼看透，是服务员最值得肯定的服务本领。这就需要服务员具有敏锐的观察能力，并把这种潜在的需求变为及时的实在服务。而这种服务的提供是所有服务中最有价值的部分。观察能力的实质就在于善于想客人之所想，在客人开口言明之前将服务及时、妥帖地送到。

（4）记忆能力。服务员通过观察了解到的有关宾客需求的信息，除了应及时给予满足之外，还应加以记忆，当宾客下次光临时，服务员即可提供有针对性的个性化服务，这无疑会提高宾客的满意程度。在服务过程中，客人常常会向服务员提出一些如餐厅特色菜肴、烟酒茶、点心的价格或城市交通、旅游等方面的问题，服务员此时就要以自己平时从经验中得来的或有目的积累的知识，成为客人的"活字典"，使客人能够即时了解自己所需要的各种信息，这既是一种服务指向、引导，本身也是一种能够征得客人欣赏的服务。服务员还会经常性地碰到客人托付服务员办理的事宜，在这些服务项目的提出到提供之间有一个或长或短的时间差，这时就需要服务员能牢牢地记住客人所需的服务，并在稍后的时间中准确地予以提供。

（5）应变能力。因为餐饮服务工作大都由员工通过手工劳动完成，而且宾客的需求多变，所以，服务中突发性事件是屡见不鲜的，如宾客投诉、员工操作不当、宾客醉酒闹事、停电等，这就要求服务人员必须具有灵活的应变能力，遇事冷静，及时应变，秉承"客人永远是对的"的宗旨，善于站在客人的立场上，设身处地为客人着想，必要时作适当的让步。特别是责任多在服务员一方的就更要敢于承认错误，给客人以及时的道歉和补偿。在一般情况下，客人的情绪就是服务员所提供的服务状况的一面镜子。当矛盾发生时，服务员应当首先考虑到的是错误是不是在自己一方。

（6）营销能力。服务员不能坐等客人的要求提供服务，而应当善于抓住机会向客人推销酒店的各种服务产品，充分挖掘客人的消费潜力。为此，服务员应当对各项服务有一个通盘的了解，并善于观察、分析客人的消费需求、消费心理，在客人感兴趣的情况下，使产品得到充分的展示和销售。

◆ **细心观察带来的优质服务**

小谭是饭店餐厅部的一名优秀员工，工作中，她细心观察，把服务作为大学问来求索。一天，有一位客人在饭前掏了一下衣兜，又对眼前的茶水看了一眼，出现了一丝犹豫。小谭见状，马上倒了一杯白开水送到客人面前，客人感动地反复道谢，后来成了饭店的回头客。事后，有人问小谭，你怎么就知道客人需要白开水？小谭笑着答道："客人显然在掏药，因为他对着眼前的茶水略皱了一下眉。"

有位澳大利亚客人在某饭店餐厅请客，当上"椒盐濑尿虾"时，服务员小陆注意到，别人都在自己动手剥虾吃，而这位客人却略有迟疑，她便主动上前询问："先生，需要我为您剥虾皮吗？"客人自然是很高兴地答应了。小陆就以娴熟的手法为客人剥好虾皮，教客人怎么点酱油，吃完以后，又怎么用水洗手。客人吃得心情愉快，非常满意。后来，那客人竟拜小陆为"师"，跟她学剥虾皮。宴会结束后，客人握着小陆的手说："小姐，你的眼睛真厉害，可以看到我心里想的是什么。我回国后告诉朋友们，我在中国享受到了皇帝般的待遇，而且还学到了剥虾皮的'新技术'。"

153 服务员的推销用语有哪些讲究？

语言是一种艺术，不同的语气、不同的表达方式会收到不同的效果。

（1）用选择问句。服务人员向客人推销饮料时，可以有以下几种不同的询问方式，一问"先生，您用饮料吗？"二问"先生，您用什么饮料？"三问"先生，您用啤酒、饮料、咖啡或茶？"很显然第三种问法为客人提供了几种不同的选择，客人很容易在服务员的诱导下选择其中一种。

（2）形象解剖法。服务员在客人点菜时，把优质菜肴的形象、特点，用描述性的语言加以具体化，使客人产生好感，从而引起食欲。如："这道菜不仅味道好，原料也十分新鲜，含有多种营养，还对虚火等症状有辅助疗效。"

（3）解释技术法。通过与消费者的友好辩论、解释，消除其对菜肴的疑义。

（4）加码技术法。对一些价格上有争议的菜点，服务员在介绍时可逐步提出这道菜肴的特点，给客人以适当的优惠。

（5）语言减法。即说明这道菜假如现在不吃会怎样。如："刀鱼只有现在这个时段吃才是最好的，过了清明，味道就没这么好了。"

（6）语言除法。即将一份菜的价格分成若干份，使其看起来不贵。如："某某某菜"虽然要50元一份，但8个人平均下来不过6元多钱，您只要花6元钱就可以品尝到正宗的"某某某菜"。

（7）利用第三者意见法。即借助社会上有地位的知名人士对某菜点的评价，来证明其高质量、合理的价格，值得购买。例如："当年乾隆皇帝下江南时吃过亦赞誉不止，如果您尝一下，一定会有同感。"

（8）赞语法。如："这蛋炒饭是我们这里的招牌拿手菜之一，您不妨试一试。"

（9）亲近法。如："这位老友，今晚我介绍一味好菜给您，原料是今天才买回来的……"

（10）提供两种可能法。针对有些客人求名贵或价廉的心理，为他们提供两种不同价格的菜点，供客人挑选，由此满足不同的需求。

（11）利用客人之间矛盾法。如果来就餐的两位客人，其中一位想点这道菜，另一位却不想点，服务员就应利用想点的那位客人的意见，赞同他的观点，使另一位客人改变观点，达到使客人购买的目的。

（12）代客下决心法。当客人想点某道菜，但或多或少还有点犹豫，下不了决心时，服务员可说：先生，这道菜我会关照师傅做得更好一点，保您满意等。

餐饮服务小百科

阅读材料

◆ 推销技巧

某饭店餐厅,服务员在推销饮料时总是问客人:"先生,您喝点什么?"结果在很多时候客人就点最大众化的饮料——雪碧,有的客人则干脆说:"不要了"。一段时间下来,饮料的销售额平平。心理学上有个名词叫做"沉锚"效应:在人们做决策时,思维往往会被得到的第一信息所左右,第一信息会像沉入海底的锚一样把你的思维固定在某处。所以,服务员应换一种问法,比如:"先生,我们餐厅有椰汁、芒果汁、胡萝卜汁等饮料,您要哪一种饮料?",效果会好很多。

某餐厅来了一桌客人,有先生、女士、小孩。服务员首先问小孩:"请问小朋友喝点酸奶还是橙汁?"未等大人开口,小朋友就选择喝酸奶了。无疑,大人会迁就孩子。小孩的饮品确定后,服务员随即转向女士:"请问夫人来一点芦荟奶、苹果醋,还是白果粥?这些都是目前非常时尚的营养饮品,有较好的美容保健作用。"女士高兴地选了芦荟奶。孩子和夫人都选了,服务员最后转向男士,问道:"先生来点白酒还是啤酒,不过现在也时兴喝红酒。""好!今天就喝红酒!"先生爽快地说。

光临日本某汉堡包店的顾客,最喜欢听服务小姐轻声细语的问候。当服务小姐面带微笑说"谢谢您"时,即使是再傲慢的顾客也会在这三秒左右的时间里感觉飘飘然,而陷入催眠状态之中。顾客进入三秒钟的瞬间催眠状态时,服务小姐便趁机问道"你要不要可口可乐?"在不知不觉中,顾客会脱口而说"好"。这样一来,顾客不但买了汉堡包,也买了饮料。但是,服务小姐都谨守一项"戒律",那就是如果在提议顾客来杯可乐遭到拒绝时,就不要再提相同的建议了。因为顾客陷入瞬间催眠状态时提议喝点饮料,不外是一种命令形式,使顾客毫无判断地接受,顾客如果回答"不要",这便表明他已从催眠状态下清醒过来,刚从催眠中醒过来,多数人会觉得有点不愉快。这时若以强硬的态度要顾客点饮料,彼此一定会伤感情。

154 如何对轻松型的客人进行推销?

轻松型客人用餐的目的主要是消闲,或是恋人享受温馨,或是伉俪共度良宵,

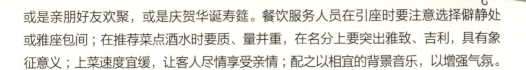

或是亲朋好友欢聚，或是庆贺华诞寿筵。餐饮服务人员在引座时要注意选择僻静处或雅座包间；在推荐菜点酒水时要质、量并重，在名分上要突出雅致、吉利，具有象征意义；上菜速度宜缓，让客人尽情享受亲情；配之以相宜的背景音乐，以增强气氛。

155 如何对享受型的客人进行推销？

享受型客人用餐的目的主要是宣泄积郁，尽情欢畅，显示气派。这类客人往往经济条件较好，在价格上不甚计较。餐饮服务人员引座时可选择在大厅正中或选择在豪华雅座包间；推荐菜点酒水时要质重于量，将重点移至富有历史感和时代感的名馔佳肴上，也可推荐本餐厅富有特色甚至是独有的名品上，要让客人感到不食饮名品是一大遗憾，而食饮名品不仅是物质享受，更是领略饮食文化的绝好机会。另外，推荐菜点酒水要特别注意形色搭配、成龙配套，以显示豪华气派，上菜速度适中。

156 如何对苛求型的客人进行推销？

苛求型的客人为数并不多，真正出于生性挑剔的更是极其个别。苛求现象大多数还是由于菜点、酒水的质量或服务质量有程度不同的问题引发出的一种逆反心理而形成的。如一旦出现则要严肃认真地对待。餐饮服务人员在改荐或改换菜点、酒水时要特别重视质量，服务程序力求规范化。如是菜点酒水的质量问题应首先赔礼道歉，再按规章制度，根据合理而可能的原则予以解决。有时为了缓和气氛，还可灵活地采用道歉性的"特别关照法"或赔偿性的"超值服务法"以显示店方的诚挚，使客人感受到精神上的胜利、喜悦，真正释其所疑。

157 如何对小朋友推销？

小朋友到餐厅就餐一般都是由父母带着，对于不是经常光顾餐厅的小朋友来说，对餐厅的一切都会感到新鲜。如果要问小朋友喜欢吃什么菜，他们一般都说不上来，但在挑选饮料上却恰恰相反。由于电视广告的作用，小朋友对饮料的种类如数家珍。在接待小朋友时，要考虑一下推销哪种饮料才能让他喜欢。可以这样说："小朋友，你好，阿姨给你介绍××牛奶果汁，非常可口，好喝，如果你喜欢的话告诉阿姨，阿姨帮你拿好吗？"

158 如何对老年人推销？

给老人推销菜品时要注意菜肴的营养结构，重点推荐含糖量低、易消化的食品或者软嫩不伤牙齿的菜肴，比如："您老不如品尝一下我们酒店的这一道菜，它的名字叫脆糖豆腐。这道菜的特点是吃起来像豆腐，但却是用蛋清等原料精制而成，入口滑嫩、味道鲜香、有丰富的营养价值，因其外形酷似豆腐，所以我们就把它称为'脆糖豆腐'。我相信一定会让您满意的，同时也祝您老'福如东海，寿比南山'"。

159 如何对情侣推销？

恋人去酒店用餐不是真的为吃菜肴，而是更为关注就餐环境，浪漫的就餐氛围会吸引更多的情侣光顾。服务人员在工作中要留心观察，如果确定就餐的客人是情侣关系，在点菜时就可以推销一些有象征意义的菜，比如"拔丝香蕉"象征甜甜蜜蜜、如胶似漆等。同时服务人员可以针对男士要面子，愿意在女士面前显示自己的实力与大方，并且在消费时大都是男士掏钱的情况，可适当推销一些高档菜。

160 如何在客人用餐中推销？

绝大多数进入餐厅的客人对自己今天吃什么，没有一个准确的感念。一个优秀的服务人员在与客人短暂接触后，应能准确判断出自己接待客人的消费水平在一个什么样的档次，只有判断正确才能有针对性地给客人推销菜点和酒水。"酒过三巡，菜过五味"，宴席随之会进入一个高潮。这时，服务员不失时机地推销酒店的菜品和酒水往往都能够获得成功。比如："各位先生打扰一下，看到大家喝得这么高兴，同样我也感到很开心，只是现在酒已所剩不多，是否需要再来一瓶呢？"往往用餐客人中有人会随声附和："好，那就再来一瓶"，这样酒就很容易地推销出去了。菜上齐后，首先要告诉客人："各位打扰一下，您的菜已经上齐，请慢用。若还有其他需要，我非常愿意为您效劳。"这样说有两层含义：一是要让客人清楚菜已上齐，看看与所点的菜是否一致；二是要提醒客人如果菜不够的话可以再加菜。

161 如何记住客人的名字？

如何尽快记住他人的名字是有方法的，通过以下各种手段，可以使你在记住他人姓名方面有很大的进步：

（1）树立信心。会见陌生客人前，要有充分的自信心，要相信自己完全能够记住对方的名字和相貌。如果没有自信，总抱怨自己记性差，记不住人名，那么就没有了积极性，结果就可能真的记不住了。所以，要坚定信心，沉着放松，告诉自己这很容易办到。事实上，当你开始对自己说："我有世界上最好的记性，能牢记很多名字！"并无条件地相信这一点的时候，你就会发现你自己的记忆力原来是那么地好。在与顾客的交往中，不要害怕自己会忘记别人的名字，也不要害怕会叫错别人的名字。只要你消除心中对名字的犹疑和恐惧，你就能发挥你应有的记忆能力。

（2）仔细观察。见面时一定要直视对方，不要东张西望，要集中注意力去观察对方的面部特征、肢体语言。很多人比较粗心，不去仔细观察对方，这也是他记不住别人相貌的一个很重要的原因。观察技巧越熟练，就对人们的相貌差异看得越清楚，就越会帮助记忆。

（3）用心记忆。要在短时间里记住许多陌生人的名字，还是有一定难度的。但多数人不记得别人的名字，只是因为他们不肯花一定的时间和精力去专心地、重复地、无声地将名字耕植在他们的心中。要记住顾客的姓名，关键在于要做个"有心人"，先要把顾客装在心里，只有心里有顾客，才会在服务的过程中多下一点功夫记名字。在提供服务过程中要专心倾听，不可三心二意，以提高记忆的效果，要不时地望着顾客的脸，记住顾客的面貌和身体特征，并且设法和他的姓名联系在一起。顾客离去时，要及时回想一下他的面貌、职业和你所给予的服务，并再次和姓名联系在一起。

（4）展开话题。如果对人家名字的拼法（写法）有疑问，可以礼貌地或开玩笑地请求对方拼写一下。假如对方的姓氏很特别，可请教其来源和背景，很多人不仅知道自己姓氏的某些来历，而且对这一话题还特别感兴趣。通过姓名展开话题，不仅加深了记忆，还增加了亲切感。

（5）特征联想。如果某位顾客的职业、声音、性格、外表或者名字有明显的特征，不妨将他的特征与名字联系起来，制造一些带有趣味性的联想，然后重复几次其名字与特征。日后当你回想起那个特征时，便会同时记起对方的名字。比如，你认识了一个叫高红萍的女士，她个子高，你可以把她认作"高个高红萍"。再如一个顾客的名字叫"严婉庄"，倒过来念是"装碗盐"，这样你就马上把她的名字记住了。

（6）记录巩固记忆。为了更好地记住顾客的名字，关键要把顾客的名字及相关资料记录下来，"好记性不如烂笔头"，"成功不是靠记忆，是靠记录"，要将这些顾客姓名及相关资料建成顾客档案，经常翻看你的顾客档案，并在日后做好跟进记录，

餐饮服务小百科

这样一来,你必然会渐渐熟悉这些顾客,并牢记他们的名字。

◆ 记住客人的名字

一次,某酒楼门前来了一批客人,众人刚一进门,只见一位女服务员满面春风地走上前来,主动向其中的一位客人打招呼:"王先生,您好!欢迎您和您的朋友光临,里面雅座,请。"这位被称作王先生的人又惊又喜,连声说:"谢谢,请多关照。"应邀的客人也表现出对主人的肃然起敬。事后,有人问这位服务员:"看样子你和那位王先生很熟啊?"她笑着说:"我只见过他一次,那次也是他在我们酒楼请客,我听到他朋友叫他老王。""你的记性真好,见过一面就能过目不忘。""这是我的工作啊!经理要求我们对那些重要的客人,当他第二次来的时候,能直接称呼出他的姓或职务。"

第四章
服务规范

"没有规矩，不成方圆"，服务规范就是为了向不同的客人提供相应的服务，而在服务质量、规格等方面制定的统一技术标准。规范的操作规程是餐饮企业正常运行的支撑点、生存的基石，餐饮企业的所有经营、管理活动都应该首先围绕规范化服务进行。

162 什么是服务的规范化?

服务的规范化是指在服务过程中建立规范并用规范引导、约束服务人员的心态和行为,以保持服务的稳定性。

◆ 服务规范五字诀

客到主动迎	态度要热情	开口问您好	脸上常挂笑
微笑要自然	面目表情真	走路要稳健	引客在前行
落座先拉椅	动作似婷婷	遇客对话时	双注客表情
待客坐定后	随即递毛巾	席巾铺三角	顺手拆筷套
热茶奉上后	菜单紧跟行	点菜循原则	条条记得清
酸甜苦辣咸	口味各不同	荤素要搭配	冷热要分明
主动加艺术	精品要先行	定菜要重复	价格要讲明
下单要清楚	桌号位数明	酒水要明确	开瓶手要轻
斟倒从右起	商标要展明	冷菜要先上	热菜随后行
叫起应有别	状况要分明	选好上菜位	轻放手端平
菜名报得准	特别介绍明	传菜按顺序	上菜分得清
桌面勤整理	距离要相等	分菜从右起	分量要适中
汤菜上齐后	对客要讲明	客人谈公务	回避要主动
客人有要求	未提先悟明	待客停筷后	人手茶一杯
送客巾递上	生果随后行	就餐结束后	账目要结清
盘中有余餐	打包问一声	买单完毕后	虚心意见征
客人无去意	再晚不催行	客人起身走	衣物递上行
送客仍施礼	道谢要先行	发现遗留物	及时还失主
撤台要及时	翻台要迅速	按此规范做	功到自然成

163 餐前服务有哪些规范?

(1)客人到餐厅用餐,领位员应根据不同客人的就餐需求安排合适的就餐座位并祝客人用餐愉快。引领入座应一步到位,手势规范,走位合理,步幅适度。

（2）餐厅应备足酒单、菜单，保证其整洁完好。领位员应选择合理的站位，目视客人，用双手呈递酒单、菜单。服务的次序应符合中西餐就餐程序。

（3）客人入座后，餐厅服务员应选择合理的站位，按次序为客人铺放口布。铺放动作应轻巧熟练，方便客人就餐。

（4）向客人推荐菜品时，应使用规范的手势，尊重客人的饮食习惯，适度介绍酒水。

（5）书写菜肴订单时，服务员应站立端正，将订单放在手中书写。下单前，应向客人重复所点菜品名称，并询问客人有无忌口的食品，有些西式菜品还应征求客人对生、熟程度的要求。

164 餐间服务有哪些规范？

（1）厨房出菜后，餐厅应及时上菜。传菜时应使用托盘。托盘干净完好，端送平稳。传菜员行走轻盈，步速适当，遇客礼让。

（2）西餐的上菜速度应与客人的用餐速度相适宜。热菜和冷菜应分别放入经过加热或冷却处理的餐盘中。

（3）值台服务员应根据餐桌、餐位的实际状况，合理确定上菜口。上菜时，应用双手端平放稳。跟配小菜和作料的，应与主菜一并上齐。报菜名时应吐字清晰、音量适中。

（4）摆放菜肴应实用美观，并尊重客人的选择和饮食习惯。

（5）所有菜肴上齐后，应告知客人菜已上齐，并请客人慢用。

（6）需要分菜时，服务员应选择合理的站位，手法熟练，操作卫生，分派均匀。

（7）服务员应以尽量少打扰客人就餐为原则，选择适当的时机撤盘。撤盘时，应遵循酒店相关工作程序，动作轻巧，规范到位。

（8）为客人提供小毛巾服务前，应对毛巾进行消毒，保证毛巾温度、湿度适宜，无异味。服务员应随时巡台，及时撤下客人用过的毛巾。

（9）客人抽烟时，服务员应用酒店配备的专用器具及时为客人提供点烟服务。划燃火柴和熄灭火柴应远离客人。如果用打火机点烟，应事先调好火苗的大小。

（10）服务员应根据实际情况，以不打扰客人为原则，为抽烟客人适时更换烟灰缸。服务时，应使用托盘，先征询客人意见，得到许可后再服务。

（11）餐厅服务员应随时观察客人用餐情况，适时更换骨碟。更换骨碟时，应使

餐饮服务小百科

用托盘，先征询客人意见，得到许可后再服务。操作手法应干净卫生，撤换线路和新骨碟的摆放位置应以方便客人用餐为原则。

165 明档制作服务有哪些规范？

（1）厨师明档制作前，应按规定穿好工装、戴好工帽和口罩，保证灶面清洁卫生，作料容器干净整洁。

（2）制作时，厨师应尊重客人的意愿，严格按配量烹饪，做到手法熟练，操作卫生。

（3）服务时，一般应遵循先点先做的原则。

（4）受到客人称赞时，应真诚致谢，并主动征求客人对菜品的意见。

166 宴会自助餐服务有哪些规范？

（1）宴会自助餐台设计应突出主题，造型新颖，餐台布局实用美观。摆放菜点时，应按照人们的就餐习惯，按就餐顺序依次摆放。

（2）客人用餐时，服务员应及时巡视，随时添加餐具、食品和饮料，适时提供更换烟灰缸服务和添加饮料服务。

（3）服务员应随时保持餐桌整洁，适时撤走客人用过的餐具。撤餐具时，应礼貌示意，征得客人同意。

167 餐厅结账服务有哪些规范？

（1）一旦客人示意准备付账，应当迅速办理，把消费金额既快又准地算好，手脚麻利地收款和找钱。在客人表示要动身离去，如还不能及时结账，那对客人来说是很不礼貌的。

（2）对所点菜品价格做到心中有数，以便节约结账的时间，避免因重新查找或确定菜品价格（调价等）而拖延顾客的离开时间使其不满，尤其是对于性急的客人更应如此。

（3）菜品优惠应掌握诀窍。对于持有会员卡的顾客，其优惠幅度有多大，酒店赋予每位餐厅服务员的优惠权限范围是多大，均应做到了如指掌。可以说，这是餐厅服务员必备的一门技能。当然,对于顾客提出超越餐厅服务员权限的优惠申请,应当在第一时间报请餐厅经理并给予及时处理。

(4)就餐过程中造成的物品损坏,应及时进行确认,并由顾客签字,从而明晰责任,避免结账时产生不必要的麻烦和纠纷。对于损坏金额较大的,应当及时通知餐厅经理进行协调处理,避免事态进一步扩大。如处理不当,不仅会影响到顾客的就餐情绪,也会给酒店餐厅带来不利影响。

(5)结账清单应一目了然,保持原状,避免涂抹、刮擦。作为结账的重要凭据,菜品类型、数量及价格,是常常引发争议的地方。在没有采取表格形式点菜的餐厅,服务员手写时应当字迹工整、易于辨认。

(6)勿忘配送小礼品或者送别语。这是营造酒店餐厅就餐环境和氛围的关键所在,也是为顾客留下良好印象的基础工作。顾客就餐结束从一定程度上意味着下一次就餐的开始。因此,做好结账后的送别服务,非常重要。

(7)结账后客人继续交谈的,服务员应继续提供相关服务。

◆ 催促客人结账要讲究方法

一个深秋的晚上,三位客人在南方某城市一家饭店的中餐厅用餐。他们在此已坐了两个多小时,仍没有去意。服务员心里很着急,到他们身边站了好几次,想催他们赶快结账,但一直没有说出口。最后,她终于忍不住对客人说:"先生,能不能赶快结账,如想继续聊天请到酒吧或咖啡厅。""什么!你想赶我们走,我们现在还不想结账呢。"客人听了她的话非常生气,并且仍然不愿离开。此例告诉我们,在结账时,一定不要直接催促客人,要通过热情和耐心的服务提醒他们结账。如对客人说:"这么晚了,回去时一定要小心。请您少喝点酒,注意身体,回去后要早些休息。"

168 "打米饭"服务有哪些规范?

(1)要知道适时、主动询问客人是否需要米饭。如果等到客人提出才打饭,服务就变得被动了。被动的服务容易产生几个问题:一是要找服务员时,服务员可能在忙别的事情而找不到;二是客人找了一位不负责这张台的服务员,工作起来容易出问题;三是如果这时服务员恰好在忙别的事情,容易顾此失彼。

(2)要记住是谁点的米饭。

(3)要连带完成其他工作。向客人问米饭时,可以检查菜式有没有上齐,要不要催菜;茶水要不要加;毛巾要不要换等。进入备餐间打饭时把这些工作一并顺利完成,这样一来效率高又减轻了工作压力,又使得客人满意。

(4)要注意拿碗姿势。注意拿碗的手势,可用手托住碗底。这样保证不会使客人的口"品尝"到服务员的指印。

(5)不能"扭头就走"。不仅是点"米饭",客人要求服务时服务员经常是听完客人的要求后扭头就走。客人心里就会嘀咕,不知道服务员是否会完成他的要求。

169 吃蟹服务有哪些规范?

吃蟹服务规范如表4-1所示。

表4-1 吃蟹服务规范

	服务规范
介绍螃蟹	对于初次吃蟹的客人,要告诉他们怎样区分雄蟹与雌蟹。只要看一下蟹的脐部就能清楚辨别,雌蟹的脐是圆形、雄蟹的脐是三角形。要告诉他们农历九月,母蟹的蟹黄长得最丰满;到了十月,公蟹的蟹膏(也叫蟹油)长得最厚实。所以,吃螃蟹有"九雌十雄"的说法,意思是九月的螃蟹雌性抱卵,蟹黄饱满;十月的雄蟹脂膏丰腴,肉质嫩白
吃蟹禁忌	并非人人适宜吃蟹,应及时提醒客人注意。患有某些疾病的人应禁食或少食螃蟹,如肝炎患者、患心血管病者、伤风感冒发热者、脾胃虚寒者、有过敏体质者、患有胆道疾病者。孕妇、老人也不宜吃蟹。蟹类产品具有活血化淤的功效,有可能导致流产,因而孕妇千万不要过多吃大闸蟹进补。老人的消化功能减弱,蟹性冷又属发物,其为高蛋白食物不易消化,所以应慎食
征询客人	客人点了蟹后,服务员应先征询客人,是喜欢吃雄蟹,还是雌蟹。服务员还要问询客人食蟹的时间,是先吃,还是最后一道菜食用;一般建议客人最后食用,否则食用蟹之后,其他的菜肴就无"鲜"味了
铺台	在每位客人面前铺放一只八寸盘,放螃蟹用。在盘子的右侧上方放一块圆形木砧板,砧板上摆一把木制的锤子,在盘子左侧放一根专用小铁扦,再在盘子的正前方放一只三寸小碟用来放作料。还要在八寸盘的左侧放一只七寸盘,供客人用来放螃蟹壳及其他杂物

续表

服务规范	
准备作料	把鲜姜洗净切成细末放入一只大料碗内，加上适量的糖与味精，然后按1∶3的比例倒上酱油和香醋，进行搅拌。试一下味，认为可以后，再用调羹一勺一勺放至三寸碟中。这种作料有两个作用：一是让螃蟹味道更加鲜美；二是姜末有驱除寒气、解腥的作用。
推介酒水	蟹性寒，我国有一种传统习惯，即在吃蟹时要饮用烫热的绍兴酒，其中尤以花雕加饭酒为佳，可起到暖胃的作用。吃螃蟹不宜饮用啤酒，因为二者都含有高嘌呤，容易引起痛风
上蟹	将蟹按每人一只分给客人，然后再跟上一个干净的骨碟供客人吐壳。 上洗手盅，每两位客人用一个洗手盅，也可根据客人要求每人一个。 上蟹针和蟹钳，根据现有数量每人一套或两至三人合用一套
剥蟹	根据客人的实际情况，必要时服务员要主动为客人剥蟹，并尽量保持螃蟹的原样
上姜茶	客人食用完蟹后，帮客人更换干净的骨碟，随后上姜茶，用茶盅上，每人一杯，要告诉客人饮用姜茶是"驱寒"的。吃蟹时和吃蟹后1小时内忌饮茶水。一是因为茶水会冲淡胃液，不利于蟹的消化，二是因为茶中的鞣酸会使蟹肉中的蛋白质凝固。两种原因均不利于蟹的消化吸收，还可能引起腹痛、腹泻
上水果	吃蟹后，一定不能吃柿子，因为柿子中的鞣酸等成分会使蟹肉蛋白凝固，凝固物质长时间留在肠道内会发酵腐败，引起呕吐、腹痛、腹泻等反应。此外，吃蟹时最好也不要与一些寒性水果同食
餐后工作	收一次性毛巾，换上客用毛巾给客人使用。 收蟹针、蟹钳，归还到传菜间或楼面负责人员统一清洁后保管

170 订餐员接受电话预订时，应注意哪些问题？

（1）应在电话铃响三声内接听，主动问好，自报企业名称；
（2）问清客人的姓名、单位、联系电话，订餐人数、时间及要求等；
（3）重复客人所订标准，感谢客人订餐，同时做好记录。

171 订餐员接受现场预订时，应注意哪些问题？

（1）对每一位前来订餐的客人，礼貌问好。

（2）自报身份后，询问客人的姓名、单位名称、预订人数、用餐时间、电话号码，以及预订的菜式、标准和特别要求，了解客人付款方式。

（3）当客人讲述宴会要求时，认真倾听，并做好必要的记录，不要随意打断客人的讲话。

（4）主动向客人介绍餐厅设施和宴会菜单，做好推销工作，并回答客人的所有提问，也可带客人参观宴会场所。

172 订餐员应如何落实订餐？

（1）订餐员要建立订餐档案（可输入电脑）。

（2）对已确认的订餐，填写通知单，通知相关餐厅和厨房，并要求签收。

（3）如客人提前提出变动，订餐员应迅速填写"更改通知单"，通知餐厅和厨房，并注明原通知单的编号，写清更改的具体内容。

（4）如果客人取消订餐，订餐员应及时填写"订餐取消报告"，迅速递交有关部门，同样注明原通知单的编号。

（5）对取消订餐的客人，要为不能向客人提供服务表示遗憾，希望客人下次光临。

173 迎宾服务的规范有哪些？

（1）对于初次见面的客人，应以真诚的态度、礼貌的语言去迎接，使他们感觉到真正受到尊重和欢迎。

（2）对单独光顾的客人，要愉快地打招呼，用"早安"（或"晚上好"）、"欢迎光顾"等礼貌语言迎接客人，并为客人寻找合适的位置，如靠近窗户的位置。

（3）对待常客应以自然热情的语气来接待。比如说："来啦！"让客人有宾至如归的感觉。

174 引座服务的规范有哪些?

（1）对有预订的客人，查看预订单，将客人引到其所订的餐桌。

（2）对于没有预订的客人，应根据客人人数的多少、客人喜好、年龄及身份等选择桌位。同时，还应考虑到餐桌分配的平衡，避免某些餐桌太繁忙。

（3）第一批客人到餐桌分配就餐时，可以将他们安排在比较靠近入口或距离窗户比较近的地方，使后来的客人感到餐厅人气旺盛，构造出热闹的氛围，避免给客人留下门庭冷落的印象。

（4）对于带小孩的客人，应尽量将他们安排在离通道较远的地方，以保证小孩的安全，同时，也利于服务员的服务。

（5）对于着装鲜艳的女宾，餐厅可以将其安排在较为显眼的地方，可以增加餐厅的亮色。

（6）对于来餐厅就餐的情侣，可以将其安排在较为僻静的地方。

175 如何递铺餐巾?

（1）客人入座后，值台服务员应上前为客人递铺餐巾。

（2）一般在客人右侧递铺，如不方便也可在客人左侧操作。

（3）操作时，站在客人右侧拿起餐巾，轻轻打开，并注意右手在前、左手在后，将餐巾轻轻铺在客人腿上。

（4）当需要在客人左侧操作时，应左手在前、右手在后，以免胳膊碰撞客人胸部。

（5）中餐厅还可以将餐巾一角压在骨碟下，以免滑落。

176 如何展示菜单?

（1）服务员在开餐前应认真检查菜单，保证菜单干净、整洁。

（2）服务员应根据客人人数，拿取相应数量的菜单。

（3）当客人入座后，服务员打开菜单第一页，递给主人。

（4）如果不能确认谁是主人，可征询宾客意见后，再递上菜单。

（5）介绍当日厨师长特别推荐的菜肴。

餐饮服务小百科

（6）服务员订餐完毕后，应将菜单收回。

177 如何提供小毛巾服务？

（1）客人入座后，提供第一次小毛巾服务。
（2）将保温箱内折叠好的小毛巾放入毛巾托内，用托盘上，并道"请用毛巾"。
（3）根据餐具摆放和各餐厅规范，可以将毛巾放在客人右侧、左侧或两个毛巾托并排放在两位客人餐具之间，以避免拿错毛巾。
（4）客人用过后，将小毛巾撤走或换掉。
（5）客人用餐中可随时提供毛巾服务。
（6）客人用完餐后，再次提供小毛巾服务。

178 如何提供茶水服务？

（1）用茶壶斟茶时，一般站在客人右侧，右手持壶把、左手轻按壶盖；先给主宾或长辈或女士斟倒七八成满，再依次服务其他客人。
（2）蓄满开水之后将茶壶放在桌上，壶嘴不可对着客人。

179 如何提供点菜服务？

（1）点菜前要通过听、看、问等方式了解客人的身份、宴请的类型、客人不同的口味以及消费水平，根据客人的具体情况，提供个性化的点菜服务。
（2）牢记菜牌价和时价，宣传特价菜和特色菜的特色，强调新菜和利润较高菜的特点，从几个方面总结特点：原配料选择、口味特色、制作工艺等。
（3）及时了解和掌握海鲜的急推程度，对急推的菜品，要掌握多种做法和不同的口味。对于当天急推，应优先推荐，灵活机动地争取客人的认同。
（4）客人自己点菜时，要耐心热情地帮助，注意菜品的适当搭配，照顾不同年龄客人的口味，菜品数量和价位是否适宜。适当推荐当天急推，如沽清应表示歉意，并及时推荐近似的菜品。
（5）对常来的熟客，要及时介绍新菜，并介绍不同的菜品及口味。对同一原料的菜肴，向熟客介绍不同的做法。

（6）点菜结束时，应及时复述菜单，检查菜单是否遗漏或者错误，得到客人的确认。询问客人是否有忌口或者其他特殊要求。对于制作时间长的菜品，要及时提示客人。

◆ **点菜师**

"小姐，我的朋友第一次来重庆，想吃点特色菜，但不能太辣。我正在减肥，麻烦你帮我们配菜，要有荤有素有点心，最好不要超过120块钱！"刘先生带着出差到重庆的朋友走进了解放碑一家饭店，由于担心挨宰，他向前来服务的点菜师给出120元"上限"。"来份白市驿板鸭怎么样？这是我们重庆有名的土特产，热菜我推荐家常味的芋儿鸡，口味微辣，您的朋友应该可以接受……"点菜师小陈回答道。刘先生说："我最近脸上长痘痘，怕上火。"小陈马上推荐小盅鸭血汤和清炒时令蔬菜，"鸭血能清热去火。"她一边解释，一边用手指飞快地在点菜器上输入菜品编号。一顿饭吃下来，两荤一素一凉菜一汤一小吃，一共98元。

上面是一位点菜师的服务。作为一位点菜师，其专业水平、个人素质都必须超出一般的服务员。一个好的点菜师其头脑中要装下若干记事本，首先是本酒店餐厅的各色菜肴、价格、原料、做法、口味等客人关心的问题都必须能够脱口而出；其次是菜肴的搭配法则，冷盘、炒盘、甜点的数量、口味、颜色以及营养成分都要兼顾。从调剂客人口味和关心其健康的愿望出发，点菜师还应知道各地的风土人情、习惯嗜好，尤其是饮食要求等。

某餐厅一酒桌前，客人们面对菜谱上琳琅满目的菜名却无从下手。漂亮的服务员款款走来，"您好，我是餐厅的点菜师，如果不介意，我可以根据您的需要'量身定制'合适的菜单。""我们5个女性加一个小孩，不喜欢油腻的，价钱控制在200元以内，你看什么菜比较好？""我建议你们来个水果色拉，小孩子喜欢，而且比较开胃、促进食欲；茉莉花烩豆腐，清淡，美容养颜；野菜干煲老鸭汤，有营养、清火，正适合这个季节吃；半斤基围虾，蛋白质成分高……"听着点菜师不用菜单却流利地设置菜肴，几名客人频频点头，饭后结账果然在预算之内。

180 如何撤换烟灰缸？

（1）"以一换一"法：拿一只干净的烟灰缸，倒扣在小托盘里。把干净的烟灰缸倒扣在用过的烟灰缸上。将两只烟灰缸一起放进托盘里，避免烟灰飞扬。再将上面的干净烟灰缸摆回餐桌上。

（2）"以二换一"法：托盘里放两只干净的烟灰缸，先将一只干净的烟灰缸放在脏烟灰缸边。拿另外一只干净的烟灰缸倒扣在脏烟灰缸上一同取下，避免烟灰飞扬。再将先放的干净烟灰缸复位即可。

181 如何更换固体酒精？

应先退出原有酒精罐换上新的，或将原有罐中火苗熄灭再添上新的酒精。

◆ 火星事件

一天，冯小姐与几位朋友在某餐厅吃火锅，大家吃得很开心。吃过一阵，火锅的酒精炉火苗小了下来，显然是炉中的固体酒精所剩无几了。这时，冯小姐向站在远处的一位服务员招手："服务员，酒精没了！"不一会儿，这位服务员带来一个装着固体酒精的小铁罐。服务员为了尽快完成任务，竟没有取出原来炉中还有火苗的装酒精的铁罐，就将固体酒精直接倒入炉中罐里。"忽"地一下，一团火焰顿时往上蹿，火星四溅，吓得几位客人直往后躲。其中一颗较大的火星不偏不倚飞落在冯小姐头上，冯小姐被灼伤了，本来气氛不错的一餐饭，被这突如其来的"火星事件"搅得吃兴全无。

182 现金结账有哪些规范？

（1）当客人用餐完毕后示意结账时，服务员应立即到收银台取出账单，仔细核对，并用账单夹或收银盘递送账单给客人。

（2）不主动报账单总金额。

（3）客人付现金后，应礼貌致谢，并将现金用账单夹或收银盘送到收银台办理

第四章 服务规范

结账手续；然后将找回的零钱和发票用账单夹或收银盘送交客人，请客人当面点清。

（4）再次致谢。

◆ 唱收唱付

一天傍晚时分，小李和他的一位朋友相约来到市中心一家新开的风味餐厅就餐。就在他们酒足饭饱准备付账之际，一位服务小姐上前说了这样一句话："两位先生今晚一共消费了220元，请问哪位买单？"此时，小李面露不悦之色，当着朋友的面对服务小姐说："请你不要大声嚷嚷好不好？我不会赖账的！"服务小姐听到客人这么说，一时惊得手足无措。本例中，服务员结账时的"唱收唱付"显然未考虑到客人的心理需要。因为一般用餐的客人，大都不希望让他的朋友或邻桌不相识的人知道他们这顿饭花了多少钱。

183 信用卡结账的规范有哪些？

（1）当客人示意结账时，准备账单，仔细核对，用账单夹或收银盘递送账单给客人。

（2）确认客人使用的信用卡是本饭店接纳的，检查持卡人姓名、性别、信用卡有效期、持卡人本人身份证（需要时出示）等，并向客人致谢。

（3）将信用卡、身份证和账单递交收银台。

（4）收银员再次检查信用卡有效期、持卡人姓名、身份证，仔细核对信用卡公司的注销名册，确认无误后，填写信用卡表格，刷卡办理结账手续。计算机联网的信用卡结账系统，检查客人信用卡后，请客人输入信用卡密码，直接办理结账手续。如果客人的账单总数超过规定金额，则需要信用卡公司授权。如果是借记卡，直接请客人输入密码，办理结账手续（银行借记卡是卡里有钱才能在餐厅消费，不可授权透支）。

（5）请客人确认账单金额，并在签购单持卡人签名处签名（别忘了附上一支笔）。

（6）核对客人签名是否与信用卡背后签名相同。

（7）将持卡人存根联、信用卡、身份证和发票交还客人。

餐饮服务小百科

（8）再次礼貌致谢。

184 支票结账的规范有哪些？

（1）客人示意结账时，服务员按规范将账单递给客人。
（2）核对支票有效期限，请客人出示有效证件，检查支票的有关印章、电脑密码等，请客人告知联络电话，并礼貌向客人致谢。
（3）送交收银员办理结账手续，如填写支票、记下客人的证件号码和联系电话。
（4）将支票存根、有关证件和发票送还客人。
（5）再次诚恳致谢。

185 签单结账的规范有哪些？

（1）客人示意结账时，迅速准备账单并按规范递送。
（2）客人出示"欢迎卡"或"协议签单证明"时，服务员应递上笔，并核对"欢迎卡"或"协议签单证明"。
（3）请客人在账单上填写房间号码和用正楷签名，或填清协议单位并用正楷签名。
（4）客人签完后须将账单的第一联、第二联交给收银员核对。
（5）收银员将住店客人账单正本留存，第二联交总台，以便客人离店时付清。协议客人账单的第二联交财务部，由财务部定期同消费单位结账。

186 送客时，要注意哪些问题？

在送客过程中，服务人员应做到礼貌、耐心、细致、周全，使客人满意。其要点为：

（1）观察和注意出入餐厅的客人，能够分辨客人的面孔，不要对没用完餐外出的客人道别，以免引起客人的误会。
（2）对客人所携带的物品应有大致的印象，送客服务时，如发现客人遗忘物品，应及时提醒他们去取或替他们取回。
（3）客人不想离开时绝不能催促，也不要做出催促宾客离开的错误举动。
（4）客人离开前，如愿意将剩余食品打包带走，应积极为其服务。

（5）宾客结账后起身离开时，应主动为其拉开座椅，礼貌地询问他们是否满意，提醒他们不要遗忘物品。

（6）要面带微笑地注视客人离开，或亲自陪送客人到餐厅门口。

（7）发现行动不便的客人，在征得其同意后，应主动向前搀扶。

（8）要礼貌地向客人道谢，欢迎他们再来。

（9）遇特殊天气，处于饭店之外的餐厅应有专人安排客人离店。如亲自将客人送到饭店门口、下雨时为没带雨具的宾客打伞、扶老携幼、帮助客人叫出租车等，直至客人安全离开。

（10）对大型餐饮活动的欢送要隆重、热烈，服务员应穿戴规范，列队欢送，使客人真正感受到服务的真诚和温暖。

◆ 出了店门，就不是客人了？

有一人在一家酒店用餐，享受到了美味佳肴和热情周到的服务。由于饭菜有剩余，他就打包回家。谁知刚出店门，脚下打滑，餐盒落地，菜汁溅到了皮鞋和裤腿上。正在客人懊恼不已，希望有人帮助之际，却看到酒店门口的服务人员非但毫无出手相助的意向，反倒一片嬉笑。客人愤然质问他们，谁知服务员却说：您出了我们酒店，就不是我们的客人，我们并无帮助您的义务。

187 如何将剩菜打包？

客人留下的剩菜，你在为其打包分装时，应当像完成其他服务项目一样，彬彬有礼，认真对待。你应当很珍惜地对待客人的剩菜，使人感到你为本餐馆有精美的菜肴而自豪。

在打包时，应设法将菜肴安排得赏心悦目，同时为客人添加一点令人意外的花头。比如加一两片装饰性菜叶或添一点调料之类。当客人再次打开你为他们打包的剩菜时，发现你在上面花费的细巧心思，他们不免会产生惊喜。这番惊喜会使客人把你的优良服务和你们餐馆的优质菜肴相联系，从而吸引客人今后不断光临，成为老顾客。

餐饮服务小百科

◆ 给客人打错了包

在杭州的一家餐厅里,坐在21号台的客人把值台服务员小蒋叫过来:"你们怎么搞的,连打个包都弄错。""怎么会搞错呢?"小蒋仔细回忆了当时的情景:21号台和24号台同时要求打包,一个打包的是西湖醋鱼和盐水虾,一个打包的是钱江鲻鱼和黄金糕。小蒋正在分别打包,这时候,就听到27台的客人叫服务员要求服务。小蒋只得暂且把正在打包的食品放下,去为27号台的客人服务,服务完毕,小蒋马上回来把这两份包打好,分别交给了21号和24号台的客人。结果打错了包,因而引起客人的不满。

第五章
服务技巧

　　服务技巧，是指在不同场合、不同时间，针对不同服务对象而灵活做好服务接待工作，达到良好效果的能力。这种能力在餐厅服务工作中尤具重要意义，服务最大的特点就是面对人，而人是复杂的，规程只能提供指南，却不可能提供判断某种服务方式是对或是错的绝对标准。因此，灵活处理非常重要，不管采用哪种方式、手段，只要达到使客人满意的效果，就是成功的。

餐饮服务小百科

188 有急事的客人前来用餐时,怎么办?

(1)引座员了解到客人赶时间,应礼貌地问清客人能够接受的用餐时间,并立即通知服务员;

(2)引座员将客人安排在靠近餐厅门口的地方,以方便客人离开餐厅;

(3)待客人就座后,服务员立即为客人定好饮料,并奉上饮料;

(4)另一服务员立即为客人定食品单,推荐制作和服务较为迅速的菜肴;

(5)如果客人已定需等待时间较长的菜时,服务员要向客人说明所用时间,并询问客人是否能够等待;

(6)为客人定好食品单后,立即将订单送到厨房,通知传菜部和厨师客人赶时间的情况及制作服务的时间上限;

(7)在客人要求的时间内,快速准确地把菜上齐;

(8)在客人用餐过程中,不断关照客人,及时为客人添加饮料,并撤空盘,换餐盘;

(9)客人用餐完毕之前,及时准备账单;

(10)客人结账时,对匆忙中服务不周表示歉意。

189 特别爱挑剔的客人前来用餐时,怎么办?

(1)同客人谈话时要有礼貌,认真听清楚客人所挑剔的事情;

(2)当客人抱怨不止时,要有耐心,不得打断客人的谈话;

(3)回答问题时,不得同客人争论,千万不要将自己的意愿或将餐厅的规则强加于客人;

(4)在餐厅不受损失的前提下,尽量满足客人的要求;

(5)必须保证服务态度以及服务水平的高标准,并具有一致性。

190 带小孩的客人前来用餐时,怎么办?

(1)尽量把客人带到离通道远点的地方;

(2)迅速为幼小的孩子提供幼儿餐椅;

(3)移去幼儿面前可能造成意外伤害的餐具,如刀、叉、筷子和高脚玻璃杯,只留勺子即可;

（4）先为小孩提供饮品，后为成年人服务（这是因为在小孩得不到适当安顿前，成人无心享用美食；另外，小孩在一个新鲜的环境中一般比较兴奋，如得不到适当的食物，便会大叫大喊，一杯饮料常常是安顿小孩的最佳方法之一）；

（5）不要把小孩用的玻璃杯斟得太满，不要用高脚玻璃器皿；

（6）尽可能地为小孩提供围兜、新的坐垫及餐厅送的小礼品，这会使其父母更开心；

（7）对小孩所需要的食品应该给予最大可能的满足；

（8）对携带小孩用餐的客人要给予优先接待，上菜要紧凑，上菜时热菜应远离小孩手臂所能触及之处；

（9）为客人分汤时，汤碗应放在小孩手臂触及不到的地方，避免小孩不小心弄翻；

（10）对在餐厅过道等处追闹嬉戏的小孩，要提醒大人照顾自己的孩子，以防摔倒；

（11）服务员也要注意观察小孩的行动，发现问题及时解决；

（12）若非很熟，不要抱逗小孩或抚摸小孩的头，未征得其父母同意，不要随便给小孩吃东西；

（13）餐厅平时适当准备一些小玩具，以稳定小孩的情绪。

191 客人用餐中，孩子哭闹怎么办？

（1）询问主管，是否有孩子玩具可以赠送，如气球等。

（2）协助家长哄小孩，或婉转地向客人解释将孩子带出餐厅片刻，以免影响其他客人就餐。

◆ 耍"绝活"，哄小孩

王先生一家三口在某度假饭店休假。一天晚餐时间，3岁多的儿子竟在餐厅里到处乱跑，还大叫不止，父母亲想尽一切办法都哄不住，闹得四座不得安宁。服务员急中生智，拿出自己的杂耍"绝活"，先是双手轮番抛冰块，接着又拿起一个托盘在手指上熟练地旋转起来，终于逗得小男孩破涕为笑。后来，服务员又从袋中拿出一个卡通小玩具送给小孩，并带小孩玩，小孩在玩具的刺激下，开心地和服务员玩；服务员还给他讲有趣的童话，听得入迷的他不闹不跑，安静了许多，他妈妈十分地赞许。用餐完毕，小孩子居然还不想走，因为他还没有和"阿姨"玩够。走到门口时，小家伙还回头说："阿姨再见，我明天还来找你玩。"

192 信奉宗教的客人前来用餐时，怎么办？

（1）了解客人信奉的是哪种宗教，都有什么忌讳；

（2）在点菜单上要特别注明，交代厨师用料时不可冒犯客人的忌讳并注意烹饪用具与厨具的清洁；

（3）上菜前还要认真检查一下，以免搞错。

193 熟人前来用餐时，怎么办？

（1）遇到朋友或熟人来用餐，应当同对待其他客人一样，热情有礼地接待，主动周到地服务；

（2）服务员不能入席同饮同吃，更不能特殊关照或优惠；

（3）在点菜和结账时，一般应请其他服务员代劳。

194 伤残人士前来用餐时，怎么办？

（1）千万不要感到奇怪或投以奇异的眼光；

（2）应将坐轮椅来的客人推到餐桌旁，尽量避免将其安排在过道上，有拐杖的也要放好，以免绊倒他人；

（3）灵活适当地帮助他们，使他们感到服务员的帮助是服务而不是同情（残疾客人因为自身有缺陷，自尊心特别强，有些残疾客人坚持自己动手做事，服务员应视具体情况进行服务，过多的代劳可能会伤害客人的自尊心）；

（4）如盲人进入餐厅用餐，要将危险的物品、过热菜肴放在离客人远一点的地方，并告诉客人大体方位，防止其被误伤；

（5）对待耳聋的客人要学会用手势示意，上菜上饮料时，要轻轻地用手触一下客人表示从这边或那边上菜服务。

◆ 照顾残疾人，把握好度

一家入住北京某饭店的外国客人，妻子是全身瘫痪的残疾人，由于旅途疲劳，不肯吃饭，使当丈夫的十分发愁。中餐厅的一位服务员知道后，主动走来，接过饭碗，一边用英语鼓励着客人，一边耐心地为她喂饭，终于，客人张开了嘴巴，一点点地把饭吃了下去。这情景让这家外国友人十分感动。

一位残疾人前来某餐厅就餐，接待他的服务员小姐非常勤快，不到几分钟，就给客人添一次茶。有时，客人还没赶上喝一口，服务员又来加水，每次都加得满满的。如此勤快的服务，倒让客人脸上显得挺难为情。由于这位客人点了几个小菜，开始上的菜可以放在他的手能伸到的地方，后来上的菜不得不放在餐桌的另一边，使这位坐轮椅的残疾客人夹那边菜较困难。这种情景被服务员小姐看到了，她又立即上前帮忙夹菜，令客人的神色很不自然。但他还是客气地说："不用帮我夹菜了，我自己能夹到的。"服务员小姐还是没理解到客人的心情，还是一个劲地帮助客人把菜夹了过来，客人的脸终于阴沉下来，很不高兴地说："谁要你夹菜了！真多事！"

195 客人带小动物进餐厅时，怎么办？

（1）引座员应礼貌地告诉客人餐厅关于小动物的规定；

（2）如客人不满，应通知主管；

（3）主管认真听完客人的意见后，向客人道歉并解释关于禁止带动物进入餐厅的规定；

（4）感谢客人的理解与支持。

196 生病客人前来用餐时，怎么办？

（1）如果客人告知服务员他生病了或服务员观察到客人病了，服务员要询问客人哪里不舒服，尽量为客人提供可口满意的食品；

（2）根据客人需要，为客人准备白开水以备其吃药，切记不可给客人提供药品；

餐饮服务小百科

（3）如是突发病人则要立即通知医务室或主管，及时送医院治疗，客人所用的菜肴食品要取样保留，以备化验。

◆ 情暖客人心

一对夫妇带着孩子在某饭店的餐厅用午餐，小孩子不停地咳嗽。服务员从夫妇俩的交谈中得知，他们下午想外出，但室外刮着大风，孩子咳嗽正重，担心外出会加重孩子病情。说者无意，听者有心，服务员及时从医务室拿了一个口罩送给了客人，叫客人给孩子戴上再外出。夫妇俩一再对服务员的细心周到表示感谢。

一行客人来餐厅用餐，刚上两道菜，服务员小刘发现有一位客人好像胃口不太好，没怎么动筷，只见他从口袋里掏出一个小瓶，小刘赶紧倒了一杯白开水递上去，客人笑着说："哎呀，这小丫头倒挺机灵的。"药吃完后，他把水杯和药瓶一起递给了服务员，小刘接过来一看，是治胃痛的，才明白他为什么吃不下的原因了。于是，小刘向当值经理说明了情况，让厨房特别为他煲了一份白粥。客人对此感到很惊讶："粥是不是特地为我煲的？你想得可真是周到，知道我的胃不易消化，不能吃有刺激性的食品，谢谢你啦小姑娘。"

冬日的一个夜晚，在某酒店用餐的一位客人有点感冒，咳嗽了几声，就向旁边的服务员要几张餐巾纸。转眼间，餐巾纸就送到了。客人向服务员道谢后，就靠在沙发上休息。大约五分钟后，服务员出人意料地给这位客人端来一碗冒着热气的姜汤，并热情地对他说："刚才送餐巾纸的时候，我听到您咳嗽了几声，又看到您的穿着比较少，我估计可能是感冒了，因此让厨房特地给您做了一碗姜汤，一来可以驱驱寒，二来对缓解感冒也有一定效果。"这突如其来的姜汤和服务小姐的一番亲切问候，一时间让客人感动得说不出话来。

197 遇到心情不佳的客人来用餐时，怎么办？

（1）服务态度要温和、热情、周到；

（2）尽量语言精练，服务快捷，最大限度地满足客人的需求；

（3）努力用自己的热情去影响客人的情绪。

198 遇到衣冠不整的客人来用餐时，怎么办？

（1）引座员应向客人解释餐厅有关衣着的规定，欢迎客人穿好衣着再次光临；
（2）感谢客人的理解和支持；
（3）如果客人仍感不满，应请示主管协助解决，在整个过程中要注意尊重对方，切忌与客人争论。

199 遇到肤色、外貌异常的客人来用餐，怎么办？

（1）一定要像接待平常客人一样，礼貌地向客人问好，引领客人入座；
（2）在服务时不要用眼睛盯着客人看；
（3）如果与客人的目光相对，应该表现出自然微笑的态度，不能轻视或讥笑客人，更不能品头论足。

200 左手用餐的客人前来用餐时，怎么办？

（1）若发现客人用左手用餐，要重新摆放餐具，按左手方便为宜的原则摆放；
（2）在条件可能的情况下，尽量安排客人在左侧大的地方或左侧没有人的位置用餐。

201 客人来店时已经客满，怎么办？

（1）首先道歉，并安排客人入座休息，稍候；
（2）根据客人就餐需求向主管了解客情，预测最早一桌客人离开的时间；
（3）向客人说明情况，问客人是否可以等候；
（4）安排客人在等候区休息，提供茶水，送上报刊；
（5）向客人提供餐厅名片，提醒客人下次来最好先打电话预订。

202 餐厅里已坐满，只有留给旅行团的座位，客人要坐怎么办？

（1）应有礼貌地告诉客人，这些座位是留给旅行团的，如要吃饭，请稍等一会

餐饮服务小百科

儿，同时要尽力为客人找座位；

（2）如客人要赶时间，可先给他们点菜，如餐厅已没有空位，请客人在餐厅外登记等候。

203 如何为独自就餐的客人服务？

（1）安排独自就餐客人在边角的位置，尽可能多与客人接触；

（2）服务过程中延长为其服务停留时间；

（3）对那种经常光顾餐厅独自一人就餐的客人，要记住其饮食习惯，并有意安排在一个固定的座位上。

阅读材料

◆ 您好！请问您几位？

某中餐厅门前，站着一位端庄的引座小姐，她面带微笑，时而热情地引客人入厅，时而热情地与就餐完毕的客人话别。这时，来了一位小姐，引座小姐马上上前打招呼："小姐，您好！请问您几位？"那位小姐马上不高兴地说："你什么态度？管我几位？查户口啊？"引座小姐很奇怪，不知自己说错了什么。后来她才懂得，独身客人本来就有孤独的感觉，她的问话强化了她的这种感觉，致使她不满。

204 开餐中，米饭供应不上怎么办？

（1）应向客人道歉，说明原因，请客人稍等一会儿；

（2）也可以征求客人意见是否可以面食等代替。

205 客人把吃剩的食品、酒水等留下，要求服务员代为保管时，怎么办？

（1）应向客人耐心解释，说明食品不能代存的原因；

（2）尽量说服客人把东西带走。

206 开餐时小孩在餐厅乱跑，怎么办？

（1）开餐时，从厨房拿出来的菜或汤都有较高的温度，易烫伤人，为了安全，遇到小孩到处乱跑，应马上制止；

（2）带小孩回到大人的身边，提醒大人要照顾好小孩。

207 开餐时，遇到客人同时争坐一张台时，怎么办？

（1）应立即上前制止，设法稳定双方的情绪，如一张台能坐下双方客人的，在征得客人同意后，可以同时安排一张台用膳；

（2）如一张台坐不下双方客人时，要把其中一方客人安排就座，请另一方客人稍候或另行安排。

208 客人预订的宴会，开餐时要求减人怎么办？

（1）原则上不予办理，但客人确因有特殊情况而需减人数，可按规定办理；

（2）根据减少的人数，适当减少菜式斤两，调整好菜单。

209 厨房不按顺序出菜时，怎么办？

（1）服务员应把好关，切不可马上就上给客人，应立即向厨师说明原因；

（2）请师傅按时按顺序出菜。

210 服务员未分完菜就发现菜品不够，怎么办？

（1）应及时通知厨房加菜；

（2）分菜时尽量要均等，如仍有剩余物时，则应移至较小的盘内再放回转台，并随时帮客人添加。

211 客人用餐时间较长，要求热菜时，怎么办？

（1）不能流露出不高兴的神情，立刻为客人提供加热服务；

餐饮服务小百科

（2）始终保持良好的服务态度，为客人提供优质的服务。

212 服务员在宴会开始前，才知道有个别客人吃清真或素食时，怎么办？

（1）立即征求宴会主办单位的意见，是否另外准备一些清真或素食菜式；
（2）征得同意后，即尽快为客人安排。

213 客人在餐厅跌倒时，怎么办？

（1）应马上上前扶起客人，视情况询问客人是否需要叫医生；
（2）要注意餐厅地面的卫生情况，地面是否有杂物或水，若有应及时清理，若因故不能马上清理，要放置防滑指示牌提醒客人。

214 客人在大厅用餐时猜拳或打牌，怎么办？

（1）客人在餐厅打牌或猜拳，会破坏餐厅高雅与宁静的气氛；
（2）服务员应礼貌地上前给予劝阻，取得客人的理解和合作，以免影响其他客人；
（3）若客人不听劝阻，必须向主管汇报，并由主管出面处理。

215 客人不小心摔伤、烫伤怎么办？

（1）如客人不小心摔伤或烫伤，首先应对客人进行急救处理，送药并进行安慰，绝不能取笑客人，如情况特别严重，应立即送往医院；
（2）客人用餐完毕，可以给客人适当优惠，并记下客人姓名、地址和电话，事后通过电话问候客人，必要时也可登门拜访，以示餐厅诚意。

216 如何为老人和小孩介绍菜式？

（1）老年人和小孩对食物的消化能力较弱，因此应介绍一些清爽、易消化、容易食用的菜式，不要介绍那些刺激性强、味道重的、带刺多的食物给老人或小孩；

（2）上菜要快速及时，特别是对小孩服务时，要将菜肴放在大人一侧并提醒以防碰翻或烫伤。

217 如何为情侣介绍菜式？

（1）应介绍比较浪漫的菜式，以增加用餐气氛，交代厨师在菜肴的装饰上多花些工夫；

（2）介绍有利于女士美容的食品，不要推荐容易使人发胖的油腻食品。

218 客人点菜犹豫不定时，怎么办？

（1）服务员应运用推销技巧，激发客人食欲；

（2）重点向客人介绍菜式的风味特色，但不可老是追问客人"是否来一盘"。

219 客人问的菜式，服务员若不懂时，怎么办？

（1）诚恳地向客人说："对不起"，并请客人稍等一下；

（2）然后请教同事或厨师，及时地向客人作解答；

（3）不可回答客人说："不知道。"

220 客人已点菜又因急事不要了，怎么办？

（1）立即检查该菜单是否已送到厨房；

（2）如未开始做，马上取消，如已做好，迅速用食品盒盛好给客人，或征求客人同意是否将食品保留等办事完毕再吃，但要先办好付款手续。

221 宴会临时加人时怎么办？

（1）应视增加人数的多少，摆放相应的餐具；

（2）然后征求宴会主办人的意见是否需要加菜。

餐饮服务小百科

222 客人需要的菜品，菜谱上没有，怎么办？

（1）首先说："请稍候，我到厨房问一下，是否能做。"然后和厨房联系，最大限度地满足客人的需求；

（2）如厨房没有原料或不能做，首先表示诚挚的歉意，然后主动介绍本店类似的菜品。

223 客人按菜谱点菜而厨房没有时，怎么办？

（1）表示歉意，征求客人意见，询问是否可以更换与这道菜价格、味型相似的菜品，如客人表示同意，以最快的速度将菜送上（注意：推荐的菜一定要有，否则客人点的菜接二连三没有，会引起客人反感）；

（2）如客人坚持要原来的菜品，应请客人耐心等候，马上与厨房联系，或从其他部门调拨或迅速外出采购，立即烹制；

（3）主管再次向客人表示歉意。

224 服务员正在为一桌客人服务，其他桌上的客人也要求其服务时，怎么办？

（1）马上给那些等候服务的客人以热情、愉快的微笑，回答："我马上就来为您服务"或"对不起，请您稍等一会儿"。

（2）手上的动作要加快但不要忙乱；

（3）要让客人觉得他们并没有被冷落和怠慢；

（4）如果手上的工作费时较长，应立刻寻找附近的其他服务员为顾客提供服务。

225 客人因为晚来的客人较之自己先吃上了菜，从而表示不满时，怎么办？

（1）应主动上前解释；

（2）说明各种菜肴制作方法和工艺不同，因而在时间上就有长有短；

（3）如果先吃的客人有急于赶路的要求，那么就如实向本桌客人说明。

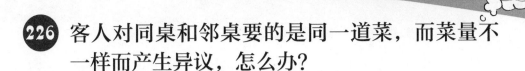

第五章 服务技巧

226 客人对同桌和邻桌要的是同一道菜，而菜量不一样而产生异议，怎么办？

（1）如确属工作失误（后厨配菜有误），就应诚恳道歉，设法弥补；
（2）如属客人误解，应委婉地加以说明，切忌讽刺、挖苦。

227 客人在用餐过程中要求改菜时，怎么办？

（1）请客人稍等，立刻到厨房了解是否正在烹调；
（2）若正在烹调，回复客人无法取消，并告知客人出菜的准确时间，请他谅解；
（3）若未制作则通知厨房停止制作，回复客人并通知主管取消该菜；
（4）向客人介绍菜式时，应告知制作时间，以免客人因等待时间过长而投诉。

228 客人因服务不及时或上菜不及时而发牢骚，怎么办？

（1）因服务不及时，由主管向客人道歉，再视情况做出补救措施；
（2）因上菜不及时，首先向客人表示歉意，"请稍等，我马上与厨房联系"/"请再等十分钟，菜马上就来"，以稳定客人情绪，随即通知厨房，并以最快速度将菜端上来；
（3）由主管再次向客人表示歉意，最后可赠送果盘。

229 对消费较高的客人，应注意些什么？

（1）随时和主人联系，婉转地告之其消费数额；
（2）更加热情周到地服务；
（3）结账时诚恳致谢，欢迎再次光临。

230 当客人举手示意时，怎么办？

（1）立即走到客人身旁；

餐饮服务小百科

（2）问："先生，有什么事我能为您效劳吗？"

◆ "先生，有什么事我能为您效劳吗？"

"先生，需要我帮忙吗？""先生，我能帮您做点什么？"这是在餐厅经常可以听到的服务用语。粗略一听，这两句话似乎也中规中矩，无懈可击，但仔细推敲，就感到有些不妥，问题出在这个"帮"字上。"帮"有一种施以恩泽的含义，会使受"帮"的人有一种受人恩惠的感觉。而客人来餐厅消费，是上帝，我们理所当然地应为客人服务，绝不能让客人产生花钱后还要接受赐予的别扭心理。所以改用"为"就比较合适，"为"，是替客人做的意思，用"为"就摆正了服务与接受服务的关系，使客人倍感尊荣，如果说成："先生，有什么事我能为您效劳吗？"效果则会更好。

231 负责主台的服务员在主宾、主人离席讲话时，怎么办？

（1）需通知厨房，这期间不能送菜出来，即使菜已煮好，也应采取措施保温；

（2）在主宾、主人离席讲话前，要注意把每个客人的酒杯都斟上酒；

（3）在主宾、主人离席讲话时，服务员斟上一杯酒，放在垫有小毛巾的圆托盘上，立在一侧，与他人一起聆听讲话，此时的厅内除讲话声外不允许有其他的杂音；

（4）主宾讲话结束时，迅速递上酒杯，以使主宾举杯祝酒。

◆ 不恰当的上菜时机

某饭店中餐厅，一公司的答谢宴正在举行。按预先的安排，上完"红烧海龟裙"后，主人要祝酒讲话。只见主人和主宾离开座位，款款走到话筒前。正当宴会厅内所有来宾站起来准备举杯祝酒时，厨房里走出一列身着白衣的厨师，手中端着刚出炉的烤鸭向各个不同方向走去。客人不约而同地将视线转向这支移动的队伍，热烈欢快的场面就此给破坏了。主人不得不再一次提议全体干杯，但气氛已大打折扣了，客人的注意力已被转移到厨师现场分割烤鸭上去了。

232 当服务员听不清楚客人的吩咐或要求时,该怎么说?

(1)应该说:"对不起,先生,您刚才的意思是……"后半句的语气略作停顿,客人见服务员迟疑不决,自然会重述明白,既达到询问的目的,又可避免客人产生厌烦心理;

(2)或者使用征询的语气尽可能完整地将客人刚才的吩咐复述一遍,客人同样也会证实或补充。

◆ 当听不清客人的吩咐时

"先生,对不起,刚才我没听清楚,请您再说一遍!"当服务员听不清楚客人的吩咐或要求时,往往会这样请求客人再说一遍。表面看来,这句话礼貌周到,没有什么不对,但总有麻烦客人之嫌。作为服务员,理应随时恭候和听清客人的吩咐,由于语言的差异或环境嘈杂而听不清楚,也不宜直接要求客人再说一遍,而应委婉地表达。

233 服务员未听清客人所点的菜而上错菜,客人不要时,怎么办?

(1)先向客人表示歉意,若客人还没有动筷,应及时撤掉;
(2)若客人已开始吃,则不必再撤,尽量用打折的方法向客人推销这道菜;
(3)若客人坚持不要,不可勉强客人,可通知主管同意作为赠送菜;
(4)通知厨师优先做出客人想要的那道菜;
(5)客人点完菜,服务员应向客人复述一遍,以避免此类情况的发生。

234 服务员不小心将菜水、菜汤、饮料溅出而弄脏了客人衣物,怎么办?

(1)在上菜和上饮品的时候,要礼貌地提醒客人,以免不小心把菜汁和饮品溅在客人的身上;

餐饮服务小百科

（2）若不小心溅在客人身上，服务员要诚恳地向客人道歉，给客人递上毛巾或餐巾纸，协助客人擦拭，注意要先获得客人的同意，如是女宾，要让客人自己擦拭或由女服务员为其擦拭，动作要轻重适宜；

（3）根据客人的态度和衣服被弄脏的程度，主动向客人提出为客人免费洗涤的建议，洗涤后衣服要及时送还客人并再次道歉；

（4）有时衣服被弄脏的程度较轻，经擦拭后已基本干净，主管应为客人免费提供一些食品或饮料，以示对客人的补偿；

（5）在处理此类事件的过程中，主管不要当着客人的面批评指责服务员，内部的问题放在事后处理；

（6）若是由于客人的粗心大意，衣服上洒了汤汁，服务员也要迅速到场，主动为客人擦拭，同时要安慰客人；

（7）若汤汁洒在客人的菜台或台布上，服务员要迅速清理，用餐巾垫在台布上，并请客人继续用餐，不应不闻不问。

235 上菜时，桌面不够摆放怎么办？

（1）把桌面上的盘碟移好位置；
（2）撤掉空盘；
（3）征得客人同意后合并同类菜；
（4）将剩得不多的菜换小盘；
（5）切忌菜盘重叠放置。

236 客人提出食物变质并要求取消时，怎么办？

（1）耐心聆听客人的意见，并当着客人的面，将食物立即撤回厨房，由厨房或主管检验食物是否变质；

（2）若食物确已变质，立即给客人免费赠送类似的菜肴；

（3）若食物并没变质，应由主管出面向客人解释该菜肴的原料、配料、制作过程和口味特点等。

237 客人反映上菜速度慢时，怎么办？

（1）服务员对各种菜肴的出菜时间要有一定的了解，对于一些烹饪时间较长的菜肴应事先向客人打好招呼；

（2）当客人催菜时，服务员应该立刻通知厨房提供特别服务，并将情况报告自己的上级，绝不隐瞒客人的投诉意见；

（3）主管在得知此情况时，要查阅客人的点菜单，及时与厨师长联系并安排好出菜工作；

（4）服务员在客人等菜的时候，要主动询问客人是否需要增添其他饮料或提供茶水服务，并根据客人点菜情况做好备餐工作，一旦菜肴送出立即端上餐台，并提供相应的服务；

（5）遇到此类情况，服务员应给予客人特别的关照，切不可采取回避或推诿的态度。

238 客人在进餐中要求退菜，怎么办？

（1）如果菜肴质量有问题，应无条件地退菜并诚恳地向客人表示歉意。

（2）如果说没时间等了而要退菜，此时服务员应马上与厨房联系，如可能就先做，否则，也应退菜。

（3）如果是客人订餐人数多，点的菜也多，可实到人数少；对这种情况可经过协商，酌情处理。

（4）如果是客人自己点的菜送上桌后，感觉与点的不一样，这种情况如确实不属质量问题，原则上不应同意退菜，但可以尽力帮助转卖给别的客人。如实在无人要，只好耐心讲清道理，劝客人不要退，可以尝一尝，吃不了可以打包带走。

239 客人投诉食物未熟、过熟或味道不好时，怎么办？

（1）对于火候不足的菜肴应该迅速向厨房反映，重新制作，并向客人致以歉意；

（2）如果属于客人对菜肴风味特点的误解，服务员既要礼貌又要婉转地向客人介绍其特点和吃法；

（3）如果客人坚持己见，餐厅应无条件地满足客人的需求；

（4）事后对产生投诉的原因要加以分析，对容易产生误解的菜肴，应该加强对客人进行事先的介绍。

餐饮服务小百科

240 客人认为他所点的菜不是这样时，怎么办？

（1）细心听取客人的看法，明确客人所要的是什么样的菜，若是服务员在客人点菜时理解错误或未听清而造成的，应马上为客人重新做一道他满意的菜，并向客人道歉；

（2）若是因客人没讲清楚或对菜理解错误而造成的，服务员应该耐心地向客人解释该菜的制作方法及菜名的来源，取得客人的理解；

（3）由主管出面，以给客人一定折扣的形式，弥补客人的不快。

◆ 与客人"说理"

在一家餐厅，客人点了一个水煮肉片，本来应该是辣的，可是这位客人却说："这菜怎么这么辣，应该是甜的。"而服务员却一再地对客人说："正宗的就应该是辣的，不辣，还有什么意思啊？再说，从来就没有听说过，还有往里面加糖的。弄得那么甜，怎么吃啊？"这种忍不住要去与客人"说理"的情况，令客人气恼地说："我就是喜欢吃甜的，我不要辣的。"

241 客人用餐时发现菜品中有异物时，怎么办？

（1）立即将该菜品撤下餐台，不要在餐台上再次查验是否存在异物；

（2）迅速将此事上报主管，并在备餐间寻查出原委；

（3）主管应该立即前往客人餐台旁，向客人致歉，并征求客人意见，但无需为此事做任何解释；

（4）如果客人同意换菜，应该立即与厨房联系，以最快的速度满足客人要求；

（5）事后要认真分析原因，杜绝类似事件的再次发生；

（6）如遇客人坚持要求赔偿，应由餐厅领导出面解决。

◆ 急中生智

某饭店中餐厅，几位客人正吃得兴高采烈之时，一位女宾在吃了一口"龙井虾仁"后，突然连声喊"辣"，并将菜吐了出来。大家都感到奇怪，明明没有要辣味的菜啊！其他几位品尝过这道菜的客人却说，菜的味道不错。女宾用手指着吐出的菜，只见其中果然有一小截尖椒。服务员在仔细检查了这道菜后，心想：这道菜要放新鲜的龙井茶叶，颜色与尖椒差不多，可能是厨师加工时不慎将尖椒混入其中了，不然怎么只是这位女宾喊"辣"呢？她灵机一动，找到了对策。"这位女士，恭喜您了。我们餐厅正在搞有奖销售活动，事先在这道菜中放了一小截尖椒，谁吃到了可以得到我们的一个小礼品，这件事开始时对大家是保密的，餐后我会把礼品给您送来。"小姐机智的解释又一次引起了大家的兴趣，有人还后悔没能吃到尖椒。

一次，一位女服务员在推销"白云凤爪"时，客人看见凤爪上有一些红斑点，于是问道："这是什么？"服务员灵机一动，诙谐地回答："这是白里透红，与众不同！"客人听了，觉得服务员回答得很有意思，高兴之余还连连要了两份。

242 客人对菜品不满意时，怎么办？

（1）客人对菜品不满意有多种原因，可能菜肴过咸或过淡；可能是菜肴原料的质量问题，也可能是菜肴的烹调方法客人不够了解，也可能是客人自身的心情不好，影响就餐情绪。

（2）如果因菜肴过咸或过淡，应向客人道歉，将菜肴撤回厨房重新加工制作，再端上请客人品尝。

（3）如果因菜肴原料的质量问题，服务员应立即撤下菜肴，并向客人道歉，并根据客人意见重新做一份或做一份与此菜相近口味的菜肴，请客人再次品尝，结账时应考虑减收此菜的费用。

（4）如果因客人对烹调方法的不了解，应详细而耐心地解释菜品的制作方法和特色口味，求得客人的理解，服务员应向客人表示歉意。

（5）如果是因客人心情不好而投诉菜品，这时应婉转地劝慰客人，冷静地向客人解释，通过良好的语言交流来说服客人。

243 客人认为餐厅所提供的香烟、饮料、酒水是假冒伪劣产品时，怎么办？

（1）耐心地向客人解释，餐厅的商品是经质量监督局和物价局审核过的，绝无伪劣产品；

（2）如客人不相信，可协商让其留下有效证件及地址和电话，并承诺要找有关部门检验，如确有质量问题，客人的消费由餐厅承担，如无质量问题，应要求客人对餐厅的名誉做出赔偿；

（3）如客人反映属实，要征得客人同意后更换物品，结账时免收此物品的费用。

244 客人之间互相搭台用膳，服务员为客人点菜上菜时怎么办？

（1）在接受客人点菜时，服务员除要听清记准外，还要在菜单上用A、B、C、D等符号表示，并熟记各点菜客人的特征；

（2）上菜时要核对菜单，报上菜名，让客人准确用菜；

（3）如客人点了同一品种的菜式，要按客人点菜的先后顺序上菜；

（4）结账时，应与客人重新核对，避免张冠李戴。

245 客人正在谈话，而又有事要问客人，怎么办？

（1）很有礼貌地站立在客人身旁，趁客人说话空隙俯身轻言："对不起，打扰一下，"然后说事，说完事表示谢意；

（2）如要讲的事不便让其他客人知道，可将客人请到一旁，说完事要致谢。

246 客人要求以水代酒时，怎么办？

（1）对碍于情面，又酒量有限或不想喝酒的客人，在他们希望服务员提供以水代酒的帮助时，应给予同情和支持，并不露痕迹地满足客人愿望；

（2）但若是以自己喝水来达到灌醉他人之目的者，则应婉拒并规劝。

247 发现客人喝洗手盅中的水时，怎么办？

（1）预先告诉客人上洗手盅的作用；

（2）如发现客人已饮用后应假装未发现，以避免客人难堪。

第五章 服务技巧

◆ 让客人尴尬的笑

某餐厅内,一桌客人正在用餐,值台服务员在为客人上了基围虾后,又按常规给客人端上了洗水盅。服务人员并没有告诉客人水的用途,只说了一句"先生,请用"后就离开了。一位客人见水上飘着几朵菊花,以为这是菊花茶,便一饮而尽。当客人们正在为这位客人解释时,被正在上菜的服务员听到了,服务员禁不住笑出了声,使此位客人弄了个大红脸。

248 大型自助餐结束后,客人提出打包时,怎么办?

(1)应礼貌地向客人解释说明自助餐的方式及服务形式不适宜打包,尽量使客人理解;

(2)若个别重要的客人特别嗜好其中一两种食品,可请厨师给予另外制作,但最好不直接从自助餐台上取出打包;

(3)若客人坚持,应向上级汇报,与主办单位联系解决。

249 客人核对账单时,发现多收的错误怎么办?

(1)首先向客人道歉,并分析原因;

(2)如果是客人弄错了菜的价格,或客人计算错误,服务员应耐心解释,如果客人坚持,则应减少部分金额,双方都做些让步,由主管向客人解释;

(3)如要是该上的菜没有上,结账时却多收,服务员则应再次向客人致歉并减去没上的菜价;

(4)如收银员无意中结错账或服务员没有认真核对账单,服务员应马上改正账单,向客人道歉,说明原因,求得客人的谅解,适当优惠后再结账;

(5)由于服务员或收银员思想错误导致故意多收现象,则对客人要道歉,减去多收款,对服务员或收银员要认真处理,重者调离岗位。

250 客人未付账并已离开时,怎么办?

(1)故意不付账的客人是很少的,如果发现客人未付账离开了所在的餐厅,服

餐饮服务小百科

务员应马上追上前有礼貌地小声地把情况说明,请客人补付餐费;

(2)如客人与朋友在一起,应请客人到一边,再将情况说明,这样可照顾客人的面子而使客人不致难堪。

251 在结账时,包房里所用酒水和吧台所记的数量不符,怎么办?

(1)结账前,服务员应检查包房内酒水瓶数;
(2)结账时,和吧台人员核对数量;
(3)如数量不符,以包房内的酒水量为准结算,不要耽误客人离店。

252 客人对账单产生疑问,怎么办?

(1)应说:"对不起,我到吧台为您查一下,请您稍候。"
(2)如确实错误,应向客人诚恳道歉,以求客人原谅。
(3)如无错误,应婉转解释,讲清各项费用。

◆ **面对客人的质疑**

北京某饭店的一位长住客人到前厅支付用餐费用,当他看到账单上的总金额时,马上火冒三丈,他说:"你们真是乱收费,我不可能有这么多的高消费!"收款员面带微笑地回答说:"对不起,您能让我核对一下原始单据吗?"客人当然不表示异议。收款员开始检查账单,一面对客人说:"真是对不起,你能帮我一起核对一下吗?"客人点头认可,于是和收款员一起就账单上的项目一一核对。其间,那位收款员小姐顺势对几笔大的金额,如招待访客、饮用名酒……作了口头提醒,以唤起客人的回忆。等账目全部核对完毕,收款小姐很有礼貌地说:"谢谢您帮助我核对了账单,耽误了您的时间,劳驾了!"此时,客人知道自己错了,连声说:"小姐,错怪您了,真不好意思!"

第五章 服务技巧

253 遇到客人恶意逃账时，怎么办？

（1）如客人尚未离店，应礼貌委婉地向客人要求结清全部账目，如客人尚存异议，则应耐心地解释并核实，同时对其付款表示感谢；

（2）如客人已离店，在款项数目不太大的情况下，应按客人留下的地址去函说明并要求收回部分款项；

（3）若款项数目较大，则应派专人追讨，对拒付客人或无法与其取得联系的客人应记入客史档案，归入"黑名单"之列。

◆ 退一步，海阔天空

9位客人在广州某饭店的中餐厅用晚餐。他们点了12道菜，其中点了鲍鱼、贝类、螃蟹和鱼肚等。每上一道菜，服务员都为客人报菜名、换菜碟。就餐快结束时，一位醉态朦胧的客人招手让服务员过来结账。他看过账单后，突然不满地对服务员说："我们根本就没点过'鸳鸯海鲍'和'金钱鱼肚'，你们把账算错了。""先生，您可能忘记了，刚才是我把这两道菜端上来的，还为您报过菜名。请大家仔细想一想。"服务员微笑着说道。"不用想，我根本就没点过鲍鱼和鱼肚，桌子上也没有吗。你们就是把账算错了。"客人大声地叫嚷着。听到客人的叫嚷声，经理过来了。"先生，您好。我是这个餐厅的经理。首先，我对账单引起您的不满表示道歉。您提出餐桌上没有这两道菜，实际上是帮助我们完善服务程序，提醒我们对上过的菜不要完全撤盘，以免结账时引起误会，对此，我向您表示感谢。经过调查，鲍鱼和鱼肚确实上过桌，空盘已经撤去清洗。这样吧，这两道菜按8折记价，您看行吗？"经理诚恳地建议道。见餐厅做出了让步，醉酒的客人终于停止了吵闹，起身结账去了。

254 客人因等菜时间太长，要求取消食物时，怎么办？

（1）要先检查点菜单，看看是否漏写，如漏写，先马上口头通知厨房，然后补单；

（2）如果不是点菜单的问题，到厨房了解是否正在烹调；

（3）若正在烹调，回复客人稍候，并告诉客人出菜的准确时间；

（4）若未烹调，通知厨房停止烹调，回复客人，取消该菜；

（5）向客人介绍菜式时，应对烹调时间较长的菜式事先提及，以避免客人等待时间过长而投诉。

255 客人点的菜长时间没有上而要求减账，应如何处理？

（1）首先向客人表示歉意，如因服务员漏记此菜，则客人的要求应完全予以满足；

（2）如客人点的菜需要制作的时间比较长，则应请客人谅解，并视情况，由客人决定立即催上或取消；

（3）即使为客人减账退菜，也应由主管出面，再次向客人道歉。

256 当供应品种加价，餐厅常客有意见，不愿付增加款项，怎么办？

（1）服务员应事先告知该食品将要加价，先把工作做在前面；

（2）如果客人在吃完后才发现食品加价，并很有意见时，服务员要诚恳地向其道歉，并承认忘记告诉他该食品已加价，然后请示主管，是否可先按未加价的价钱收款或加收所增加金额的一半，下一次再按现价付款。

257 客人无欢迎卡（贵宾卡）要求签单时，怎么办？

（1）不能以生硬的态度拒绝客人，应让客人稍候，然后立刻打电话与总台联系；

（2）如查明客人确实属于餐厅接待的住房客人，可同意客人签单；

（3）如查明客人没入住饭店或已退房等，应有礼貌地向客人解释，请客人用其他方式结账。

258 结账时客人所带的现金不够，怎么办？

（1）服务员应积极地为客人着想，提一些建议，如建议用信用卡或其他方法结账，或请其中一位客人回去拿钱；

第五章 服务技巧

（2）客人只有一位时，应通知保安部，由保安部安排人员与客人一起去取钱。

259 负责结账买单的客人喝醉酒，结不了账怎么办？

（1）根据经验判断客人是否饮酒过量；
（2）为客人递上热手巾，送上热茶或水果给客人提神；
（3）知会主管；
（4）及时知会跟随客人一起来用餐的朋友，并征求他们的意见；
（5）如只剩下负责买单的醉酒客人，则要礼貌地小心处理，为其送上解酒参茶，等客人稍微休息一会儿再让其结账；如到下班时间客人仍酒醉不醒，则要设法通知客人的亲属过来处理。

260 客人对饭菜、酒水不满意而拒付款，怎么办？

（1）客人对饭菜不满意，应首先对其表示歉意，耐心问明情况，如客人所提要求是正当的，某菜肴有问题或不够实惠，或上菜不及时影响其进餐，则可以免收此菜的费用或适当打折以示歉意；
（2）对酒水不满意，如客人认为酒水是伪劣产品，应告诉客人我店酒水是从正规酒水公司进的，是经技术监督局认可的；
（3）如客人认为酒水价格太高，则应告诉客人我店酒水价格是经物价局核定的许可价格，要耐心而礼貌；
（4）如客人对服务不满意，服务员应诚恳道歉，然后由领班更换一名服务员；
（5）在处理以上问题时，主管都应及时赶到现场，对客人表示歉意，当客人对服务和饭菜不满意拒付款时，应视情节轻重，尽量满足客人的合理要求；
（6）当客人结完账后再次表示感谢；
（7）事后召集有关人员认真总结经验教训，并对引发事故者作出相应的罚款或纪律处分。

261 客人结账后已离开台面，发现客人把不该带走的物品带走了，怎么办？

（1）在不当着其他客人面的情况下，低声告诉客人"对不起，××不是一次性的"，或"对不起，您误拿了××"，客人归还后要表示感谢；

（2）如果客人执意要拿走（比如说要留作纪念），应该心平气和地说："对不起，根据我店的规定，如果您一定要带走，希望您按价购买，好吗？"

262 客人要求优惠餐费怎么办？

（1）询问客人对菜品及服务的意见；
（2）婉言说明自己没有优惠的权力；
（3）如确是常客或客人对菜品和服务有意见，应报告主管灵活处理。

263 客人要求餐厅发给一张VIP卡，怎么回答？

（1）服务员："不好意思，我们现在已经没有发卡了。那是饭店开业时和以前组织活动时发的。饭店什么时候再发，我一定提前通知您。"
（2）留给客人一张名片。

264 如何为急躁型客人提供服务？

（1）要行走迅速，语言简练；
（2）对客人提出的任何要求均给予准确回答，千万不可使用欺骗性语言；
（3）可为客人做点额外事。

265 遇到因上次用餐不满意，这次来餐厅故意挑毛病的客人，怎么办？

（1）尽量了解上次用餐不满意的原因，及时做出处理；
（2）主管选择优秀服务员为之服务；
（3）更加细致、周到、热情地为之服务，努力满足客人需求；
（4）发现有出问题的可能时要提前通知主管，及时作出处理；
（5）查明原因，给予适当的优惠补偿。

266 客人对服务员的服务很满意，邀请其到他公司，怎么办？

（1）表示感谢；

（2）说明在本餐厅工作很开心，暂时没有离开的想法，或说："如果以后有机会，我会考虑的。"

267 客人要服务员喝酒时，怎么办？

（1）应向客人解释不会喝酒，况且工作期间也不能饮酒，婉言谢绝客人的好意；

（2）若客人一再劝饮，盛情难却，为了不影响客人的情绪，先把酒接过来，告诉客人待会儿再喝；

（3）同时给客人另取一个杯子，斟上酒递给客人，并向客人表示感谢，请各位慢饮；

（4）如客人还是强求员工喝酒时，服务员可告知客人后，请自己的领导来解决。

◆ **面对醉酒客人的无礼**

某饭店中餐厅，一位客人目不转睛地盯着服务小姐。"小姐，我有一个要求，请您坐下陪我喝一杯酒好不好？我会加倍付钱的。"客人醉态浓浓地从西服口袋的皮夹里抽出了一叠厚厚的钞票。"先生，实在对不起，我们在工作期间是不允许陪客人喝酒的。"小姐面带微笑答复着客人。"那就等你下班后，我请你到外面去喝酒。我一定会等你的。"客人继续发动攻势。"那要看我的先生同意不同意，如果他同意了，我们三个人可以一起去喝酒。您知道，我下班后总是要先回家的。"没有结婚的小姐机智地作答。"哦，那就下次吧！"客人给自己找了个台阶。

268 服务过程中，客人要求与服务员合影时，怎么办？

（1）在服务过程中，常遇到客人趁服务员斟酒、斟茶、分菜的机会摄影，在这种情况下，服务员应继续工作，但要保持镇定，精神集中，以免影响服务质量；

（2）有些客人在进餐完毕后，为感谢服务员的热情接待，提出与他们一起合影，遇到此种情况，服务员在不影响服务的情况下，可大方接受并多请一个服务员陪照。

269 服务过程中，客人邀请服务员跳舞时，怎么办？

（1）在服务过程中，特别是在宴会厅或包房工作时，客人一边用餐一边唱歌跳舞，有时可能会邀请服务员跳舞，这时，服务员应有礼貌地谢绝客人，声明职责在身，不能奉陪；

（2）如客人仍纠缠不休，应请领导出面，将该服务员调开。

270 客人想约服务员出去玩（喝茶、吃饭），怎么办？

（1）有的客人对某个服务员确属好感，并无恶意，想约服务员下班或者休息时出去玩（喝茶、吃饭），这时，服务员可说："非常感谢×先生的盛邀。对不起，下班后我男朋友会准时来接我的。"或者说："休息的时候，我还要去上学。等两年后念完大专我就有时间了。虽然我不能去，但我也得谢谢您的盛情。"照此话语可随机作答。

（2）有时客人还会给服务员留电话、地址，服务员一定要注意分寸，要大度，给客人面子，说："谢谢，有时间我一定去拜访。"或者说："谢谢，有时间我一定跟您联系。"

271 客人问女服务员的年龄时，怎么办？

（1）服务员应用友善但是反问的语气："您猜（看）我多大了？""跟您猜的差不多。"或者微笑着说："女孩子的年龄是个秘密，我可不能告诉您。"

（2）如果是熟客，而且是善意地问起你的年龄，直接告诉客人也无妨。

272 客人问员工的工资，怎么回答？

（1）服务员："饭店很关心我们，我们工资福利挺好的。"可以不作正面回答。

（2）如客人再追问，服务员则用幽默的语言说："谢谢您的关心，这个问题我得保密。"

（3）对于熟客也可以大概地讲"一月千把块钱"，或者"七八百块钱"。

273 客人询问餐厅每天的流水，怎么回答？

（1）服务员："感谢您的关照，我们生意还是不错的。至于每天的流水是多少，我还真说不太清楚。不好意思。"

（2）如客人再追问，可将问题推给经理来解答。

274 客人喝醉酒时，怎么办？

（1）对喝闷酒的客人，服务员在服务时要体现出对客人的关心，如多为客人斟茶水、多换毛巾，与客人沟通、聊聊天，询问客人是否需要帮助。如客人喝过量了，劝客人改喝茶水、饮料等。

（2）对逞能、斗气、争强好胜喝酒的客人，服务员要注意餐桌上的动态，观察客人的举动，向神志清醒的客人建议，请他们去劝告已喝多酒的客人。千万不要客人要什么就再给什么。可把高度酒改为低度酒，或者告诉客人此酒已卖完而建议他们用饮料或者茶水。服务员可有意"避开"客人；叫"来酒"只应而不行动；供茶水勤一点；服务节奏加快，尽早结束服务。如果有的客人乘酒兴对服务员不给他上酒而有过激的言行，服务员必须冷静，要理解客人，千万不要理会客人的醉话。是否上酒要征求同行清醒客人的意见，让他们出面说话和劝解。

（3）对为了应酬喝酒的客人，服务员应注意少给请客的主人倒酒，以此来关心客人，既让客人喝尽兴，也不让客人陷入尴尬的场面。如主人让你作假倒矿泉水，要做得巧妙。还可以建议主人喝酒前先吃点东西，如喝酸奶暖胃，喝苹果醋、酸枣汁解酒。

（4）对醉酒闹事的客人，不管客人有什么样的过激行为，服务员都不能"以牙还牙"，要及时报告主管，控制好现场，同时让同来就餐的清醒的客人去劝阻。对重要物品和餐具及时转移，避免造成损失。如有损坏的物品要求照价赔偿。

（5）对喝醉呕吐的客人，服务员应立即将客人扶离餐桌，提供醒酒饮料，送毛巾、送热茶，并及时清除掉污物。对吐酒严重者应先通知其同伴及时将客人送往医院。

餐饮服务小百科

◆ 善意的谎言

一天下午,杭州某酒店的休闲餐厅走进一位年过花甲的老人。服务员小蒋热情地迎上前去招呼他坐下,递上菜单并询问想要吃点什么,老先生显得有些为难,说道:"中餐我吃得不少,可这西餐我却从来没有吃过。""那您今天何不尝试来份牛排呢?"小蒋积极地推荐。"牛排?""好吧,有酒吗?""酒,有的,我们这儿有啤酒、红酒,您要哪一种?"老先生摇摇头。"要不,您尝试一下洋酒?"小蒋灵机一动,想到了向客人推荐高档酒。"洋酒?"老人孩子般地眼睛亮了亮,最后老先生点了一杯XO。一杯酒过后,老人的脸很快就变为了微微泛红,小蒋有些担心。"再来一杯。"老先生举手向小蒋示意。小蒋心里有些懊悔和惭愧,不该只顾着推销而不顾老人已上了年纪。"小姐,再来一杯。"老人含糊不清地向小蒋示意。"您好,非常抱歉,您要的酒今天已经售完了。"不知道为什么,一句谎话极其自然地从小蒋的嘴边溜了出来。

275 客人因醉酒而行为不检点,怎么办?

(1)首先应通知主管,主管迅速赶到现场解决问题;

(2)如果客人行为不检点,应将女服务员换为男服务员或同时让几名服务员前去服务;

(3)停止对客人上带酒精的酒水,改上浓茶或醒酒汤;

(4)尽可能让醉酒者离开现场;

(5)清点现场损坏的杯子和设施,并请席中清醒客人到吧台把账结清,视情况轻重让其赔偿;

(6)根据情况,必要时通知保安做好准备。

◆ 客人酒醉"撒野"

一天,一名客人走进饭店餐厅,要了几个菜、一瓶白酒。那一杯杯白酒,像水一样倒进客人嘴里。"服务员,拿酒来。"客人敲着桌子叫，斜眼看一下附近的服务员小赵。小赵看到客人脸色白中泛青，心想，客人一定喝多了，可要小心！"先生不要喝醉酒……"小赵善意地提醒客人。客人瞪着眼："什么酒醉，我没醉，再来两瓶也不会醉。"他看了一眼小赵，眼神被锁住了。小赵20岁，生得亭亭玉立，白皙如脂的肌肤，红扑扑的脸，洋溢着女性的青春和魅力。客人一手接过一瓶酒，一手一把揽住小赵的腰，"小姐，好美，陪我喝酒。"小赵急着要挣开身，眼泪都要滚出来了，口中直说："先生，不行，饭店有规定，不能陪……"接下来发生的事……餐厅男主管和几名服务员赶过去，来往的言语很快升级，火药味越来越重，终于动起了"武行"。

本案例中，双方的情绪都失去控制。作为餐厅服务人员更要注意控制自己的情绪，预防冲突发生。由于客人酒醉而发生的经营交往冲突事例，在有些饭店偶有发生，对此要加强防范和正确处理。当发现客人酒醉打了员工，饭店在场员工首先要控制自我情绪的激动，要冷静处理，切不可"你打一拳，我还你一脚"。冷静不是消极对待，而是要迅速分析判断，客人是酒醉失去自控打人，还是借酒醉闹事，要根据不同情况作不同处理。

对第一种情况，要"冷却"处理，即使对方打了人，也要"打不还手，骂不还口"，万不得已抵挡一下。最好拉开、"训开"当事员工，使醉酒人失去打的对象，由于你的"训"而消了醉酒者之气。之后，由其他员工把他"请"进房间，"哄"其安静，给其服一点醒酒类药，使他安静下来。对第二种情况要快速反应。一方面对借酒醉打人者采取防范措施，支走女员工；另一方面立即报告饭店保安部，如情况紧急立即报警，如遇借酒醉打人者拿出凶器，并有行凶可能，保安和员工应特别警惕，如对方有行凶举动，可以实施必要的自卫，若有可能在不伤害的情况下将其制伏。

从上面案例分析，客人是酒醉失控，应马上让小赵回避，另由男员工做好预备，尽量按第一种情况"哄"住。保安人员尽量不出面，防止对方受到"刺激"，"哄"、"稳"是最恰当的办法。

餐饮服务小百科

276 在用餐过程中,客人不小心碰翻水杯、酒杯时,怎么办?

(1)马上给予清理,安慰客人;

(2)用餐巾吸干台面的水或酒,然后将清洁的相同颜色的餐巾平铺在吸干的位置上;

(3)重新为客人换个杯子并斟满饮品。

277 客人损坏餐具,怎么办?

(1)客人损坏餐厅的用具一般都是无意的,服务员应礼貌、客气地安慰客人,而不能责备客人;

(2)在客人损坏餐具的当时,服务员应询问客人有无受伤,并劝他不要担心,同时把现场清理收拾干净,请客人接着用餐;

(3)如是一般的消耗性物品,可告诉客人不需要赔偿;

(4)如是较为高档的餐用具,需要赔偿的话,应该等客人用餐完毕后结账时再婉转地提起有关赔偿的问题,要讲明具体赔偿金额,并开出正式的现金发票;

(5)若客人不肯赔偿或对于个别有意损坏餐具的,应报主管处理。

278 客人被餐具划伤时,怎么办?

(1)注意卫生,千万不可用台布、餐布或毛巾擦伤口;

(2)安定受伤者情绪;

(3)不要惊动其他客人;

(4)取本店药箱给其伤口涂上适合的药水(注意:最好问准客人,他要用哪种,再给他涂上),再贴上止血贴,如伤势严重马上汇报主管,打急救电话求助。

279 遇客人在店内吵闹,怎么办?

(1)如果服务员事先发现苗头,要尽量隔离客人,分别为客人提供服务,分散客人注意力;

(2)如客人已经发生争吵要立即上前制止,隔离客人;

（3）把桌上的餐具、酒具移开，以防吵架双方用其伤人；

（4）报告经理、保安部；

（5）将客人带离公共场所；

（6）安定客人情绪，了解吵闹原因；

（7）如属酗酒者或精神病人闹事，应加强对其控制，并立即将其送离餐厅；

（8）如属客人对饭店服务人员不满，应由助理以上领导出面向客人解释、致歉；

（9）如属无理取闹，应予以劝阻；

（10）如对方不予合作，为避免对营业场所的治安、秩序造成不好的影响，可将肇事者带离营业场所，在处理此事时不得使用武力，以免扩大事态。

280 客人用餐时突然停电怎么办？

（1）一般情况下，停电几秒钟后就有饭店应急电源供电，因此服务员应沉着，不应惊慌或惊叫；

（2）应设法稳定客人情绪，在应急电源还没供电前，打开应急照明灯，点上蜡烛；

（3）了解停电的原因，向客人解释，并提供服务；

（4）恢复供电后，应巡视餐厅，向客人道歉；

（5）在平时，餐厅里应备有蜡烛，而且应该放在固定的位置，取用方便；如备有应急灯，应该在平时定期检查插头、开关、灯泡是否能正常工作。

◆ **浪漫晚宴**

某三星级酒店餐厅，餐厅服务员小杨正在雅间进行服务，突然电灯灭了，雅间内一片黑暗，客人议论纷纷。小杨立即对大家说："真对不起，临时停电，给大家带来了不便；不过，大家是否愿意趁此机会尝试一下烛光晚宴呢？"此时，其他服务员也恰好送来两个西餐烛台。在得到客人的应允后，小杨将烛台摆在餐台上，又从备餐桌的抽屉里取出了事先准备好的西洋风情画挂在墙上，在窗台上放上一个西式盆景。片刻间，整个雅间由中式餐厅变成了一个充满温馨浪漫气氛，且充满异国情调的西餐宴会厅，一看这从天而降的烛光晚宴，客人非常高兴，纷纷赞不绝口。过了一会儿来电了，小杨想吹灭蜡烛，客人忙把她拦住，说："不要吹灭蜡烛，请关上电灯，还是烛光晚宴好！"

餐饮服务小百科

281 客人仍在用餐，而服务员又需为下次接待做准备时，怎么办？

（1）由于任务紧迫，客人还在用餐时，就要为下一次接待任务做准备时，可先准备好接待服务需用的餐具，在准备工作中，要注意动作要轻，不要影响到客人用餐，不要让客人产生误会，以为服务员在暗示客人用餐时间结束了；

（2）最好在客人用餐结束后再布置。

282 当发现走单，在公共场所找到客人时，怎么办？

（1）客人一般都是比较爱面子的，特别是身份较高的客人。因此，当发现走单，在公共场所找到客人时，首先要考虑到客人爱面子的心理，先把客人请到一边，然后小声地并注意运用语言艺术，如："对不起，××先生，因我们工作的疏忽，忘记给您打单，请您核对一下，现在结算好吗？"客人付钱后说："对不起，打扰您了，谢谢！"

（2）如果我们不这样做，而是在大庭广众下，特别是当客人和朋友在一起时，直接对客人说："先生您没有付钱。"就会使客人感到难堪而产生反感，甚至为了面子，对账单不承认，给收款工作带来困难，同时这也是有失礼貌的表现。

283 当餐厅收银台遇到罪犯（持枪或刀）抢劫时，怎么办？

（1）当事人要保持镇定，除非有把握，否则不要轻易采取任何危及本人或他人生命安全的行动；

（2）随机应变，尽量答应抢劫犯的要求，因为罪犯可能特别敏感，毫无人性，一切唐突的举动或不遵照吩咐办事，都会导致罪犯使用暴力；

（3）在不导致危险的情况下，仔细观察罪犯的人数、口音、外貌特征、逃跑方向以及汽车牌号等；

（4）想办法报警（可利用报警器电话、发紧急信号等）；

（5）犯罪现场的遗留物及罪犯触摸过的任何东西不要移动，保护好现场；

（6）向警方提供各种破案线索。

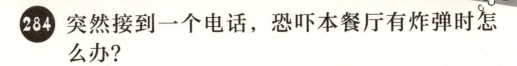

284 突然接到一个电话，恐吓本餐厅有炸弹时怎么办？

（1）不要慌张，也不能马上挂掉电话，要认真听完对方的讲话，问清对方的用意，然后简要记录，并告诉对方会马上向老板汇报，稳住暴徒的情绪，以防出现不测的后果；

（2）然后马上汇报主管，高层管理人员经讨论后尽快向负责人反映，请求是否报警或采取别的行动。

285 遇到个别客人故意刁难服务员时，怎么办？

（1）应态度和蔼，更加细致耐心地为客人服务；
（2）满足客人的合理要求；
（3）委婉地求助于同桌通情达理的其他客人的帮助；
（4）通知主管、领班采取必要措施，如调整服务员服务区域等；
（5）任何情况下服务员不得对客人表现出态度不好、口气生硬，更不能与之发生口角。

286 客人滋扰女服务员时，怎么办？

（1）服务员自己要严肃，让客人感到自己的正派，不是随便的女孩子；
（2）不能流露出对客人鄙视、冷眼的感觉；
（3）如客人仍继续这样，则要及时报告主管；
（4）领班（主管）则要采取措施，换一个男服务生去服务；
（5）在换男服务生服务时，要做得巧妙，尽量不让客人有感觉，让客人难堪。

◆ **面对客人的滋扰**

有一家餐厅，进来几个流里流气的客人。这些人在餐厅坐下后，女服务员上前礼貌地问他们点些什么菜，其中一位客人不怀好意地说要吃"生鸡"，并用不礼貌的语言骚扰服务员。女服务员去找主管处理此事。主管一本正经地向周围的客人说："诸位，这几位客人想吃'生鸡'，我

餐饮服务小百科

已经和厨房部联系好,以七折的价格卖给他们,一会儿就可端上来。"那几位不三不四的客人一听,默不作声,也不敢放肆了。

"小姐,你敢不敢让我吻一下?"一位客人对餐厅服务员小高说。"当然可以,吻手礼是西方一种很文明的礼节,表示人们对女士的尊重,您这样尊重我们女士,实在让人敬佩。"高小姐落落大方地伸出了手。客人被小姐的正派气度征服了,他很恭敬地吻了一下高小姐的手。

287 客人出现不礼貌的行为时,怎么办?

(1)客人出现不礼貌行为的情况不多,我们首先要分清不礼貌的行为是属于什么性质的;

(2)如果客人向服务区扔东西、讲粗话、吐唾沫等,我们必须忍耐,保持冷静和克制的态度,不能和客人发生冲突,并根据情况,主动先向客人赔礼道歉,只要我们谦虚诚恳,一般有理性的客人都会为自己不礼貌的行为而过意不去;

(3)如果是对女服务员态度轻浮,甚至动手动脚,女服务员态度要严肃,并迅速回避,男服务员应主动上前应付;

(4)如果情节严重或客人动手打人,则当事人应保持冷静和克制的态度,绝对不能和客人对打起来,应马上向上级领导汇报,由领导出面,解决处理。

288 在服务中,客人要求你为之买东西时,怎么办?

(1)在能做到时应答应下来,然后向领班、主管汇报,尽力达到客人满意;
(2)如不能办到,应婉转地向客人说明。

289 如有客人寻找正在包房就餐的客人时,怎么办?

(1)先问清来宾的姓氏和单位,然后请其稍候;
(2)到包房询问就餐客人是否接见,如见则引领客人进入包房;
(3)如不见,则婉转地告诉来宾(注意:要根据客人的意思说话,如"不在本

第五章 服务技巧

餐厅就餐"等，切不可自己随意杜撰）。

290 客人要求见经理或老总，怎么办？

（1）先问清客人姓氏、单位，请其稍候；

（2）立即向主管或经理汇报；

（3）若经理或老总不见时，应婉转地向客人解释，如说："经理（或老总）出去了，如有事是否可以转告？"

（4）如经理、老总要见时，应立即告诉客人，请其稍候。

291 客人自带酒水来餐厅用餐时，怎么办？

（1）向客人说明餐厅需按规定收取开瓶服务费；

（2）征得客人同意后，给客人摆好相应的酒杯；

（3）为客人提供配套服务，如威士忌一类的酒应送上冰块，加饭酒应给予加热。

◆ 自带酒水的开瓶费

一天，三位客人正在某餐厅用餐。这时，客人中的一位从随身带的手提包里取出了一瓶酒。服务员小李看到客人自己拿出了酒，就非常热情地说："如果各位喜欢饮用自带的酒，我马上为你们打开。"客人们互相看了看都点头表示同意。小李马上送酒杯，打开酒瓶，主动为客人们斟好酒。等到结账时，客人发现账单上有"开瓶费×××元"，当即表示拒付，因为服务员事先并未向他们说明开瓶要收费。

292 客人自带食品要求加工时，怎么办？

（1）不能一概加以拒绝，只要能够确认没有腐败变质，不属于致病的食物，应尽量满足客人的要求；

（2）向客人说明餐厅的规定，适当收取加工费；

（3）客人带来的生日蛋糕可协助切开。

293 下班时间已到，仍有客人就餐时，怎么办？

（1）服务员决不能有不礼貌的表情和语言；

（2）这时要更加注意对客人的服务，在整理餐具时要轻拿轻放，不可发出响声；

（3）服务员可走到不能按时散席的桌前，很有礼貌地说："您还要什么菜吗（或您是不是先上点饭）？因为一会儿厨师要下班了。"

（4）不可用关灯、吸尘、收拾餐具等形式来催促客人，应留下专人为客人服务。

294 客人询问餐厅业务范围以外的事时，怎么办？

（1）作为一名合格的服务员，除了有熟练的技能外，还应有丰富的文化知识及社会知识；

（2）如果客人询问业务范围以外的事情时，应尽量解答；

（3）遇到自己不清楚的事情或回答没有把握时，要想尽办法寻求答案，尽可能地满足客人的要求，应该尽量避免使用"可能"、"我想"或"不知道"等类词语。

295 工作时不小心损坏了客人的东西时，怎么办？

（1）收检桌面或搬动椅子时应该小心谨慎，特别对客人放的东西一般都不要动，有必要移动时也应先打招呼，轻拿轻放；

（2）如万一不小心损坏了客人的物品，应立即赔礼道歉；

（3）如实向上级反映，并主动向客人承认自己的过失："实在对不起，因不小心损坏了您的东西，使您蒙受损失，实在过意不去。"

（4）征求客人意见，客人要求赔偿时，应根据具体情况给予赔偿。

296 服务员如何正确对待客人投诉？

（1）要尽量避开在公共场合处理投诉，客气地引客人至合适位置处理；

（2）态度诚恳，心平气和地认真听取客人投诉的原因，无论是否正确，中途不要打断；

（3）表示虚心接受，向客人致谢或道歉；

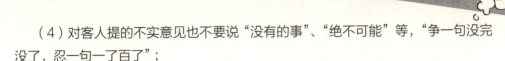

（4）对客人提的不实意见也不要说"没有的事"、"绝不可能"等，"争一句没完没了，忍一句一了百了"；

（5）对自己无法决定的事报告主管、领班以采取措施，平息客人的投诉；

（6）尽量缩小影响面。

◆ 让我怎么拦苍蝇

一位客人来餐厅就餐，在菜肴还没有上来以前，先把一杯冰啤酒几口喝光。上菜以后，客人招手叫来服务员，声称有只苍蝇在附近飞来飞去，扰乱了他的就餐情绪，表示不愿付账。那位服务员束手无策，只好说苍蝇在空中飞，我哪拦得住。

遇到本案例中所述的情况，确实很棘手，服务员可以向主管汇报，并从两方面着手解决：如果该客人在投诉时，确实没有就餐的情绪而未动过盘中的菜肴，在这种情况下应向客人道歉并请示主管同意客人不付这道菜的钱。如果该客人在投诉时，已将盘中的食物吃完或并未看出有任何迹象表明"扰乱了他就餐的情绪"。那么，可向他解释不能销账的理由，但可免费供应一杯饮料加以缓和客人的不满。这样处理，客人一般不会再有意见。决不能像案例中的服务员那样束手无策，只会说"苍蝇在空中飞，我也无法阻止它"。这样只会增加客人的不满情绪。

297 如何安排顾客同席同桌？

餐厅客满了，还有大量顾客等待，这个时候就出现了需要安排顾客同席的问题。在安排顾客同席时，应将层次相似的顾客组合在一起。对无理取闹的顾客应用坚决的态度，不行的话就请他出去。但是，注意使用语言时不要伤害了顾客的自尊心，不能感情用事。这是为了使大多数顾客满意，不得已才这样做的。

◆ 安排客人同席不当

在一家海鲜酒楼，一个中年男子一边喝酒一边吃菜，已有几分醉意。这时，店里又来了一位女客人，不巧因为其他座位都坐满了，所以

餐饮服务小百科

服务员只好让她与这个男子同坐一桌。女客人很尴尬，也很无奈地坐了下来。那男子见来了个女士，一下子兴奋起来："小姐，来，陪我一起喝酒！"并指着酒杯说。女客人连忙摆摆手："不，我不会喝酒，谢谢。"男子大声说："既然来了，就不要扫兴，来，喝一杯！"女客人惊得站了起来，见不远处有个空位，马上走过去坐了。"你到哪儿去？别走嘛！快跟我干了这一杯！"男子边说边拿着酒杯追了过来，并揪住这位女性客人的衣服不放。这时，餐厅服务员闻声走过来对男子说："先生，请到您的位子上去喝。"男子这才灰溜溜地走开了。这位女性客人一声不吭地吃了饭，站起来，离开饭店时留下了这样的话："这个餐厅真是不可思议，什么人都有，今天真是踏错门槛了！"

298 接待外国客人，语言不通怎么办？

接待中我们还可能遇到语言障碍，有时怎么也表达不明白。要了解一点，外国人很擅长画画，你英语不会可通过画来沟通。一些高星级饭店服务员随身都带着纸和笔，语言不通时就可派上用场了，所以平时服务员不妨也学点画画。

第六章
酒水常识

　　酒水服务是餐饮中最重要的内容之一。美酒佳酿不仅能使菜品增色，还有助于顾客间沟通感情、活跃气氛、增进友谊，创造美好的就餐氛围。对于餐厅而言，酒水成本低、利润高、操作方式简单，成为众多中餐经营者的营销重点，以此来提高餐厅的营业收入，增强企业的竞争力。因此，服务员应熟知酒水常识，以便更好地进行服务和促销。

餐饮服务小百科

299 什么是酒？酒对人体有哪些益处？

酒是一种用水果、谷物、花瓣、淀粉或其他含有足够糖分或淀粉的植物，经过蒸馏、陈酿等方法生产出来的含食用酒精、带有刺激性的饮料。《韦氏辞典》中关于酒的定义是：凡酒精含量在0.5%～75.5%之间的酒精饮料都可以称为酒。

酒对人体的益处有：

（1）酒中含有各种醇类物质，适量饮用可兴奋精神、舒筋活血、祛寒发热、消除疲劳。

（2）酒中含有一定量人体所需的糖分、蛋白质、盐类和丰富的维生素等物质，对人体有较好的滋补作用。

（3）酒中酸类及特有的苦味、辣味可促进食欲，帮助消化。

（4）酒是中药的重要辅助原料之一，可以配合治疗疾病。

（5）酒还是烹调中的一种好作料，用它可解腥去腻、增加菜肴美味。

（6）酒是宴会中的必备饮料之一，用它可助兴，大大增加宴会的热烈气氛。

300 为什么空腹喝酒易醉？

空腹喝酒，由于胃内没有食物，酒精进入胃肠便会很快被吸收，并随着血液循环输送到人体各部位；又由于酒精的刺激作用，毛细血管扩张，血液循环加快。如果饮酒过多，中枢神经受到抑制，就会产生酒后话多、精神亢奋，甚至失去控制。所以，空腹喝酒容易醉。

301 喝酒不醉的小窍门有哪些？

（1）不要空腹饮酒。

（2）不要和碳酸饮料如可乐、汽水等一起喝。

（3）在饮酒之后，尽量饮用热汤，尤其是用姜丝炖的鱼汤，特别具有解酒效果。

（4）喝酒速度宜慢不宜快。

（5）食饮结合。饮酒时，吃什么东西最不易醉？以吃猪肝最好。

（6）甜点加水果。饮酒后立即吃些甜点心和水果可以保持不醉状态。

第六章 酒水常识

302 我国常见的酒有哪几种？

我国是"美酒之乡"，酒的酿制在我国已有5000多年的历史了。传说夏禹时的仪狄和周朝的杜康是酿酒名师。主要酒的种类有：

（1）白酒。白酒是我国的国酒，根据制作原料、工艺的差异，产生不同香型，可分为酱香型（代表酒是贵州茅台酒）、清香型（山西汾酒和陕西的西凤酒为代表）、浓香型（以四川泸州特曲、五粮液、江苏洋河大曲为代表）和米香型（广西桂林三花酒和河南杜康酒为代表）。其中，茅台酒与法国的白兰地、英国的威士忌齐名，并列为世界三大名酒。

（2）黄酒。黄酒是我国最古老的酒类，集饮料、调味和药用于一身，用途之广在我国酒类中首屈一指。其名酒有浙江绍兴的加饭酒和福建龙岩的沉缸酒等。其中，绍兴的女儿红酒是黄酒中的珍品。

（3）啤酒。啤酒素称"液体面包"，富含营养物。啤酒是我国最年轻的酒种，从欧洲传入。1900年，俄国人在哈尔滨开办的哈尔滨啤酒厂是中国第一家啤酒厂。我国近几年啤酒生产发展迅速，已成为我国产量最大的酒类。我国著名啤酒有青岛啤酒等。

（4）葡萄酒。葡萄酒是以葡萄为原料制得的一种低度酒。将葡萄酒蒸馏得到的酒液放入橡木桶中陈放，成品即为白兰地。烟台的红葡萄酒和金奖白兰地，天津的白葡萄酒，北京的中国红葡萄酒，河北沙城的白葡萄酒等均是名酒。

（5）果酒。果酒是以各种含糖分高的水果为主要原料酿制成的一种酒，品种有葡萄酒、苹果酒、山楂酒等。

（6）配制酒。配制酒是以白酒、黄酒和葡萄酒为基酒，配以各种草药、糖料、香料、香精等原料（如人参、五加皮、五味子等）而制成的酒，具有健身、滋补、治病等作用。主要有黑龙江的雪蛤大补酒、吉林人参酒和广西蛤蚧酒等。

303 中国名酒茅台酒的特点是什么？

为大曲酱香型。其香气柔和幽雅，郁而不烈，酒液纯净透明，敞杯开饮，味感柔绵醇厚，饮后空杯留香不绝，为茅台酒的特殊风格。由酱香、窖底香、醇香三大特质融合而成，每种特质由许多特殊的化学成分组成。浓郁的茅台酒有46度、53度、55度的高度酒，也有38度的中度酒。产于贵州省仁怀市茅台镇，历史悠久，已有近三百年的历史。1915年在巴拿马国际博览会上，茅台酒被评为世界名酒第二，仅次于法国的白兰地，获得金质奖章，从此驰名中外。

304 中国名酒五粮液的特点是什么？

为大曲浓香型，以喷香为酒中举世无双的妙品。开瓶时喷香，浓郁扑鼻，饮用时满口溢香，宴席间四座皆香，饮后余香不绝，满室留芳。酒液清澈透明，虽为50多度的高度酒，但沾唇触香，并无强烈的刺激性，唯觉酒体柔和甘美，酒味醇厚落喉净爽，恰到好处，酒味全面，又在同类酒中有显著的风格；不上火，而不醉，隔壶留香，畅快而饮。五粮液的酒度为52度的高度酒，也有38度的中度酒。该酒主要以红高粱、糯米、大米、小麦为原料酿造而成，产于四川宜宾市五粮液酒厂。

305 中国名酒剑南春的特点是什么？

为大曲清香型。酒液无色透明，芳香浓郁，醇和回甜，清洌净爽，余香悠长，并有独特的曲酒香味。剑南春具有芳、洌、醇、甘的特点，一般有52度的高度酒和38度的中度酒。早在明末清初时，称其为绵竹大曲，后更名为剑南春，产于四川省剑南春酒厂。

306 中国名酒古井贡酒的特点是什么？

为大曲浓香型。酒液清澈透明如水晶，香纯似幽兰，倒入杯中黏稠挂杯，酒味醇和、浓郁、味香悠长，有经久不息的风格。在明清两代被选为敬献皇室的贡品，故此得名古井贡酒。在安徽省亳州有一古井泉，泉水清澈甜美，此泉千余年都是用于酿制古井贡酒之用。

307 中国名酒董酒的特点是什么？

为复合香型。酒液晶莹透亮，浓郁扑鼻，饮用时甘美、清爽、满口醇香，饮后回味香甜犹存。董酒的酿制工艺非常独特，它用小曲酒串蒸大曲酒，使董酒既具有大曲酒的浓香，又具有小曲酒的柔绵、醇和、回甜的特点，在我国的白酒香型中独成一型。

308 什么是洋酒？

洋酒即进口酒类的总称，包括各种不同酒精含量的酒水品种。

◆ 常用酒水英汉对照

人头马 REMY MARTIN

马爹利 MARTELL

芝华士12年 CHIVAS REGAL 12Y

黑方 BLACK LABEL

红方 RED LABEL

顺风 CUTTYCARK

波尔斯 BOL'S

威雀 FAMOUS GROUSE

捷克丹尼 JACK DANIEL

龙舌兰 TEQUILLA

波马 BOKMA

哥顿 GARDAN'S

将军 BEEFEATEAR

金铃 BELL'S

红牌 JOHONRE WALKER RED

老头 OLD DANIEL

欧雷 OLE

百家的 BACARDI

麦耶（黑）MYERS'S

皇冠 SMIRNAFF

绿牌 MOSROVSKAYA

德基拉安异 TEQUILLA ANEGO

马天尼 MATINI

加里安奴 GALLIANO

美雅士 MYERS'S RUM

君度 COINTREAU

餐饮服务小百科

轩尼诗 HENNESSY

威士忌 WHISKY

伏特加 VODKA

金酒 GIN

龙舌兰 TEQUILLA

朗姆酒 RUM

白兰地 BRANDY

309 什么是威士忌？

"威士忌"一词出自爱尔兰方言，意为"生命之水"。威士忌以粮食谷物为主要原料，用大麦芽作为糖化发酵剂，采用液态发酵法经蒸馏获得原酒后，再盛于橡木桶内储藏数年而成（普通品储藏期约3年，上等品储藏期在7年以上）。饮用时，一些人喜欢加苏打水，还可将其与柠檬水、汽水混合饮用，一般使用古典杯斟酒，斟1/3杯满。

310 什么是白兰地？

世界著名佳酿白兰地，原产于荷兰。由发酵的生果取出原汁酿制而成，蒸馏时酒精度不能超过85%，一般要达到成熟的白兰地，必须要在橡木桶里储存2年以上。白兰地酿制过程中，储藏期越长其品质越好，一般有五角星来表示老熟程度，每颗星代表5年。当今被誉为洋酒之王的法国"人头马路易十三"，在白兰地酒中最负盛名。白兰地的三大品牌公司为：人头马、轩尼诗、马爹利。

◆ 我们没有白兰地

在某饭店的酒吧里，来了一位外地客人，服务员小张忙过来进行服务，客人没看酒单，就对小张说，来一杯白兰地！小张一愣，想都没想就说："我们没有白兰地！"客人看了看吧台生气地说："你们吧台上有这么多的人头马、轩尼诗的白兰地酒，为何说没有？是不是欺负我是外地人，还是怕我喝不起？"小张恍然大悟，原来这么熟悉的人头马、轩尼诗是白兰地酒呀！忙向客人解释了一通。客人哑然失笑。

第六章 酒水常识

311 什么是伏特加？

又名俄得克，最早出现于俄国，其名称来源于俄语"伏达"，是俄罗斯具有代表性的烈性酒，是俄语"水"一词的延伸。它主要以马铃薯、玉米为原料，经过蒸馏再加8小时的过滤，使原酒的酒液与活性炭充分接触而成，酒液无色透明，口味纯正，酒精度多为34～40度。

312 什么是金酒？

又称松子酒，起源于荷兰，是国际著名蒸馏酒之一。它的名称是从荷兰语中演变而来，意为"桧属植物"，以麦芽和裸麦为原料，经过发酵后再蒸馏三次而成的谷物酒。现有荷兰麦芽式金酒和英美式干型金酒两种。

313 什么是朗姆酒？

它以甘蔗汁或制糖后的副产品中的废糖蜜为原料，经发酵蒸馏成食用酒精，然后放于橡木桶中陈酿，最后与香料兑制而成。其酒液透明，呈淡黄色，有独特的香味，入口有刺激感，酒精度为40度左右，分甜与不甜两种。

314 什么是特吉拉酒？

经过发酵的龙舌兰汁和无刺仙人掌压榨成汁，蒸馏而成。

315 什么是香槟酒？

是一种起泡的白葡萄酒，产自法国历史上的香槟省。据传17世纪末，由香槟省莱妙斯城山上教堂内的神父发明，并以地名取名香槟酒，以后逐渐遍销世界，成为世界著名佳酿。香槟酒含酒精12～13度，分极干、干、半甜和极甜四种。

316 什么是利口酒？

气味芬芳，有甜蜜的味道。一般有苦艾酒、波多酒、雪莉酒，通过调配后成为鸡尾酒。

317 什么是配制酒？

就是广义上的葡萄酒，是世界上消费量最高的酒类，主要有红、白葡萄酒和香槟酒等，一般酒度为11～18度之间。

318 什么是鸡尾酒？

鸡尾酒是以一种或几种烈酒（主要是蒸馏酒和酿造酒）作为基酒，与其他配料如汽水、果汁等混合，用一定的方法调制后经装饰而成的混合饮料。它是一种经过快速冰镇的酒。一杯好的鸡尾酒应色、香、味、形俱佳。鸡尾酒属于混合饮料，但不是所有的混合饮料都是鸡尾酒。

319 什么是啤酒？

啤酒是用麦芽为主要原料，添加酒花，经过发酵酿制而成的、起泡的、且含有二氧化碳的低酒精度饮料。也有用麦芽为主要原料，加部分其他谷物，比如大米或玉米作为辅料制成的低酒精浓度啤酒，或全部采用优质麦芽制成。

320 怎样鉴别啤酒质量？

（1）外观：目前市场上的啤酒，多数是黄啤酒。黄啤酒也称浅色啤酒，呈淡黄色，以色淡为佳，色深为次。酒体光洁醒目，清爽透明，晶莹，酒液无浑浊，无沉淀，无悬浮物，瓶盖压得牢固，不漏气。

（2）泡沫：质优啤酒的泡沫洁白、细腻、均匀，啤酒入杯，泡沫应占容量的1/3或1/2，俗称泡沫站立得高。泡沫持续的时间要求3～5分钟。当泡沫消失，杯壁上应挂有花边样泡沫和滞留物。开瓶泡沫突涌的啤酒不能视为质优啤酒。

（3）味觉：质优啤酒应该是香气纯正，酒花多，麦芽香突出，口味醇厚，新鲜，爽口，二氧化碳足，入口有清凉感，杀口，刺舌，不得有老化、氧化及其他异味和杂味。

321 哪些人不宜喝啤酒？

（1）患有肝炎疾病的人。

（2）患有消化道溃疡的人。

（3）患有泌尿系统结石的人。

（4）刚进行过激烈运动的人。

322 怎样看啤酒的商标？

（1）"度"与酒精含量。啤酒商标上的"度"，如10度、12度、14度、18度等是指麦芽汁中的含糖量。例如，"12'"的啤酒表示100克的啤酒麦芽汁中含有12克糖类。一般麦芽汁糖度高，啤酒中的酒精含量也高。目前市场上的淡色啤酒也称黄色啤酒，一般为10.5～14度，但绝大部分为12.9度以下，称为低度啤酒。啤酒的麦芽汁浓度越高其营养也越丰富。啤酒中酒精的含量在商标上一般是以质量百分比来表示的，如酒精度3.5%，即100克啤酒中含有酒精3.5克。

（2）啤酒的出厂日期。大部分啤酒商标上表示其出厂日期的形式是很直观的。无论是椭圆形还是长方形的商标，在商标外沿都有一圈数字，共分两部分：1～12表示月份；1～31表示日期。在相应的数字处打孔或裁口，以表示出厂日期。

阅读材料

◆ 啤酒多少度？

某饭店中餐厅。午餐开餐后，引座员把两位宾客引到一张小餐桌上就座。实习生小刘立刻上前招呼，送上茶和香巾，又接受客人点菜。客人点好菜后，又点了两瓶啤酒。其中女宾说她不能喝酒，她转身问小刘，这里的啤酒是多少度的。小刘没想到客人会提这样的问题，她只知道度数不高，但准确的酒度她不知道。小刘灵机一动回答说："我给您拿一瓶看看好吗？"客人说好的。小刘从吧台取来一瓶啤酒，边走边看商标，见上面标着11度的字样。来到客人跟前就告诉那位女宾："啤酒酒度11度。"女宾一听连连摇头："度数太高，我不要了，下午还有事。"男宾说："哪有那么高的度数？给我看看。"边说边接过啤酒，看了看对小刘说："这上面标的11度不是酒精度，而是麦芽汁的浓度。"又指着下面一行小字告诉小刘："这才是啤酒的酒度，是3.5度。"小刘站在一旁感到非常不自在。

323 怎么看外国酒的年份陈酿？

以白兰地酒为例。白兰地是葡萄蒸馏酒，制作过程为原料加工、发酵，并经两次蒸馏后再行勾兑、陈酿。其中陈酿工艺要求很严，必须用没有铁质钉子的橡木桶储存陈酿，其酒陈酿年份越长，酒品越为昂贵。在白兰地酒标上常标有不同的陈酿符号，"☆☆☆"表示3～5年，"V.O."表示10～12年，"V.S.P."表示12～20年，"V.S.O.P."表示25年以上，"X.O."表示40年。威士忌酒要储存8年以上，储存15～20年的为最优质成品酒，但超过20年质量会下降。

324 外国酒与食品如何搭配？

什么菜肴食品配饮什么酒水是外国酒的特点之一。如餐前饮开胃酒，进餐中饮用葡萄酒，餐后饮用甜酒、白兰地酒。人们在享用西餐时，在不同的用餐时间段，饮用不同的酒。以葡萄酒为例，在食用肉类、野味及家禽类食物时，由于这类食品脂肪多、肉味香，需配饮味浓的酒。在食用海鲜类、鱼类及甜品等食物时，需配饮清淡的酒。通常配餐饮用的酒水搭配方法是：食用海鲜、蔬菜、甜点时配饮白葡萄酒；食用烤鸡及肉类时配饮红葡萄酒；食用牛排时，配饮浓味红葡萄酒。玫瑰红葡萄酒不甜但较烈，可与任何食物搭配饮用。

325 什么是软饮料？

软饮料是指不含酒精或酒精含量在0.5%以下的饮品。饮料的主要功能是补充人体水分，还有口味满足功能。软饮料有很多种，常用于调酒的软饮料主要包括水、汽水、果汁、蔬菜汁、乳品饮料。咖啡、可可、茶是世界三大饮料。

326 饮茶的益处有哪些？

饮茶有兴奋、利尿、助消化、营养、解毒、杀菌等作用。

327 我国常见的茶有哪几种？

我国素有"世界茶叶之国"之称，是世界上最早种植和饮用茶的国家，已有

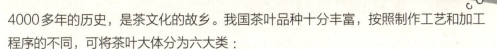

4000多年的历史,是茶文化的故乡。我国茶叶品种十分丰富,按照制作工艺和加工程序的不同,可将茶叶大体分为六大类:

(1)绿茶。绿茶是一种不经发酵制成的茶,因其汤色和叶底呈绿色,故名。主要有西湖龙井茶、太湖碧螺春茶、雅安蒙顶茶、庐山和天台山的云雾茶、太平猴魁茶、顾渚紫笋茶、信阳和都的毛尖茶、君山银针茶、六安瓜片茶等。

(2)红茶。红茶是一种经发酵制成的茶,因其汤色和叶底呈红色,故名。主要有安徽祁红、云南滇红、湖北宜红、四川川红等。

(3)乌龙茶。乌龙茶既有红茶的浓香,又有绿茶的清新,是一种半发酵茶。茶叶片中心为绿色,边缘为红色,俗称"绿叶红镶边",一般以茶树命名。主要有武夷岩茶、福建铁观音、台湾乌龙茶。

(4)花茶。花茶是一种经过花香熏制而成的茶,兼有茶香和花香。主要有扬州茉莉烘青、杭州茉莉烘青、苏州茉莉烘青等。

(5)白茶。白茶是一种既不经发酵又不经揉捻的茶,色白如银,茶汤颜色素雅、浅淡。主要有白毫银针、白牡丹茶等。

(6)紧压茶。紧压茶是将茶放入模具压制而成,一般呈砖状。主要有普洱茶和六堡茶。

328 不同国家或地区的人分别喜欢饮用什么茶?

日本人喜欢饭后饮绿茶,欧洲人喜欢饮红茶,东南亚人习惯饮用乌龙茶。我国北方人喜欢饮花茶;江南一带人习惯饮绿茶;广东、福建、云南、广西一带的人习惯饮红茶、乌龙茶;边疆地区的少数民族都喜欢饮用浓郁的紧压茶。

第七章
烹饪基础

　　餐厅服务员直接担负着为客人介绍食品、选配食品、提供食品的任务，因而要了解和掌握一些烹饪方面的知识。如我国的主要菜系以及菜系的渊源和主要特点；烹调的方法（炸、熘、爆、炒、煎、蒸、煮、烙、烧、烤、烩等）等。一个服务员如果不了解自己所售食品的具体情况，就无法热情地为顾客介绍其风味和特点情况，顾客得不到消费前的第一印象（即对食品的初步了解），心里没底，就不会花"冤"钱去买你出售的食品。

第七章 烹饪基础

329 世界三大烹饪王国是指哪三个国家？

"中国、法国、土耳其"是世界公认、技艺高超的三大烹饪王国。

330 服务员应了解哪些烹饪知识？

（1）了解各种动物、植物原材料的名称、特点。
（2）了解一般原材料的初步加工方法及刀工、切配等常识。
（3）了解一般的烹调方法。
（4）了解不同菜系的划分、区别以及特点等知识。

◆ "鱼香肉丝"为难厨师

服务员送进厨房一张菜单，写着"鱼香肉丝一份"，并加注了客人的特殊要求："不放辣"。客人的要求自然无可厚非，但这可难倒了厨师，从烹调角度来看，这道菜既然是"鱼香"味型，它的口味特点应该是"咸、甜、酸、辣"兼备，如果不加辣，又怎么称为"鱼香肉丝"呢？充其量只能称作"糖醋里脊丝"。假如这位服务员懂得"鱼香肉丝"的特点，将其介绍给客人，并向客人推荐"糖醋里脊丝"，相信客人一定会愉快地接受，并会对服务员的素质刮目相看。

331 烹饪的原料可分为哪几类？

烹饪原料种类繁多，按其来源和性质可分为三类：
（1）动物性原料。如畜禽肉类、内脏类、奶类、蛋类、水产品等。
（2）植物性原料。如粮谷类、豆类、薯类、硬果类、蔬菜水果等。
（3）加工性原料。以动物性、植物性天然原料为基础，通过加工制作的原料，如糖、油、酒、罐头、糕点等食品。

332 什么是菜系？

有明显地区特色的肴馔体系即为菜系，其独特的烹调方法和特殊的调味手段是构成菜系的主要内容。传统的中国菜肴因地区风味不同,有四大菜系、八大菜系和十大菜系之分。

333 中国传统的"四大菜系"、"八大菜系"、"十大菜系"是怎样划分的?

"四大菜系":山东菜系、淮扬菜系、四川菜系、广东菜系。"八大菜系":除了"四大菜系",再加上浙江菜系、福建菜系、安徽菜系、湖南菜系。"十大菜系":除了"八大菜系",再加上北京、上海两个菜系。

334 中国新的"八大菜系"是怎样划分的?

新"八大菜系"是甘肃的敦煌菜、吉林的吉菜、杭州的杭菜、沈阳的辽菜、西安的秦菜、上海的沪菜、宁波的宁波菜和山西的晋菜。

335 鲁菜的主要特点是什么?主要代表菜、面点小吃有哪些?

(1)主要特点:山东菜又称鲁菜,是中国烹饪的主要菜系之一。明清之际,鲁菜作为自成体系的菜肴,影响到整个黄河流域及其以北地区。鲁菜菜系主要由济南菜和胶东菜构成,孔府菜也自成体系。山东菜对宫廷菜、京菜的形成有重要影响。其主要特征有:取材广泛,山东地处黄河下游,胶东半岛的海产资源丰富,胶东菜多取用海产品。而在济南、济宁一带,选料则山珍海味、瓜果蔬菽尽入佳肴。调味极重纯正醇浓,很少有复合味型。鲜、咸、酸、甜、辣各味皆用,善于用葱香调味;善烹海鲜,精于制汤,是鲁菜菜肴能独树一帜的又一大特征。精于爆、扒、蒸,形成清、香、脆、嫩、鲜的风味。

(2)代表名菜:爆双脆、葱爆海参、糖醋鲤鱼、清蒸加吉鱼、九转大肠、锅塌豆腐、熘肝尖等。

(3)面点小吃:鲁菜面食品种极多。小麦、玉米、甘薯、黄豆、高粱、小米、粟子均可制成风格各异的面食品种。著名的有:福山抻面、周村酥烧饼、潍县杠子头火烧、济南扁食、蓬莱小面、济南糖酥煎饼等。

第七章 烹饪基础

336 川菜的主要特点是什么？主要代表菜、面点小吃有哪些？

（1）主要特点：川菜是中国烹饪的主要菜系之一，发源于古代巴国和蜀国。西汉、两晋时川味已初具轮廓，明清之际因辣椒传入而进一步形成稳定的味、型特色，并影响到西南云贵地区以及周边省、区。其主要特征有：取材广泛，味型多样，变化精妙，百菜百味，以麻辣、鱼香、怪味等擅长。烹饪技法众多，尤以小炒、小煎、干烧、干煸等擅长。

（2）代表名菜：宫保鸡丁、麻辣豆腐、鱼香肉丝、锅巴肉片、樟茶鸭子、怪味鸡块、干烧岩鱼、干煸牛肉丝等。

（3）面点小吃：特点是品种特别丰富，制法多样，味型众多，物美价廉。著名的有：赖汤圆、钟水饺、龙抄手、担担面、夫妻肺片、宜宾燃面、火鞭子牛肉、灯影牛肉等。

337 苏菜的主要特点是什么？主要代表菜、面点小吃有哪些？

（1）主要特点：江苏菜，即江苏地方菜系。春秋战国时吴地风味已露端倪，唐宋已成为"南食"中的重要组成部分，元代已初具规模，明清完全形成流派。主要由淮扬（扬州、淮安）、京宁（镇江、南京）、苏锡（苏州、无锡）、徐海（徐州、连云港）四部分组成。其主要特征有：选料严谨，讲究鲜活。讲究刀工，擅长刀技，技艺高超的厨师，仅以两把普通菜刀，或雕或刻，或镂或削，便可制作造型而成牡丹、玉兰、荷花、腊梅、茶花、月季、菊花等十余种花型。善用火候，讲究火功，擅用炖、煨、焖、蒸、烧等技法，例如沙锅中的菜肴在旺火上渐沸后，便移在炭火上慢慢地炖或焖。按菜肴的需要，有时沙锅上还蒙上一层皮纸，以防原味外溢。淮扬名菜清炖蟹粉狮子头等，就是这样烹饪而成的。原汁原味，一菜一味。清淡适口，醇和宜人。多地多风味，就调味后所呈现的江苏风味菜而言，扬州菜讲究淡雅，苏州菜口味略甜，无锡菜较甜。其同点是都重视调汤，浓而不腻，风味清新。

（2）代表名菜：三套鸭、清炖狮子头、大煮干丝、叫花鸡、香松银鱼、生炒蝴蝶片、水晶肴蹄、清蒸鲥鱼、炒软兜、霸王别姬、羊方藏鱼等。

（3）面点小吃：苏式面点荤素兼备，清淡而甜咸适中，造型多而美观。著名的

餐饮服务小百科

有：三丁包子、苏州糕团、蟹黄汤包、淮安茶馓、常熟莲子血糯饭、芙蓉藿香饺、文蛤饼、太湖船点、黄桥烧饼等。

◆ 淮扬名菜

淮扬菜迄今已有2000多年的历史，始于春秋，兴于隋唐，盛于明清。淮扬名菜以扬州、淮安为中心，肴馔以清淡见长。历史上，扬州是我国南北交通枢纽，东南经济文化中心，饮食市场繁荣发达。"扬州三把刀"之一的厨刀著称于世，扬州名厨遍及海内外。许多重要宴会都是淮扬菜唱主角。

2001年10月21日晚，参加上海APEC领导人非正式会议的日本首相设宴上海大厦。酒店为首相宴请设计的淮扬菜宴席菜单有八味冷围碟和十四道热炒。每道菜上桌时都由服务员通过翻译一一向日本首相介绍菜点中的典故和传说，引起了日本首相的浓厚兴趣。热炒中一道有着浓厚扬州地方特色的"瓜姜桂鱼片"，在金餐具的衬托下色如嫩玉。服务员小韦边派菜边向日本首相介绍，此菜早在中国唐朝就被喻为天上"龙肉"，口味爽滑，原汁原味。日本首相品尝之，很快用完。有名的清蒸"蟹粉狮子头"被端上桌时，首相身边的官员说，曾吃过红烧狮子头，清蒸的从没有品尝过，表现出了很大的兴趣。服务员小韦适时地向日本首相介绍说："蟹粉狮子头"在中国有着千年的历史，早在中国隋唐时期，就被封为不可或缺的国宴菜。其形如雄狮之首，其状如球，肉不散，蟹鲜肉香。早有宋代著名诗人杨万里诗云"却将一箸配两螯，世间真有扬州鹤"，比喻天上神仙都禁不住要乘鹤下扬州尝此美味，首相今晚就是神仙了。典故与传说，使日本首相深深感受到仅中国饮食就有如此的历史文化底蕴，食欲大增，每道菜基本都食尽盘清。

338 粤菜的主要特点是什么？主要代表菜、面点小吃有哪些？

（1）主要特点：广东菜又称粤菜，是中国烹饪的主要菜系之一。秦汉时，汉越融合，广东饮食始具岭南特色。南宋以后，广东风味始具雏形，有"南烹"、"南食"

之称。清中叶后，形成"帮口"，清末即有"食在广州"之说。广东菜由广州菜、潮州菜、东江菜三部分组成。广州菜是粤菜的主体，清而不淡，鲜而不俗，选料精博，品种多样。潮州菜汇闽、粤两地之长，自成一派。以烹制海鲜、素菜和甜食见长，口味清醇，汤菜最具特色。其主要特征有：取材广博奇杂而重"生猛"。粤菜的烹饪技法善于博采中外烹饪技法之长，善于变化，长于泡、炒、清蒸、煲，尤擅焗、煀、软炒等。口味清而醇。广东地处南方，气候较炎热，饮食习俗夏秋重清淡，冬春重醇浓。清与醇的特征在广州菜、潮州菜、东江菜中表现又有差异。广州菜口味重鲜、嫩、滑爽；潮州菜口味偏重香、浓、鲜、甜；东江菜则多用肉，主料突出，口味偏咸，以沙锅菜著称，注重味醇。

（2）代表名菜：油泡鲜虾仁、白云猪手、脆皮乳猪、东江盐焗鸡、爽口牛丸、太爷鸡、脆皮炸海蜇等。

（3）面点小吃：特点是花色品种丰富、制作精细、味型多样。著名的有：各式月饼、糕点、粥品、鸡仔饼、煎堆、粉果、肠粉、蟹黄灌汤饺、红豆沙、双皮奶等。

339 浙菜的主要特点是什么？主要代表菜、面点小吃有哪些？

（1）主要特点：浙江濒临东海，气候温和，物产丰富。烹饪历史悠久。浙菜以杭州、宁波、绍兴的地方风味为代表。杭州菜制作精细，清鲜爽脆；宁波菜讲究咸鲜合一，注重原味；绍兴菜讲究汤浓味重，富有乡村风味。

（2）代表名菜：西湖醋鱼、东坡肉、龙井虾仁、油焖清笋、冰糖甲鱼、清汤越鸡、干菜焖肉、糟熘白鱼等。

（3）面点小吃：宁波汤圆、吴山油酥饼、猫耳朵、五方斋粽子等。

340 闽菜的主要特点是什么？主要代表菜、面点小吃有哪些？

（1）主要特点：福建省东濒大海，西北负山，珍野水族，资源丰富。闽菜以善烹制山珍海鲜著称，以清鲜、醇和、荤香、不腻为其风味特色。口味为福州偏酸甜，闽南多香辣，闽西喜浓香醇厚。

（2）代表名菜：佛跳墙、炒西施舌、鸡丝燕窝、沙茶焖鸭块、白斩河田鸡、梅开二度、荔枝肉、橘汁加吉鱼等。

（3）面点小吃：蚝煎、鱼丸、蛎饼、锅边、油葱果、光饼、手抓面等。

341 湘菜的主要特点是什么？主要代表菜、面点小吃有哪些？

（1）主要特点：湘地富饶，素称"鱼米之乡"。湖南菜以湘江流域、洞庭湖区和湘西山区三种地方风味为主。湘江流域的菜以长沙、衡阳、湘潭为中心，并以长沙为代表，风味重香鲜、酸辣、软嫩。洞庭湖区的菜以常德、岳阳、益阳为中心，以烹制河鲜和禽类见长，讲究芡大油厚，咸辣香软。湘西山区的菜以吉首、怀化、大庸为中心，擅制山珍野味及腊肉腌肉，注重咸香酸辣口味，山乡风味浓郁。

（2）代表名菜：麻辣仔鸡、生熘鱼片、清蒸水鱼、腊味合蒸、火方银鱼、洞庭肥鱼肚、吉首酸肉、油辣冬笋尖、板栗烧菜心等。

（3）面点小吃：火宫殿油炸臭豆腐、姊妹团子、湘潭脑髓卷、衡阳排楼汤圆、洞庭糯米藕饺饵、虾饼、健米茶、大边炉等。

342 徽菜的主要特点是什么？主要代表菜、面点小吃有哪些？

（1）主要特点：徽菜由皖南、沿江和沿淮三种地方风味构成。皖南菜以徽州为代表，是徽菜的主体，菜重油、重酱色、重火工。沿江菜以芜湖、安庆地区为代表，善于以糖调味，烟熏技术独到。沿淮菜调味咸中带辣，惯用香菜佐味和配色。

（2）代表名菜：黄山炖鸽、火腿炖甲鱼、问政山笋、红烧划水、毛峰熏鲥鱼、符离集烧鸡、椿芽拌鸡丝等。

（3）面点小吃：寿县大救驾、庐江小红头、芜湖虾子面、蟹黄汤包、安庆江毛水饺、合肥鸡血糊、徽州毛豆腐、和县霸王酥等。

343 京菜的主要特点是什么？主要代表菜、面点小吃有哪些？

（1）主要特点：北京菜融合了汉、满、蒙、回等民族的烹饪技巧，吸取了全国

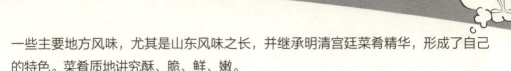

一些主要地方风味,尤其是山东风味之长,并继承明清宫廷菜肴精华,形成了自己的特色。菜肴质地讲究酥、脆、鲜、嫩。

(2)代表名菜:北京烤鸭是驰名中外的"国菜",名菜还有烤肉、涮羊肉、海红虾唇、蛤蟆鲍鱼、黄焖鱼翅、沙锅羊头、炸佛手等。

(3)面点小吃:小窝头、龙须面、豌豆黄、都一处三鲜烧卖、豆汁等。

344 沪菜的主要特点是什么?主要代表菜、面点小吃有哪些?

(1)主要特点:上海菜既有适应本地人需要的"本帮菜",又有适应海内外人士的中菜、西菜。上海的本帮菜具有汤卤醇厚、浓油赤酱、咸淡适口、保持原味等特色。中菜有京、广、川、苏、扬、锡、杭、闽、徽、潮、湘等风味,这些地方风味为适应上海的特点亦有所变化,被称为"海派"。

(2)代表名菜:清鱼甩水、白斩鸡、贵妃鸡、虾子大乌参、生煸草头、松仁鱼米、桂花肉、糟钵头、八宝鸡、枫泾丁蹄等。

(3)面点小吃:南翔馒头、鸽蛋圆子、沧浪亭四季糕、乔家栅粽子、猪油八宝饭、绿波廊船点、五方斋点心、老大房糕点等。

345 什么是清真菜?

《古兰经》要求伊斯兰教徒食用佳美、合法的食物。教规以自死、血液、猪肉等为不洁之物;未诵安拉之名而宰杀的动物为不法之物;禁饮酒。其可食的动物主要有牛、羊、驼、兔、鸡、鸭、鹅、有鳞鱼、虾等。

其原料:西北以牛、羊为主;华北则牛、羊、鱼、虾、禽、蛋、果、蔬俱有;西南则重家禽和菌类;

其烹法:以烤、涮、熘、炒、爆、炮等技法见长;

其调味:习用植物油、盐、醋、糖,偏重咸鲜;

其菜品:讲究酥烂脆嫩、浓淡肥爽各得其宜。擅长烹制牛、羊、禽类菜肴,北方清真菜中的羊馔尤为著名,其"全羊席"更是闻名遐迩;

其名菜有:炮糊、涮羊肉、烤羊肉串、焦熘肉片、凤尾虾、黄焖牛肉、葱爆羊肉、锅烧填鸭、煨牛筋、清汤鱼骨等。

346 什么是素菜？

素菜通常指以非动物性原料制成的菜点。中国素有"素食"的传统，但素食作为一种风味则与佛教有关。佛教戒律中有戒杀生、戒饮酒等戒条，并以持戒、素食为入道之首。南北朝时，梁武帝笃信佛教，为守杀生戒，连宗庙祭祀的牺牲都改用面制，并作《断酒肉文》力倡素食守戒。由此素食之风日盛。

素食习惯上有寺院素食和市肆素食之别。寺院素食又称释菜，分为供僧人食用和供香客食用两种类型。市肆素食则为专门经营素食的素菜馆所为。因传统和习惯的差异，人们对荤素的区别有所不同，有的以鸡蛋、牛奶、牛油、乳酪等为可用之物；有的则认为"五辛"（大蒜、小蒜、阿魏、慈葱、茖葱）、"五荤"（韭、薤、蒜、芸薹、胡荽）都应禁用。

素菜原料以时蔬、豆制品、山菌、果品为主。其调味则与各地的习惯相近。其滋味以清鲜爽口为特色。清人李渔曾说："论素食之美者，曰清、曰洁、曰芳馥、曰松脆而已。不知其至美所在，能居肉食之上者，只在一字之鲜。"素菜以善制豆食和仿荤菜见称。佛教名山宝刹素馔之有名者，如四川峨眉山、成都宝光寺、上海玉佛寺、扬州大明寺、浙江普陀山、厦门南普陀、泉州开元寺等。各地知名素菜馆，则有上海功德林、北京全素斋、广州菜根香、杭州道德林、南京绿柳居等。

素食名馔有鼎湖上素、罗汉斋、素鱼翅、素鸡、素烧鸭、素鱼圆、糖醋鱼、素蟹粉、素海参、文思豆腐、炒豆腐等。

347 什么是炒？

炒是将原料投入小油锅，在中旺火上急速翻拌、调味成菜的一种烹调方法。适用于炒的原料，一般都是经过加工处理的丝、片、丁、条、球等。炒是使用最广泛的一种烹调方法，可分为生炒、干炒、清炒、滑炒、抓炒、爆炒、煸炒等，如滑炒虾仁等。

348 什么是熘？

熘是用调制卤汁浇淋于用温油或热油炸熟的原料上，或将炸熟原料投入卤汁中搅拌的一种烹调方法，可分为脆熘、滑熘、醋熘、糟熘、软熘等，如醋熘鱼块等。

349 什么是炸?

炸是将原料投入旺火加热的大油锅中使之成熟的一种烹调方法,其要求是火力旺、用油多。部分菜肴要煎炸两次以上。炸可分为干炸、清炸、软炸、酥炸、香炸、包炸等,如干炸响铃。

350 什么是烹?

烹是将小型原料经炸或煎至金黄色后,再用调味料急速拌炒的一种烹调方法,是炸的转变烹调方法。烹可分为炸烹和清烹,如炸烹里脊丝等。

351 什么是爆?

爆是将原料放入旺火、中等油量的油锅中炸熟后加调味汁翻炒而成的一种烹调方法。爆可分为酱爆、油爆、葱爆、盐爆等,如油爆大虾等。

352 什么是烩?

烩是将多种小型原料在旺火上用鲜汤和调料制成半汤半菜的一种烹调方法。烩可分为红烩和白烩,以白烩居多,如五彩素烩等。

353 什么是氽?

氽是沸水下料,加调料,在汤将开时撇净浮沫,用旺火速成的一种烹调方法。一般是汤多菜少,但口味清鲜脆嫩,如氽鱼圆等。

354 什么是烧?

烧是将原料经炸、煎、水煮等加工成半成品,然后加适量汤水和调味品,用旺火烧开,用中小火烧透入味,再用旺火促使汤汁浓稠的一种烹调方法。烧可分为红烧、白烧、酱烧、干烧等,如红烧鱼等。

餐饮服务小百科

355 什么是煮？

煮是将原料放入多量的清水或鲜汤中，先用旺火煮沸，再用中小火烧熟的一种烹调方法。一般是汤菜各半，如煮干丝等。

356 什么是焖？

焖是将原料经炸、煎、炒或水煮后加入清汤和调料用旺火烧开，再加盖用微火长时间加热成熟的一种烹调方法。焖菜比烧菜汁多。焖可分为红焖、黄焖、葱焖等，如板栗焖鸡块等。

357 什么是炖？

炖是将原料在开水中烫去血污和腥味，加水或清汤及调料后用旺火烧开，再用小火长时间加热至酥烂的一种烹调方法，如清炖羊肉等。

358 什么是扒？

扒是将原料经蒸或煮成半成品后整齐地放入锅中，加汤和调料，用旺火烧开，中小火烧透入味，再用旺火勾芡的一种烹调方法。扒可分为红扒、白扒、奶油扒等，如扒鸡等。

359 什么是煎？

煎是先将锅底烧热，放少量底油后用小火慢慢加热，使扁形的原料两面呈金黄的一种烹调方法。煎可分为干煎、煎烧、煎焖等，如清煎鱼片等。

360 什么是蒸？

蒸是将经过调味的原料用蒸汽加热使之成熟或酥烂入味的一种烹调方法。这是一种使用较为普遍的烹调方法。蒸不仅用于烹制菜肴，而且还能用于原料的初步加工和菜肴的保温等，如清蒸鳜鱼等。

第七章 烹饪基础

361 什么是烤？

烤是将经过调料腌渍的生料或半成品利用明火或烤炉（箱）的辐射热使食品成熟的一种烹调方法。它可分明烤（用明火烤制）和暗烤（用烤炉或烤箱烤制），如烤鸭等。

362 什么是贴？

贴是与煎颇为相似的一种烹调方法。两者的区别是贴只需煎一面至焦黄色即可。但在烹调过程中，往往需要加酒和水后加盖略焖使原料成熟，如锅贴虾饼等。

363 什么是煨？

煨是将质地较老的原料，加入调味品和汤汁，用小火长时间加热使原料成熟的一种烹调方法。煨制菜肴的汤汁数量比烧、焖要多，加热时间也长些，如茄汁煨牛肉等。

364 什么是涮？

涮是用火锅把水烧沸，把主料切成薄片，放入水内涮熟后，蘸上调料食用的一种由进餐者自烹自食的特殊烹调方法。一般多由食用者根据自己的口味掌握涮的时间并使用适口的调料，如涮羊肉等。

365 中国菜肴配色的途径有哪些？

中国菜肴注重色彩效果，讲究颜色搭配，以达到"秀色可餐"的目的。菜肴配色大体有以下途径：本色、加色、配色、缀色、润色等。

366 什么是本色？

许多蔬菜，包括许多肉类，都具有一种使人愉悦的色彩。如小白菜，愈是幼小鲜嫩，愈是可爱。烹调时，就要设法保持其青翠碧绿的色彩。办法是炒小白菜时要

餐饮服务小百科

"抢火"，切忌盖锅盖。《山家清供》主张通过焯菜来保持蔬菜的脆嫩和颜色。又如小葱拌豆腐，一青二白，令人赏心悦目，如果加上酱油或醋，就会大煞风景。

367 什么是加色？

加色也叫上色，有的菜肴原料本色不佳，烹调时可以佐料或色素弥补，使菜肴具有好看的颜色。比如，做扣肉时，炸制肉皮前会往肉皮上涂抹一层酱油或糖色，使成菜表面红润光亮；又如做腐乳加上红糟，使它具有鲜红美丽的色彩。有些食物经过煎炸会改变颜色，如鱼肉、豆腐，油煎后呈金黄色。

色素可以分为天然色素和合成色素，天然色素主要从植物组织中提取，也包括来自动物和微生物的色素；合成色素是由人工化学合成的有机色素，主要以炼焦油中分离出来的苯胺染料为原料制成，过量食用会有致泻性、致突性（基因突变）以及致癌作用。合成色素与天然色素相比较，具有色泽鲜艳、着色力强、性质稳定和价格低廉等优点，但合成色素本身没有任何营养价值，并且在生产过程中会误入砷和铅，危害人体健康。有些色素是可以食用的，属于国家标准允许的食品添加剂范围。比如菜肴中常用的红色素，其中红曲、姜黄、辣椒红等属于天然色素，对人体没有危害，但国家标准也有规定的用量，不能随意添加。至于胭脂红、苋菜红等合成色素，国家标准不仅规定了它们的最大使用量，也规定了其使用范围，最大使用量为0.05克/千克，使用范围为浓缩果汁、糕点等，并不包括菜肴。

368 什么是配色？

一道菜由不同颜色的原料组合而成，彼此衬托，形成悦目的效果。如凉拌红、白萝卜丝，颜色有红有白；又如青椒和葱头切丝合炒，则绿白相配；再如五色炒饭，以菠菜末为绿色，蛋为黄色，番茄或火腿丁为红色，蛋白或鸡丝为白色，豆豉为黑色，青、黄、赤、白黑五色俱全。李渔在《闲情偶寄》中谈到他发明的"四美羹"，即用陆之蕈、水之莼、蟹之黄、鱼之肋四种配成。此羹不仅味道鲜美，从配色角度来看，紫、绿、黄、白相配，也极为悦目。菜肴的配色方法主要有异色与顺色两种：异色就是菜肴的主料和配料颜色不同但合理搭配布置，使整盘菜肴色彩调和，这种配色方法在一般菜肴烹饪中普遍采用。比如油爆虾，主料虾配以葱段、姜，使整盘菜炒好后红、黄、绿相映，色彩鲜艳悦目，突出了红色的主料——虾，使人一看就产生强烈的食欲。顺色就是菜肴的主、配料颜色相同或相近，使整个菜肴色调统一。

比如鸡油三白，用料是菜心、冬笋、鲜蘑菇，均为近白色，炒好后整盘菜清爽醒目，使人见了坦然舒适。菜肴的配色还要考虑一盘与整席的关系。一色固然单调，但色彩太杂反而会使人产生混杂之感。一般单盘菜看以两色、三色为好，两色以白绿、白黄、黑黄相间为宜，使人看了舒服。如果以大红大绿相配，就往往使人缺乏美的感受。三色一般以白绿红、白绿黄相间为宜，炒一盘豆芽，放一点葱与红椒丝，这与不放配料对食欲的诱发，给人美的感受就不一样了。整桌菜的颜色搭配，更应丰富，使人看了洁净而丰满。盘边和盘中央可点缀一点各色配料，桌子上可放几只小碟，小碟中放上色彩鲜、美味可口的调味酱菜，以点缀色彩。这样，使整盘和整桌的菜组成一幅雅致的图案，使人既尝了美味的佳肴，又得到了美的享受。

369 什么是缀色？

在主菜上配一些其他颜色的菜物，起到点缀主菜、锦上添花的作用。如熘白菜上撒点红红的火腿末，凉拌粉皮上加点绿绿的黄瓜丝，黄色的蛋汤上加一些绿色的葱花，都会使菜肴增添一种鲜美活泼的情调。菜肴的种类成千上万，其点缀方法也不尽相同，但总结归纳起来有以下几种基本方法：

（1）局部点缀法。即用食雕、花卉等，摆在菜肴的一边作点缀，以渲染气氛，美化菜肴。此法多用于装饰整原料（鸡、鸭等）烹饪的菜肴，也有的是为了使菜肴更加丰满，或者突出盛器进行局部的点缀。

（2）对称点缀法。即用点缀花卉、花边等在菜肴的两边作出对称的装饰，使之协调。

（3）半围式点缀法。即运用点缀物进行不对称点缀。点缀物约占盘的三分之一，主要是追求某种主题和意境。

（4）中心点缀法。此法采用立体雕塑，摆放在盘子的中心，以突出意趣或主题。中心点缀法的使用在冷菜和酥炸类菜肴中较为常见。

（5）全围点缀法。如"八宝葫芦鸭"，中间有一"葫芦鸭"，周围用12只小葫芦围之，大与小相称，立体感强。菜肴点缀应注意几个问题：第一，盛器与点缀物要协调。盛器的颜色、图案与点缀物之间要协调。对于一些异形盘，其点缀物要与之适应、相称。第二，点缀物要尽量利用可食性材料制作。不可食用的材料一般不用，特别是不可食用的新鲜花朵、树叶以及塑料制品，这些不宜用来作点缀物。第三，点缀物的卫生问题。不要使用色素加工点缀物，其制作时间不要过长，以免污染菜肴而引起食物中毒。

370 什么是润色？

就是以浸润手法，使菜肴色彩变得更为明亮或强烈。如广东名菜片皮乳猪、脆皮鸡，在制作过程中，都要在猪皮和鸡皮表面刷上或淋上糖浆，晾干后再烤或炸，使其色泽鲜红，赏心悦目。

371 上螃蟹时，为什么要配姜醋汁作佐料？

因为螃蟹寒性大，气味腥，配些姜醋汁食用，可以杀菌、祛寒、解腥、提鲜，吃起来更上口。

372 上拔丝菜时，为什么要配上凉开水？

因为拔丝菜的外皮都挂有一层糖浆，上席时是极烫的，若直接夹食，会烫伤口腔。为了让客人吃起来方便，把夹起来的拔丝甜菜放入事先备好的凉开水碗中浸涮一下，使糖稍加凝固后再吃，这样糖皮脆而不粘牙，既能品尝其味，又不至烫伤口腔。

373 涮羊肉一般需要配上哪些配料和调料？

配料一般需要酸菜、白菜、菠菜、粉丝等。调料需要腐乳、辣椒油、芝麻酱、葱末、酱油、虾油、韭菜花、绍酒、香菜末、雪里蕻、香油、味精等。

374 上烤鸭时，为什么要配大葱、甜面酱等佐料？

烤鸭油腻较重，口味清淡，有的还带有毛腥气或鸭腥气，配上大葱、甜面酱等佐料，可以起到去腥解腻、调味的作用，若再配上荷叶饼、家常饼、千层饼一类的面食，更会锦上添花，增进食欲。

375 为什么宴席点心要先上咸点后上甜点？

宴席点心有咸有甜，形式别致、量小质优。一般都是先上咸点。因为咸点可以同菜肴间着上，调节客人的食欲和口味，如果把甜点和酒、菜一起上席，客人吃了甜点再吃带咸味的菜肴就有乏味的感觉。此外，安排甜菜、甜点最后上席还有其他意义，它无声地告诉客人，菜已上齐，宴会即将结束。

376 为什么冷盘都作第一道菜上席？

把冷盘作为第一道菜上席的原因：一是可以加强宴会和筵席的气氛。冷盘的格式多种多样、造型优美、形态逼真，不但好吃，而且好看。不少宾客常把食冷盘作为一种艺术享受，有的宾客还争相拍照留念，赞美厨师的精湛刀工和优美的形象艺术。二是大多数冷盘的形象都有特定的含意，如"孔雀开屏"就有热烈欢迎宾客的意思。三是宴会或筵席开始，宾主相互祝酒致词，拼盘这道菜最宜下酒，摆放时间稍长一些也不会影响质量。

第八章
饮食掌故

　　有时，一盘菜肴可以是一个典故、一篇小说、一段历史甚至是一则优美的神话传说。这些美食是无言的小说，是无声的戏剧，向人们述说着故事，展示着历史，从而激起人们无数的联想。事实上，一道菜品背后耐人寻味的故事似乎更能激发起品尝者味蕾的潜意识。能让食客眉飞色舞的菜肴，大都来自典故，"今典"或"古典"，其中掺杂了人文因素、历史记忆、文学想象、人生况味、审美眼光等。这样的食物，才值得人再三咀嚼与赞叹。因此，餐厅服务员在介绍具体菜肴时，不能仅仅限于食材、烹饪方法，还应插入典故、诗句，夹叙夹议。

377 什么是饮食掌故？

所谓饮食掌故，就是指历史上有关饮食方面的典籍记载及民间传说故事。服务员在报完菜名之后，简要地为客人介绍一下菜肴的掌故，既可以活跃气氛，又可使客人学到我国古老的传统饮食文化知识。

◆ 宋嫂鱼羹与叫花鸡

一天，杭州某酒店餐厅来了一家到杭州度假的台湾同胞，服务员小方负责接待。小方端茶送巾，递上菜谱，接受客人的点菜。其中一位客人指着菜谱问："'宋嫂鱼羹'是怎样的一道菜？"小方凭着自己掌握的《杭州菜谱》知识，向客人娓娓道来："忆江南，最忆是杭州。杭州不仅以西湖风光闻名天下，而且杭州美食也算可圈可点。其中，'宋嫂鱼羹'就是杭州一道传统名菜。主要原料是鲈鱼丝、竹笋丝、香菇丝、火腿丝等。以鲜嫩滑润，味似蟹肉著称。相传，宋高宗赵构一天闲游西湖，品尝了一位名叫宋五嫂的妇人制作的鱼羹，大加赞赏。自此，其成了驰誉京城临安的名肴。一些随从文人品尝后，也纷纷写诗，赞曰'桃花春水鳜鱼肥，宋嫂巧烹赛蟹羹'……"结果，客人们个个听得入迷，连连叫道："我们就要尝尝这'宋嫂鱼羹'！"用餐后，他们还在酒店预订了一桌有"宋嫂鱼羹"的酒席。

杭州某酒店餐厅，10位北方客人点酒点菜后，便饮着茶等候上菜。服务员很快就把菜肴端上了桌，并报了菜名。"小姐，这道菜为什么叫'叫花鸡'，请你讲一讲它的来历。"一位客人突然发问。"先生，据我所知，这道菜是根据一个传说而得名的。古时候，一些乞丐为了抢救一位饿晕的同伴，讨来一只小母鸡用烂泥包起来在火中烧烤，烤好后，鸡的味道特别香，以后当地人便喜欢用泥裹鸡煨制的方法做菜，并特意在它前面加上'叫花'二字。当然，大家现在吃的'叫花鸡'，并不是用泥直接裹起来烧的，而是用西湖的荷叶、绍兴名酒等多种调料和辅料做的，原料则是用良种的嫩母鸡。"小姐微笑着向客人讲述了这道菜的来龙去脉。听了小姐的介绍，大家非常高兴，戏称自己是"叫花子"，并纷纷品尝"叫花鸡"的美味。

餐饮服务小百科

378 鱼香肉丝是怎样产生的？

相传在很久以前，四川有一户生意人家，他们家里的人很喜欢吃鱼，对调味也很讲究，所以他们在烧鱼的时候都要放一些葱、姜、蒜、酒、醋、酱油等可以去腥增味的调料。有一天晚上，这户人家的女主人在炒另一道菜的时候，为了不使配料浪费，把上次烧鱼时用剩的配料都放在这款菜中炒和，结果其味无穷，取名为鱼香炒，而得此名。

379 宫保鸡丁是怎样产生的？

清朝咸丰年间进士丁宝桢，是贵州平远（今织金）人，讲究烹调，任山东巡抚时，曾雇用名厨数十人为家厨，请客时常有"炒鸡丁"一菜。后其调任四川总督，便将此菜引进四川，与四川嗜辣的习俗相结合，并加以改进，以此宴客，备受欢迎。后烹制方法泄露出去，为餐馆采纳经营。丁宝桢曾被清朝封为太子少保（尊称宫保），此菜便被人命名为"宫保鸡丁"。

380 麻婆豆腐是怎样产生的？

清代同治初年，成都北郊护城河上万福桥头，有一卖小吃的无名小店，因小店饭热菜香，经济实惠，故招来不少顾客。店主陈氏，人称陈大嫂，又因她脸上有几颗麻子，人送外号"陈麻婆"。她烹制的豆腐又麻、又辣、又香，独具风味，生意越做越兴隆。顾客为了区别于其他的烧豆腐，遂称其为"麻婆豆腐"。

381 夫妻肺片是怎样产生的？

相传20世纪30年代，成都少城附近，有一男子名郭朝华，与其妻一道以制售凉拌牛肺片为生。他们亲自操作，并走街串巷，提篮叫卖。由于他们经营的凉拌肺片制作精细，风味独特，深受人们喜爱，人称"夫妻肺片"。后建店经营，在用料上更为讲究，以牛肉、心、舌、肚、牛头皮等取代当初单一的肺，质量日益提高。此菜虽属小吃，但由于烹饪精细、慢工细活、料精、味美，早已列入名菜之列。

第八章 饮食掌故

382 回锅肉是怎样产生的?

传说这道菜是从前四川人初一、十五打牙祭（改善生活）的当家菜。当时做法多是先白煮，再爆炒。清末成都有位姓凌的翰林，因宦途失意退隐家居，潜心研究烹饪。他将原煮后炒的回锅肉改为先将猪肉去腥码味，以隔水容器密封的方法蒸熟后再煎炒成菜。因为久蒸至熟，减少了可溶性蛋白质的损失，保持了肉质的浓郁鲜香，原味不失，色泽红亮。自此，回锅肉便流传开来。

383 水煮牛肉是怎样产生的?

相传北宋时期，在四川盐都自贡一带，井盐采卤是以牛作为牵车动力，所以经常有役牛淘汰。于是，盐工们将牛宰杀、取肉切片，放在盐水中加花椒、辣椒煮食，其肉嫩味鲜，因此得以广泛流传，成为民间一道传统名菜。后来，菜馆厨师又对用料和制法进行改进，成为了流传各地的名菜。此菜中的牛肉片不是用油炒的，而是在辣汤中烫熟的，故名"水煮牛肉"。

384 东坡肉是怎样产生的?

宋元祐年间（约公元1090年），大文学家苏东坡出任杭州地方官，那时西湖已被葑草湮没了大半。于是他发动数万民工疏浚西湖，把挖出来的泥筑成长堤，即"苏堤"。苏东坡治理西湖的业绩，深受老百姓赞颂。苏东坡喜爱烹调，以红烧肉最为拿手，他曾以诗介绍其经验"慢着火，少着水，火候足时它自美"。百姓们知道苏东坡喜食肉，那一年的春节，大家不约而同给他送来猪肉、绍酒。苏东坡收到这么多的肉和酒，觉得应该与数万疏浚西湖的民工共享，便吩咐家人烧好肉，连酒一起回赠民工。家人误以为连酒一起烧，结果烧出的肉特别香醇味美。从此，人们纷纷仿效这种独特的烹调方法，"东坡肉"由此成为杭州的传统名菜。

◆ 苏东坡与惠州名菜

苏东坡的一生，除了留给后人诗词外，他在烹调艺术上也颇有建树。晚年，苏东坡被贬广东惠州，蛮荒的岭南没有让他失去对生活的热爱。他就地取材，用东坡肉加上当地特产梅干菜，又创新出

餐饮服务小百科

"梅菜扣肉"。在惠州的日子里，苏东坡有时也难免情绪低落，好在有爱妾王朝云相伴。王朝云也是烹调高手，为了缓解苏东坡的愁绪，她不断变换花样烧菜，可是效果甚微。一天，王朝云看到几只刚学会打鸣的小公鸡在院子里昂首挺胸地散步，突发灵感，杀了一只，用香料药材和鸡一起炖煮，之后捞出，趁热用糖汁涂满鸡身，晾干后改刀装盘。这道菜让苏东坡耳目一新。苏东坡问她给这道菜起什么名字？王朝云借机说了一番励志的话，大意是刚学会打鸣的小公鸡代表着朝气，是暂时的黑暗吓不倒的……苏东坡听出了弦外之音，思索了一会儿，将此鸡命名为"宏志鸡"，后来菜名在流传中慢慢成了"红子鸡"。

385 鱼头豆腐是怎样产生的？

相传，乾隆下江南微服出访到吴山，在半山腰逢大雨，淋成落汤鸡。他饥饿交加，便走进一户人家找些食品充饥。户主王润兴是一个经营小吃的小贩，见来人如此模样，顿生同情心，可是家贫，便把没卖出去的一个鱼头和一块豆腐加一些调料放进一个破沙锅中炖好给乾隆吃。吃完后，乾隆觉得这菜比宫中的山珍海味还好吃。后来，乾隆再次来到吴山，他没忘记这位王润兴，又走进这间破屋子，对他说："你手艺这么好，怎不开一个饭铺？"王润兴说："我哪有钱开店啊？"乾隆于是赏赐他500两银子，还提笔写下"皇饭儿"三个大字，落笔"乾隆"二字。王润兴这才知道他遇上了当今皇帝，惊得长跪不起。从此，王润兴便把乾隆御笔"皇饭儿"挂在中堂，专营鱼头炖豆腐。

386 大煮干丝是怎样产生的？

清代，乾隆皇帝来到扬州，扬州的地方官员聘请名厨为乾隆烹制佳肴。其中，有一个"九丝汤"，味道鲜美，颇受好评。所谓"九丝"，是以豆腐干丝为主，另加火腿丝、笋丝、银鱼丝、木耳丝、口蘑丝、紫菜丝、蛋皮丝、鸡丝、海参丝、燕窝丝等。由于豆腐干切得整齐均匀，长短一致，粗细不超过火柴杆，颇显刀工的精细，后来改称"煮干丝"。再后来，又改称"大煮干丝"，沿用至今，是一道经典淮扬菜。

387 九转大肠是怎样产生的？

此菜是清朝光绪初年，由济南"九华楼"首创，此楼烧制的大肠下料狠，用料全，先煮熟焯过，后炸，再烧，出勺入锅反复多次，直到烧煨至熟。有一次"九华楼"店主杜某请客，席间有一道"烧大肠"，品味后客人们纷纷称道，有说甜，有说酸，有说辣，有说咸，座中有一文人提议，为答谢主人之盛意，赠名为"九转大肠"，赞美厨师技艺高超和制作此菜用料齐全、工序复杂以及口味多变的特点。

388 白云猪手是怎样产生的？

相传古时，广州白云山上有一座寺院。一天，主持该院的老和尚下山化缘去了，寺中的一个小和尚乘机弄来一只猪手，想尝尝它的滋味。在山门外，他找到了一个瓦坛子，便就地垒灶烧煮，猪手刚熟不久，老和尚化缘归来。小和尚怕被看见，触犯佛戒，就慌忙将猪手丢在山下的溪水中。第二天，有个樵夫上山打柴，路过山溪，发现了这只猪手，就将其捡回家中，用糖、盐、醋等调味后食用，其皮脆肉爽、酸甜适口。不久，炮制猪手之法便在当地流传开来。因它起源于白云山麓，所以后人称它为"白云猪手"。

389 白煮肉是怎样产生的？

北京"砂锅居"饭庄制作此菜最为著名。传说，清乾隆六年（1741年），砂锅居初建时，用一口直径133厘米的大砂锅煮肉，每天只进一口猪，以出售白肉为主，由于生意兴隆，午前便卖完，摘掉幌子，午后歇业，于是在民间逐渐流传开一句歇后语："砂锅的幌子——过午不候"。

390 曹操鸡是怎样产生的？

"曹操鸡"顾名思义当然是与曹操有直接的关系。三国时期，曹操在统一北方后，曾亲率大军，驻守合肥时在逍遥津操练兵马。曹操因军务繁忙而劳累过度，加之原本就积下的头痛病发作，卧床不起。军中医生为了辅助治疗，便吩咐军厨在给曹操做鸡菜时，于鸡内加中药烹制药膳鸡。曹操食后感觉很美味，并经常要吃这种药膳鸡。于是此道菜很快在合肥地区流传，并被冠以"曹操鸡"之美名。

391 佛跳墙是怎样产生的？

据传，此菜起源于清朝末年，福州一官员在家中宴请福建布政使周莲。为表示对客人的尊重，官员夫人亲自下厨，她用绍兴酒坛装鸡、鸭、羊肉、猪肚、鸽蛋及海产品等10多种原、辅料，煨制成一道菜，取名福寿全。周莲尝后，赞不绝口。后来，御厨郑春发学成烹制此菜方法后，在用料上加以改革，多用海鲜，少用肉类，效果尤胜前者。一天，一批文人墨客来到郑春发开设的"聚春园"菜馆品尝此菜，当"福寿全"上席，坛盖揭开，满堂荤香。其中一位秀才不由得诗兴大发，吟道："坛启荤香飘四邻，佛闻弃禅跳墙来"。从此，此菜改名为"佛跳墙"。

◆ 佛跳墙是什么菜？

"'佛跳墙'是什么菜？怎么那么贵？"客人指着菜谱问道。"好的东西都放在瓦罐里煲，很鲜的。"服务员总算比较含糊地回答了问题。"那'海鲜佛跳墙'与'迷你佛跳墙'有什么区别？"客人要有所选择。服务员嗳嚅了。客人不悦地对服务员说："算了，算了，你讲不清楚，我们也怕白花冤枉钱，那就点别的菜吧。"……本案例中，餐厅服务员因为不熟悉菜肴知识，失去了一次推销高价菜的机会。餐厅服务员必须广泛学习各种菜点知识，才能准确应对客人提出的问题，增加客人食趣，达到客人满意。

392 三杯鸡是怎样产生的？

三杯鸡流传数百年，在赣中、赣南等地广为传播，而真正的发源地是万载县。据传，万载县城康乐城郊，有姐弟二人相依为命。有一年大旱引发饥荒，弟弟提出，与其在家坐以待毙，不如外出谋生。他离家那天，姐姐把家中仅剩的一只三黄鸡杀了烧好，为之送行。穷家也找不出什么调料，就把橱里仅剩的食油、酱油、酒，同鸡块一起放在砂锅里烧焖。一个时辰过去了，不想满屋浓香扑鼻，吃来鲜美无比。后来，弟弟流落到宁都县城，在一家饮食店帮工，东家见他做事勤勉，为人诚实，就招为女婿。过了一些年，弟弟回万载把姐姐接来一起住。他念念不忘当年离家时姐姐做的那道菜，要求姐姐重做一遍。后来，这道菜经过加工整理，成了店家招待

第八章 饮食掌故

顾客的当家菜，令过往客人赞不绝口。

393 金华火腿是怎样产生的？

北宋名将宗泽，浙江义乌人，常年在京任职，很少回家。有一年，他由京城返乡探亲。回朝的时候，家人用盐与硝，腌了一只猪腿肉，让他带回任所食用。因为怕闷放在袋子里会坏，所以就把它挂在马车上，一路风吹日晒地回到京城。取下来时，那猪腿肉变得又干又硬，而且外皮还长了一层霉。可是想到这是家乡带来的东西，便舍不得丢掉，于是吩咐下人用力将外层削掉。没想到，切开后竟然发现那腿肉鲜红似火，蒸熟了的味道竟是香甜无比，大别于新鲜猪肉的风味，于是便称之为"火腿"。他将这块肉分送同僚食用后，获得大家一致的赞赏。于是将之传扬开来，所以他的乡亲纷纷制作，并且拿到邻县的金华去卖。由于风味特殊，深受江南人士的喜爱，于是"金华火腿"从此声名大噪，名扬全国。

394 过桥米线是怎样产生的？

云南蒙自县的南湖之中有一个小岛，岛上绿树成荫、环境幽静。相传，清光绪年间，有一位名叫张浩的秀才为了赶考，整天在岛上八角亭内苦读诗书，他的妻子每天从家里送饭给他。秀才求知心切，常常废寝忘食。一天，妻子念他读书辛苦，把家里的肥壮母鸡杀了，在土罐中炖，放上米线，送去给丈夫滋补身体。当时秀才正在废寝忘食地读书，她在旁等候过久，便睡着了。半个时辰后醒来，一看饭菜未动，有点生气，要把米线拿回去重新热。但是，当她拿土罐的时候，竟发现土罐还是烫乎乎的。她喜出望外地揭开一看，原来是鸡汤表面盖着一层黄色的鸡油，起着保温的作用。秀才吃了这种美味可口的米线，十分满意。此事传了出去，成为佳话，大家都学着去做。因为秀才妻子到岛上送饭要通过一座桥，便将这种米线取名为"过桥米线"。经过历代滇味厨师不断改进创新，"过桥米线"声誉日著，享誉海内外，成为滇南的一道著名小吃。

◆ **过桥米线的吃法**

服务员有必要让第一次吃过桥米线的客人知道正确的吃法，这不但关系到品尝美味，更关系到食客的"人身安全"。过桥米线会同时上桌

171

滚汤、荤料盘、素料盘和风味咸菜碟。万不可上来就先尝汤，因为表面上看起来的一碗不冒热气的滚汤温度达到170℃。吃惯了过桥米线的云南人会不慌不忙地先端起荤料盘，按先生后熟的顺序把各种肉片一一入汤，并用筷子将肉片在汤内轻轻涮几下，顿时鲜活的肉片变成白色；之后放入鹌鹑蛋，接着放素料盘中的各种配料，先菊花后其他，可根据自己口味选择或放弃某些品种。这时，大海碗内已呈现出五色交映的动人景象，令人胃口大开、垂涎欲滴。下面就该"过桥"了——把米线碗凑近汤碗，用筷子夹起米线向上提起放入汤内，米线在两碗之间搭起一座不断线的"桥"，如果一下把一碗米线囫囵倒进，不是不可以，只是辜负了"过桥"的意境。最后选几种自己中意的风味咸菜碟（多为酸辣口味），在云南农家，这些小料全部都是摆在一边，客人随意选几种，而在城市的餐厅一般就只提供两种左右了。正所谓，小料不在多，意在提味。

395 涮羊肉名肴是怎样产生的？

相传，当年忽必烈统率大军南下。一日，人困马乏饥肠辘辘，猛想起家乡的菜肴——清炖羊肉，立即吩咐部下杀羊烧火。正当伙夫宰羊割肉时，发现有敌情。厨师知道他正想吃羊肉，于是急中生智，飞刀切下十多片薄肉，放在沸水里搅拌几下，待肉色一变，马上捞入碗中，撒下细盐。忽必烈连吃几碗，翻身上马迎敌，获得胜利。在筹办庆功酒宴时，忽必烈特别点了那道羊肉片。厨师选了绵羊嫩肉，切成薄片，再配上各种作料，将帅们吃后赞不绝口。厨师忙迎上前说："此菜尚无名称，请赐名。"忽必烈笑答："我看就叫'涮羊肉'吧！"

396 北京烤鸭名肴是怎样产生的？

"北京烤鸭"源于北宋，是北京风味中的一道名肴。相传，初时的"汴京烤鸭"就是北京烤鸭的原型。据《元史》等书载，元破临安后，元将伯颜曾将临安城里的百工技艺迁徙至大都（北京），烤鸭技术就这样传到北京，烤鸭遂成为元宫御膳奇珍之一。据《元一统志》载，元宫所用之鸭大多来自北京潮白河畔的宝坻贡品鸭（即白河蒲鸭）。

第八章 饮食掌故

397 德州扒鸡是怎样产生的?

德州扒鸡是由烧鸡演变而来,其创始人为韩世功老先生。据《德州市志》《德州文史》记载:韩记为德州五香脱骨扒鸡首创之家,产于公元1616年(明万历43年),世代相传至今。清乾隆帝下江南,曾在德州逗留,点名要韩家做鸡品尝,后龙颜大悦,赞曰"食中一奇",此后便为朝廷贡品。1911年(宣统3年),韩世功老先生总结韩家世代做鸡之经验,制作出具有独特风味的"五香脱骨扒鸡",社会上习惯把韩世功先生称为第一代扒鸡制作大师。

398 圆梦烧饼是怎样产生的?

据说老佛爷慈禧太后一天晚上做了个梦,梦中她吃了一种夹着肉末的烧饼,非常地好吃,醒来后没有对任何人说起,很巧的是当天用膳的时候竟也吃到了这种烧饼,慈禧非常高兴,就问是谁做的。太监打听后禀告说是一个叫赵永寿的御厨做的,慈禧太后一听,更加地高兴了,因为"永寿"代表着永远健康长寿,就下令赏赐这个御厨二十两银子和一个官职。因为这道菜圆了慈禧太后的梦,所以后来流传下来就叫做"圆梦烧饼",它象征着梦想成真,并有祝愿吃到它的人健康长寿、升官发财的寓意。

阅读材料

◆ **圆梦烧饼**

一次,几位客人到北京的某大酒店用餐,餐中上有一款点心名肉末烧饼。这款肉末烧饼有个典故,服务员向客人介绍说:"慈禧太后很喜欢吃点心,一次她在梦里梦见吃肉末烧饼。清晨醒来,进早餐时,看到早点中果然有肉末烧饼,真给她圆了梦。后来人们把吃这种烧饼视为吉利,也有人将这种烧饼称作'圆梦烧饼'的。"服务员介绍完后,客人中的小谭说了一句:"小姐,我吃完这个烧饼,晚上做梦梦见您怎么办?"因这句话来得突然,加之这位小姐刚入行不久,她不知道该怎样答为好,结果借故走出厅房外一避。但同样的事情,在另一家饭庄就有了不同的"演绎"。还是这几位客人在用餐时,又点了肉末烧饼,点菜师高娜小姐也向客人讲慈禧的故事。她讲完后小谭同样说:"小姐,我吃完这个烧饼后,晚上做梦梦见您怎么办?"高娜小姐很风趣地回答说："那你就只能永远是个梦了。"客人听后，都为高娜小姐鼓掌，并连声说："回答得好，回答得好。"大家都一同乐了。

399 "狗不理"包子是怎样产生的？

清光绪年间，河北武清县一农民，40岁得子，为求平安，将其子取名为"狗仔"，期望像小狗一样好养活。狗仔14岁来津学艺，在一家蒸食铺做小伙计，由于心灵手巧又勤奋学艺，练就一手好活。后来，狗仔不甘寄人篱下，自己摆起包子铺。他以水馅半发面，口感柔软、鲜香不腻、形似菊花，色、香、味、形都独具特色，引得十里百里的人都来吃包子。由于生意十分兴隆，狗仔忙得顾不上跟顾客说话，这样一来，吃包子的人都说"狗仔卖包子不理人"，日久天长，人们都叫他"狗不理"。当年，袁世凯在天津练兵，将"狗不理"包子带入皇室，敬献慈禧，太后膳毕龙颜大悦，从此"狗不理"名声大振。

400 豆腐干、臭豆腐是怎样产生的？

相传很久以前，由于交通不便，加上生活艰苦，每逢过年，穷苦人家只能做些豆腐充当佳肴。为了便于存放，他们将新鲜豆腐卤成咸辣味，然后铺上稻草用文火烘，这样卤过再烘、烘过再卤重复几次，使豆腐干色如棕栗。

清朝康熙年间，一个名叫王致和的人，在北京前门外开了一家豆腐坊。一年夏天，王致和的豆腐做多了，眼看着豆腐就要变馊，王致和非常心疼，急得汗珠直滚。当汗珠流到嘴里，一股咸丝丝的味儿，忽然使他想到了盐。他怀着侥幸心理，端出盐罐，往所有的豆腐上都撒了一些盐，为了减除馊味，还撒上一些花椒粉之类，然后放入后堂。过了几天，店堂里弥漫着一股异样的气味，王致和一下子想到发霉的豆腐，赶快到后堂一看，只见白白的豆腐全变成一块块青方！他信手拿起一块，放到嘴里一尝，居然美味无比。王致和喜出望外，立刻把全部青方搬出店外摆摊叫卖。人们从未见过这种豆腐，有的出于好奇之心，买几块回去；有的尝过之后，虽感臭气不雅，但觉味道尚佳。结果一传十、十传百，消息竟然传进皇宫，勾起慈禧太后的馋虫来。一日，她半夜用膳，忽然要吃小窝头就臭豆腐，立即遣人到王致和豆腐店买青方。自那以后，王致和的臭豆腐名气大振，买卖也越发兴隆了。

第八章 饮食掌故

◆ 豆腐背后的典故

豆腐是中华民族优秀的传统食品，有中国的"第五大发明"之称。据明朝李时珍《本草纲目》载："豆腐之法，始于前汉淮南王刘安"。刘安是汉刘邦的孙子，公元前164年被封为淮南王，他最杰出的贡献是组织编著了《淮南子》一书，此书诡谲渊博、包罗万象，是对汉初数十年社会政治思想和科技实践的科学总结。刘安为了寻求长生不老之术，不惜重金广招方术之士，其中较为出名的有苏非等八人，号称"八公"。一日，刘安在"八公"相伴下，造炉炼丹，他们取山中清冽冽的泉水磨制豆汁，又以豆汁培育丹苗，不料炼丹不成，豆汁与卤水化合成一片芳香诱人、又白又嫩的东西。当地胆大的农夫取而食之，竟然美味可口。这就是"豆腐"的由来，刘安于无意中成为了豆腐的老祖宗。我们也要感谢"第一个吃豆腐"的人，是他们的勇敢无畏才使我们的桌面上亮起了一道又一道的风景。

提起中国的豆腐来，日本人总是怀着敬佩的心情竭力赞扬。1963年，中国佛教协会代表团到日本奈良参加鉴真和尚逝世1200周年纪念活动，当时，日本许多从事豆制品业的头面人物也参加了。据说，他们之所以参加纪念活动，是为了感谢鉴真东渡时把豆腐的制法带到日本。

今天，当我们到刘安家乡时，有机会吃到很多道豆腐菜，给人印象最深的恐怕是"刘安点丹"这道菜了。上这道菜时，首先上来的是每一个食客面前放上一个小瓦罐，瓦罐中放有少许白色粉状物，然后，向罐中注入滚开的豆浆，不许晃动瓦罐，二三分钟后，罐中的豆浆已经变成了嫩豆腐，再配上调味的咸黄豆、咸菜丝、上等酱油、少许辣酱，客人就可以品尝到现做的豆腐了。

401 油条是怎样产生的？

油条也称油炸烩、油炸鬼。它是南宋时杭州百姓制作的早点食品。1142年，民族英雄岳飞被卖国贼秦桧和他的妻子王氏施计，暗中陷害于风波亭。京城临安（今杭州市）百姓知道了这件事后，个个都义愤填膺，对秦桧、王氏深恶痛绝。当时风波亭附近有一家专卖油炸食品的饮食店，店老板正在油锅旁炸食品，得知岳飞被秦桧夫妇害死的消息后，按捺不住心中的怒火，从盆中抓起一块面团，捏成一男一女两个小人，并将它们背靠背粘在一起，丢进油锅，口里还连连喊道："吃油炸秦桧啦！"他这么一喊，周围的百姓个个心里都明白他的意思了，便一齐拥上来，一边动手帮着做，一边帮着叫卖，还一边吃。其他的饮食店见状，也争相效仿。当时，整个临安城都做起"油炸桧"，并很快传遍全国。"油炸桧"流传到今天，许多地区已改称"油条"，但仍然有地方叫"油炸烩"或"油炸鬼"。

402 饺子是怎样产生的？

东汉建安初年，张仲景出任长沙太守，不久瘟疫流行，他的官做不下去了，便毅然辞去了太守官职，告老还乡，决心为百姓治病。这时正值数九隆冬，他在回乡路上，看到那些为生存而奔波的穷苦百姓，衣不遮体，许多人耳朵都冻烂了，心里更加难受。他一到家，登门求医者便蜂拥而至。可是张仲景心里老惦记着那些冻烂耳朵的穷乡亲们。冬至到了，他让弟子替他看病，他在南阳东关空地上搭起了医棚，盘上大锅，专门舍药为穷人治冻伤。他把羊肉、辣椒和祛寒的药材放在锅里，熬到火候时再把羊肉和药材捞出来切碎，用面皮包成耳朵样子的"娇耳"下锅煮熟，分给治病的穷人，每人一大碗汤、两个"娇耳"，这药就叫"祛寒娇耳汤"。人们吃后，顿觉全身温暖，两耳发热。从冬至起，张仲景天天舍药，直舍到大年三十。乡亲们的耳朵都被他治好了，欢欢喜喜地过了个好年。从此以后，每到冬至，人们就想起张大夫为乡亲治病的情景，也模仿着做娇耳的办法，做起了食品。为了区别"娇耳汤"的药方，就改称为"饺耳"。因叫着别嘴，后来人们就叫它"饺子"了。天长日久，形成了习俗，每到冬至这天，家家都吃饺子。

第九章
饮食习俗

　　餐厅服务员每天接待的客人都来自四面八方,有的来自国内,有的来自世界各地,他们都有不同的饮食习惯,这就要求服务人员有饮食习俗方面的知识,才能做好接待工作。俗话说:"千里不同风,百里不同俗"。对不同的客人要用不同的接待方式,餐厅服务人员应了解世界各国和地区不同的风俗习惯、宗教信仰、民俗礼仪、饮食习惯和生活禁忌等,接待时要注意尊重他们的风俗。

餐饮服务小百科

403 北京人、天津人、上海人、重庆人的饮食特点是什么？

（1）北京：北京人一般口味偏重，大多数人喜爆火炝锅，调味品爱用葱、姜、蒜。"冬季食厚味，百令喜清素"是北京人膳食的季节变化特点。北京人的主食以面食为主，饺子、面条、馒头、烙饼为家常面食，米饭也越来越受北京人的欢迎。早点一般爱吃油饼、烧饼、豆浆、豆腐脑、面茶、炒肝等，午餐、晚餐以有菜有汤为称心，爱吃热菜热饭。

（2）天津：天津人一般口味喜咸中微甜。普遍爱食鱼、虾等海味；炒菜爱用少许白糖。天津人比北京人爱吃米饭，对面食中的本地特产"狗不理"包子普遍喜爱。天津人早点喜食浆子豆腐（豆浆中掺豆腐），喝咸味豆浆，吃煎饼果子等。

（3）上海：上海人一般口味喜清淡，爱吃新鲜蔬菜，对油菜更为偏爱。上海人主食一般都愿吃大米，吃面条时讲究清爽。上海人用餐比较注意量少质精，盛饭的碗一般不大，炒菜的样数较多。早餐一般人爱吃泡饭，午、晚两餐习惯吃米饭和各种炒菜。

（4）重庆：重庆人一般口味是爱吃"辣"，喜吃"麻"，喜欢标新立异，以吃感觉、吃风味、吃麻辣为时尚。重庆人爱吃火锅是出了名的，火锅中毛肚是重庆人必点的一道菜。

404 东北人的饮食特点是什么？

（1）黑龙江：黑龙江人一般口味喜咸爱酸味。主食多爱吃干饭，城市人偏爱"列巴"（形似锅盖的面包）。猪肉是最常用的肉食品，狍子肉和野鸡为稀罕物。酸菜、大酱、豆制品是餐桌上的必备食品。黑龙江人早餐多简单，午晚两餐较丰盛。啤酒是黑龙江人最常用的饮料之一。

（2）吉林：吉林人一般口味喜味重，爱酸、辣。主食多食大米、小米和面食。汉、满人喜食猪肉、萝卜、豆类，"火锅汆白肉"、"白肉血肠"为传统佳肴，生活中离不开酸菜、咸菜和大酱。朝鲜族人偏爱狗肉，冷面、腌小菜是最常用的食品。

（3）辽宁：辽宁人一般口味偏咸、重油、嗜肥厚、喜腥膻。主食对米面食品均能适应。肉类爱吃禽、畜肉及鱼类，特别喜欢野味。副食中尤爱当地产山珍食品。酸菜、大酱、豆制品是平时生活中离不开的食品。辽宁人重视烹调上的火功，喜欢紧烧、慢煮，偏爱酥烂，重视调味。

405 河北人、河南人的饮食特点是什么？

（1）河北：河北人一般口味与北京人近似。主食一般爱吃面食。北部地区人尤其喜爱面食中的莜面、肉类中的牛羊肉、蔬菜中的马铃薯；南部地区的人对肉类中的猪肉更感兴趣。

（2）河南：河南人一般口味喜酸辣，爱吃猪肉，爱用葱、蒜作调味品。面粉、杂粮为日常主食，一般都喜食鲜米、鲜面。"麻酱面"、"炸酱面"、"清汤面"是河南人常吃的主食。

406 山西人、山东人的饮食特点是什么？

（1）山西：山西人一般口味喜咸中带酸，酸、辣是山西人习惯用的调味品。主食以面和小米为主，素有"一面百样吃"之誉，"面片儿"、"猫耳朵"、"饸饹面"、"刀削面"、"拉面"为山西人常吃的主食。

（2）山东：山东人一般口味喜咸鲜。黄豆芽、绿豆芽是当地人爱吃的菜品，普遍爱吃生葱、豆腐、粉皮等。主食以面为主，特别偏爱发面馒头、包子、饼和锅饼等。

407 湖北人、湖南人、四川人的饮食特点是什么？

（1）湖北：湖北人一般口味咸甜皆宜，爱酸、甜、苦、辣味。主食以稻米和杂粮为主，"糍粑"、"热干面"是常用食品，米皮、豆丝人人喜欢。特别爱吃猪肉和淡水鱼。湖北人吃饭特别爱用鲜姜，无论喝什么汤，都喜欢放些黑胡椒粉来调味。人们普遍喜茶爱酒。

（2）湖南：湖南人一般口味喜辣，日常几乎顿顿不离腌菜。主食普遍喜食大米和糯米。早餐习惯吃馒头和汤面条，午、晚两餐多食大米或糯米。

（3）四川：四川人一般口味喜麻辣，有以辣为菜的嗜好。普遍喜食猪肉、牛肉。主食大多喜食米饭。

408 安徽人、江西人、福建人的饮食特点是什么？

（1）安徽：安徽人一般口味尚甜，普遍喜食辣味。主食喜爱米饭，对面食不大感兴趣。

（2）江西：江西人一般口味喜辣。爱吃塘鱼、河鱼和腐竹、粉条、海带。不爱吃海味、凉菜、生菜。有以辣为菜的嗜好，爱用豆豉作调料。习惯以菜油烹制菜肴。主食偏爱大米，用猪油拌米饭的吃法很常见；吃面食只是为调剂口味，有"面食吃不饱"的心理。

（3）福建：福建人一般口味喜咸鲜，普遍喜食海味，厌肥肉。烹制鱼菜离不开黄酒、酱油，"虾油"是常用的调味品。主食一日三餐不离米食。

409 江苏人、浙江人的饮食特点是什么？

（1）江苏：江苏人一般口味喜清淡，爱甜食。主食以米饭为主。习惯食用新鲜蔬菜。对肉食中的猪肉，禽类中的鸭肉，鱼类中的鳝鱼更是格外喜欢。

（2）浙江：浙江人一般口味喜清淡，爱甜食。主食大米，喜食新鲜蔬菜。浙江宁波、舟山地区临海，家家喜吃鱼虾海味。天台山区产杂粮，故每日以面食为主，食米次之。丽水人爱吃腌萝卜根。泰县人在夏至时有吃"时果"的习俗（即把新采来的豌豆煮熟用糖拌而食之）。

410 陕西人、甘肃人、宁夏人的饮食特点是什么？

（1）陕西：陕西人一般口味喜酸辣，食用胡麻油。主食习惯吃面食，"面条像皮带，烙饼像锅盖"是陕西人的面食特色。陕北人吃汤面喜佐盐花、红辣椒、酸黄瓜。陕南人爱吃米及米粉皮。西安的"羊肉烩馍"是陕西的风味佳品。

（2）甘肃：甘肃人一般口味喜酸辣。主食以面食为主，兰州人喜欢吃面条，而且花样繁多，有"拉条子面"、"臊子面"、"浆水面"和"清汤牛肉面"等。"拉条子面"是在面条上浇酱油、醋和油泼辣子。"臊子面"是用肉丁、萝卜丁、豆腐丁、黄花、木耳等，加上酱油烩炒的"臊子"，浇在"拉条子面"上而成。"浆水面"是把洋白菜、芹菜用开水焯过后，放进预先备有水和少许面的瓦罐内，上盖密封，用时将此水配上姜末、葱花和油泼辣子即成浆水，吃时将浆水浇在"拉条子面"上。

（3）宁夏：宁夏人一般口味喜咸、爱酸辣味。主食有米有面，"羊肉臊子面"、"烙饼子"是常用食品。肉类以牛肉、羊肉、禽类为主。马铃薯、酸白菜是离不开的日常蔬菜；酸浆水一年四季不间断。宁夏人一般一日三餐，喜喝盖碗茶，夏天多喝茉莉花茶，冬天以陕青茶为主。

411 云南人、贵州人的饮食特点是什么？

（1）云南：云南人一般口味喜酸、辣、甜。习惯用菜油和猪油烹调菜肴。爱吃米饭，喜食细米粉，有猪油拌米饭的膳食嗜好。

（2）贵州：贵州人一般口味喜欢辣。习惯用菜油和猪油烹制菜肴。普遍喜欢米饭，很少吃面食。大米除蒸饭外，还制成米粉，配以牛肉、羊肉吃。贵州人早餐习惯吃面条、馒头、包子，午、晚两餐多吃米饭和炒菜；"腌菜"是贵州人日常餐桌上的必备之品。

412 广东人、广西人、海南人的饮食特点是什么？

（1）广东：广东人一般口味喜清鲜、甜，不喜欢辣味。主食大多喜欢米食，副食以鲜鱼、海味为佳肴。广东梅县人喜食鱼汤。潮安人有吃生鱼的习惯。

（2）广西：广西人一般喜清鲜爽口的辣、酸味菜肴。爱吃田鸡肉、狗肉、羊肉，也爱吃油炸香味食品。主食以米饭为主，面食只占调剂的位置。

（3）海南：海南人一般口味喜清淡，爱辣味和甜味。大多爱吃米食，尤其偏爱海鲜品及肉类中的羊肉。海南人几乎顿顿饭离不开粥，"米粉"是民间喜爱的食品。海南人爱饮咖啡要胜过饮茶。

413 内蒙古人、新疆人的饮食特点是什么？

（1）内蒙古：内蒙古人一般口味喜肥浓，爱膻味。城市人主食以面类为多，喜欢羊肉。牧区人以肉类为主，面食为辅。内蒙古人特别爱吃野生动物肉，奶为最常用的饮料，蔬菜如今已为人们重视起来，越来越多的人对蔬菜的营养作用认识加深，食用的人也越来越普遍。

（2）新疆：新疆人一般口味喜浓重，爱酸、麻、辣味。米、面食品和乳品在饮食中占据着重要的位置。主食以馕为主，肉类主要是羊肉和牛肉及禽类。"烤羊肉串"是新疆最为独特的风味食品。果品中最爱吃瓜类，尤以哈密瓜最受欢迎。

414 青海人、西藏人的饮食特点是什么？

（1）青海：青海人一般口味喜清淡，爱甜、辣味。主食以青稞、大米、面粉为主。肉类偏爱羊肉、牛肉和禽类等。乳品是他们常用的饮料。

（2）西藏：西藏人一般口味偏重，喜酸味。肉、油、奶为生活中的必备品，"糌粑"是他们常用的主食品。酥油茶、青稞酒为常用饮料。

415 港、澳、台地区人的饮食特点是什么？

（1）台湾：台湾人口味一般喜清淡，爱微甜味道。一般以米为主食，也很喜欢各种面食品种。对大陆的家乡风味最为偏爱。台湾人爱吃鱼类等海产品以及鸡、鸭、猪肉、牛肉、羊肉及各种野味品；蔬菜方面爱吃油菜、黄瓜、番茄、茄子、菜花、竹笋；调料方面爱用胡椒、花椒、丁香、味精、盐、醋、料酒、酱油等。比较爱吃以煎、干炸、爆炒、烧、烩等烹调方法制作的菜肴。

（2）香港：香港人口味一般喜清淡，偏爱甜味道。一般以米为主食，也喜欢吃面食。特别喜欢家乡风味的闽菜、粤菜。香港地区人爱吃鱼、虾、蟹等海鲜品，以及鸡、鸭、蛋类、猪肉、牛肉、羊肉等；蔬菜方面爱吃茭白、油菜、番茄、黄瓜、柿子椒等；调料方面爱用胡椒、花椒、料酒、葱、姜、糖、味精等。比较爱吃以煎、烧、烩、炸等烹调方法制作的菜肴。

（3）澳门：澳门人口味一般不喜太咸，偏爱甜味。以米为主食品，也爱吃面食。喜欢吃乡情浓郁的家乡风味饭菜，尤以闽粤菜更受推崇。澳门人爱吃猪肉、牛肉、羊肉、鸡、鸭、蛋及各种海鲜品等；蔬菜方面爱吃黄瓜、番茄、柿子椒、卷心菜、菜花、扁豆等；调料方面爱用胡椒、花椒、料酒、葱、姜、糖、味精等。比较喜欢以煎、炸、烧、烩等烹调方法制作的菜肴。一般都不愿吃酸味和过辣味道的菜肴。

416 华侨的饮食特点是什么？

旅居国外的侨胞，因其久居海外，回国机会不多，普遍对家乡有强烈的亲切感，一般归国后都喜欢品尝自己家乡的风味菜肴。

◆ 家乡菜

一天，访问祖国大陆的一个海外华人贵宾团入住浙江某酒店。访问团团长的原籍就是浙江。酒店方面为款待这位特殊身份的浙江老乡，在宴会上特意安排了系列浙江风味小吃，菜式也以浙江菜为主，款款家乡

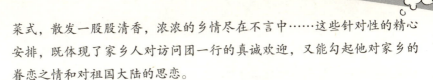

菜式，散发一股股清香，浓浓的乡情尽在不言中……这些针对性的精心安排，既体现了家乡人对访问团一行的真诚欢迎，又能勾起他对家乡的眷恋之情和对祖国大陆的思恋。

A市某饭店接到市有关部门的通知，有一支20余人的东南亚某国的华侨老人旅游团准备入住该饭店，要求做好接待工作。接到任务后，经理通过各种途径了解到这些客人大多是几十年前从A市去东南亚的，多年来，他们天天惦念家乡，很希望亲口尝一尝地地道道的家乡菜。旅游团到达的当天，晚餐设在装饰豪华的中餐厅里。当服务员送上几碟地道的家乡菜时，老人们仿佛一群孩子般欢呼起来，不一会儿，几道冷菜便被一扫而光。

华裔世界级建筑大师贝聿铭在安徽黟县参观游览后，在一个民居大厅里进午餐，吃的是"冬笋烧香菇"、"清炖石鸡"等，边吃边发了一通议论："在海外几十年好想家，现在坐在民间厅堂里，吃着江南的饭菜，就有一种回家的感觉，十分自在、舒坦。这种感觉也许只有我们离开祖国多年的人，才体会最深。"

"悠悠游子心，浓浓故乡情"，离开了家乡的人，不论走到哪里，总有千丝万缕的思乡情萦绕在心头。人们对家乡的感情总是埋在心底，当这种感情外露时，就表现在对老乡的感情、对家乡的津津乐道，还有对家乡菜的依恋。人们在品尝特定的菜肴食品时，有时会引起深切、缠绵的回忆，当美食通过感官的触发唤醒沉睡多年的饮食记忆时，饮食者所得到的美味陶醉，是无法用语言形容的。一旦回忆与美食结合起来，或者由美食而引起回忆，那么其味就分外悠长。

417 中国人饮食口味总的特点是什么？

我国历来有"南甜、北咸、东辣、西酸"之说，但是这种说法并不准确，酸和辣这两种口味，为很多地方的人们所喜欢，如西南几省偏爱吃辣，耐受力大得惊人；湖南、四川几个地区爱吃酸辣这个复合味，酸多数取自于泡菜的乳酸；东北喜欢酸菜的酸味；山西习惯的酸味更多的是取自于醋的酸。

江南人喜清淡、甜咸、辣口，讲究营养，乐于质优量小；西北人爱吃带有酸口、经济实惠和牛羊肉品种的菜肴；东北人爱吃肥而不腻、脂肪多的鱼、肉菜品，一般食用量大,习惯吃饱吃好。北方人一般口味偏重、浓厚,喜油重色浓、味咸和酥烂的食品,对没熟透的菜肴则不感兴趣。主食普遍爱吃面食,尤以饺子、馅饼、馒头、包子等更为喜爱。长江流域以南的人口味喜清淡,普遍爱吃新鲜、细嫩的食物。主食特别爱吃大米,面食在一般南方人的心目中,只占调剂的位置。

口味之所以产生差异,是由于人们长期的饮食习惯形成了地方口味,由于这种长期的饮食习惯,形成了口味特点,这种口味差别需要得到必要的保留和重视。

418 日本人在饮食上有何嗜好?

日本人早餐喜欢喝热牛奶以及吃面包、稀饭等;午餐和晚餐吃大米饭,副食品主要是蔬菜和海鲜。日本人爱吃鱼,还有吃生鱼片的习惯,吃时配芥末。每逢喜事,日本人爱吃红豆饭,不加任何调料,只在碗里撒一些芝麻盐,十分清香适口。"便当"和"寿司"在日本是受欢迎的两种传统方便食品。"便当"就是盒饭,"寿司"就是人们在逢年过节时才吃的"四喜饭"。日本人喜欢吃清淡、油腻少、味鲜带甜的菜肴,喜欢吃中国的广东菜、北京菜、上海菜,喜欢喝中国绍兴酒、茅台酒等。吃凉菜时,喜欢在菜装盘后再撒一些芝麻或紫菜末、生姜丝等,用以点缀和调味。日本人的饮食禁忌不是很多,主要是不吃肥猪肉和猪的内脏。

◆ **日本人不喜欢吃内脏和肥肉**

几位日本客人来到了中餐厅用餐,服务员端上茶水和手巾后,开始请客人点菜,由于语言不通,无法向客人解释,只是凭他们在菜单上的指点和手势点了几道菜。服务员还替他们点了肥肠、扣肉等当天的厨师推荐菜,客人当时对她推荐的菜不置可否。上菜后,客人们对小姐推荐的菜不动筷子,并且生气地用日语对服务员叫嚷。原来,这些菜不符合他们的口味,他们是不吃内脏和肥肉的。

419 韩国人在饮食上有何嗜好?

韩国人主食主要是米饭、冷面,还爱吃辣椒、泡菜。泡菜在韩国菜肴中占有突出的地位,它不仅最为普及,而且最富有民族特色。汤是韩国人饮食中的重要组成部分，是就餐时所不可缺少的。酱是韩国各种菜汤的基本佐料。韩国人普遍爱吃凉拌菜，凉拌菜是把蔬菜切好或用开水焯过后加上佐料拌成的。韩式烤牛肉是人们喜爱的菜品，经过调味的鲜牛肉加上洋葱、青辣椒等在火盆上烤制而成。他们还喜欢吃精猪肉、鸡和海味，不爱吃羊肉、鸭肉和肥猪肉。有许多韩国人还喜欢喝凉开水。

420 蒙古国人在饮食上有何嗜好？

蒙古国人平日所吃的主食，主要是肉类和乳制品。在肉类之中，他们最爱吃的是羊肉，同时也吃牛肉。通常，蒙古国人都有较大的食量。他们大都口味较重，不怕油腻，爱吃烧、烤、焖的菜肴。蒙古国人爱喝烈性酒，喜饮奶茶。蒙古国人不爱吃虾、蟹等海味及"三鸟"内脏。"三鸟"，按蒙古国人的说法，即鸡、鸭、鹅。还有不少人不爱吃米、面、青菜。

421 新加坡人在饮食上有何嗜好？

由于新加坡人多为华人，而新加坡华人绝大多数祖籍为广东、福建、海南和上海等地，因此他们的饮食习惯与其他"龙的传人"可以说是大同小异，中餐是他们的最佳选择。新加坡华人因为籍贯方面的缘故，口味上喜欢清淡，偏爱甜味，讲究营养，平日爱吃米饭和各种生猛海鲜，对于面食不太喜欢。粤菜、闽菜和上海菜都很受他们的欢迎。

422 马来西亚人在饮食上有何嗜好？

马来西亚人以大米为主食，喜欢吃糯米糕点，喝椰浆。马来菜以香辣著称，味道浓郁，主要以椰汁、咖喱、辣椒作配料，因此，菜肴都带辣味。咖喱牛肉是风行全国的名菜。中国菜、印度菜亦很普及。马来西亚是热带水果集中地，山竹果、红毛丹、榴莲、木瓜等新鲜水果，是马来人饭后食用的佳品。马来西亚人喜欢的饮料有椰子水、红茶、咖啡等，他们还喜欢嚼槟榔。

423 泰国人在饮食上有何嗜好？

泰国人主食为大米，副食主要是鱼和蔬菜。在口味方面，泰国人不爱吃过咸或过甜的食物，也不吃红烧的菜肴。从总体上讲，他们喜食辛辣、鲜嫩之物。在用餐时，他们爱往菜肴中加入辣酱、鱼露和味精。他们最爱吃的食物，当数具有其民族特色的"咖喱饭"。中国人爱吃的海参，泰国人是不吃的。在用餐之后，他们往往喜欢吃一些水果，但不太爱吃香蕉。

424 越南人在饮食上有何嗜好？

越南人的主食是大米。在口味方面，他们喜欢清淡的食物，爱吃生、冷、酸、甜的东西。通常，他们不喜欢将菜肴烧得过熟，也不大喜欢吃红烧的菜肴，或是脂肪过多的食物。越南人一般不爱吃的东西还有羊肉、豆芽、甜点和过辣的菜肴。多刺的鱼，他们也不吃。

425 印度尼西亚人在饮食上有何嗜好？

印度尼西亚人以大米为主食，副食则主要为牛肉、鸡肉、鸭肉、鱼肉和虾等。他们口味一般喜脆、酥、香、酸、甜。喜食炸、烤、煎、爆、炒等川菜式方法烹制的菜肴，爱用咖喱、胡椒、辣椒、虾酱等调味。平时，他们也经常爱喝红茶或咖啡。

426 菲律宾人在饮食上有何嗜好？

菲律宾人的主食大体上以米饭为主。总体上讲，他们的口味趋向于清淡，可是在用餐之时，他们之中的绝大多数人却习惯于在菜肴里多放调味品。菲律宾人爱吃牛肉、羊肉、鸡、鸭、鱼、精猪肉等，蔬菜方面爱吃番茄、菜花、青椒、冬笋等。

427 印度人在饮食上有何嗜好？

印度人以米饭为主食，也喜欢吃印度烙饼。副食有鸡、鸭、鱼、虾、蛋及蔬菜。特别爱吃马铃薯（土豆），认为是菜中佳品。口味清淡，不喜油腻。不吃菇类、笋类及木耳。印度是个香料之国。印度菜的烹调也极重视对香料的运用。咖喱是饭菜离不开的调料。印度人喝茶的方法别具一格，一般都是把茶斟入盘中，用舌头舔饮。他们一般都不爱喝汤，认为任何一种汤都无法与无色无味、冰凉爽口的白开水相比。

第九章 饮食习俗

428 巴基斯坦人在饮食上有何嗜好？

巴基斯坦人的主食是面食和大米，副食主要是牛肉、羊肉、鸡肉和鸡蛋。他们口味一般喜辛辣香麻，对中国的川菜很感兴趣。巴基斯坦人不吃猪肉，不吃母鸡、甲鱼、海参等。对于酒和含有酒精的一切饮料，他们都不饮用。

429 沙特阿拉伯人在饮食上有何嗜好？

沙特阿拉伯人口味一般喜辛辣。嗜食烤、炸类食品，爱吃大饼，喜欢喝红茶和咖啡。沙特阿拉伯人也惯于吃"手抓饭"，忌讳左手递送东西或食物，忌食猪肉及怪状食物。

◆ 火腿丁惹祸

一天傍晚，有四位阿拉伯客人来到某饭店中餐厅用餐。其中，有位客人要了两份什锦炒饭。当服务员把炒饭送上餐桌后，有一位客人指着炒饭中红颜色的肉丁问小王："这是什么肉？"小王仔细看了看发觉是火腿丁，这时客人似乎也发现了这一点，顿时板起脸来说："我们是穆斯林，像这样高档的餐厅，服务员却为何这样粗心。"小王马上向客人道歉，并立即撤下了那盆什锦炒饭，然后为客人重新订了一盆没有火腿丁的什锦炒饭以作补救。但是这几位客人仍面露不悦，心绪不佳。

430 土耳其人在饮食上有何嗜好？

土耳其人口味一般以鲜、脆、嫩为适口。特别爱吃串烤菜肴，也喜欢吃牛肉、羊肉。很喜欢吃米饭，不过不是作主食，而是撒在羊肉汤上当菜吃（即"羊肉大米汤"）。他们还喜欢吃用面粉、牛奶、糖和榛子做的各种甜食，按他们的习惯是正餐的最后一道。

餐饮服务小百科

431 英国人在饮食上有何嗜好？

英国人不太讲究烹饪，普遍喜欢吃快餐。口味清淡，不大吃辣的。菜肴量小而精，注意营养成分。喜欢喝茶，尤其喜欢中国的祁门红茶。喝茶时，一定要先倒一点儿冷牛奶在茶具里，然后再冲热茶，加一点糖。

432 法国人在饮食上有何嗜好？

法国的烹调享誉世界，法国菜是西餐中的佼佼者，其特点是香味浓厚、鲜嫩味美，讲究色、香、味，注重营养的搭配。法国人以肉食为主，面包是法国最普及的食品，而且特别注重面包的味道。奶酪消费量占世界第一位。法国人吃饭时，大都饮酒且喝酒比较讲究。

433 德国人在饮食上有何嗜好？

德国人口味喜清淡、甜酸。早餐比较简单，一般只吃面包、喝咖啡。午餐是他们的主餐，主食一般是面包、蛋糕，也吃面条和米饭；副食喜欢吃瘦猪肉、牛肉、鸡蛋、马铃薯、鸡鸭、野味。晚餐一般吃冷餐，吃时喜欢关掉电灯，只点几支蜡烛，在幽淡的光线下边谈心边吃喝。德国人不大喜欢吃鱼虾等海味，也不爱吃油腻、过辣的菜肴，他们爱吃各种水果及甜点心。德国人以喝啤酒为主，也爱喝葡萄酒。

434 意大利人在饮食上有何嗜好？

意大利菜肴具有味浓、原汁原味的特点。意大利人喜欢吃米饭和面食，面食的种类繁多，不仅可以当主食，而且可以当菜肴。意大利三面濒海，海鲜丰富，因此，意大利人也喜食海鲜，他们喜欢吃生的牡蛎及蜗牛。意大利人对我国的粤菜、川菜比较喜欢，但川菜要无辣或微辣。餐后，意大利人喜欢吃水果，如苹果，也有人喜欢喝酸牛奶。酒是意大利人离不开的饮料，特别是葡萄酒，不论男女，几乎餐餐都饮。吃一顿饭，菜只要两三道，但酒却要喝上一两个小时，连喝咖啡也要加一些酒。过节时，更要开怀畅饮。

第九章 饮食习俗

435 西班牙人在饮食上有何嗜好？

西班牙人口味一般喜清淡，爱酸、辣味道。主食以面食为主。喜欢吃中国的川菜、粤菜。西班牙人爱吃鱼、羊肉、牛肉、虾、螃蟹、火鸡、蜗牛、火腿等，蔬菜方面爱吃洋葱、辣椒、番茄、鲜菇、马铃薯、豌豆等，调味方面爱用醋、橄榄油、胡椒粉、辣椒等。比较爱吃以炸、煎、烧、炒等烹调方法制作的菜肴。

436 葡萄牙人在饮食上有何嗜好？

葡萄牙人口味一般喜浓重，爱吃辣味；主食以面食为主，对米饭也爱吃；喜欢吃中国的粤菜、川菜和京菜。葡萄牙人爱吃海鲜、鸡肉、牛肉、蛋类等，蔬菜方面爱吃马铃薯、辣椒、茄子、番茄、胡萝卜、卷心菜等，调味爱用辣椒粉、胡椒粉等，比较爱吃以炒、烤、熘、炸等烹调方法制作的菜肴。

437 荷兰人在饮食上有何嗜好？

荷兰人口味一般喜清淡，爱酸、甜味道。主食以面食为主，也爱吃米饭；喜欢中国的淮扬菜、粤菜。荷兰人爱吃猪肉、羊肉、牛肉、鸡肉、火腿、腊肠、奶酪、鸡蛋等，蔬菜方面爱吃洋白菜、马铃薯、番茄、洋葱、胡萝卜、酸菜、豌豆、辣椒等，调味方面爱用精盐、胡椒粉、番茄酱等，比较爱吃以煎、炸、烧、烤等烹调方法制作的菜肴。

438 瑞典人在饮食上有何嗜好？

瑞典人的主食一般以面食为主。在菜肴方面，瑞典人有三个主要特点：其一，是他们爱吃生、冷食物。瑞典人爱吃鲜嫩的菜肴，因此他们上桌享用的菜肴往往半生不熟，而且大都又冰又凉。其二，是他们不大吃蔬菜与水果。这主要是因为瑞典地处寒温带，蔬菜、水果难于生长，并且价格昂贵之故。其三，是他们爱吃鱼肉。由于瑞典海岸线漫长，鱼类繁多，所以往往是鱼肉在瑞典人的菜肴之中充当主角。瑞典人在饮料的选择上也有两大特点：一是他们酷爱咖啡。咖啡被定为瑞典人的国饮。二是他们一般不饮酒。这是因为该国是"禁酒之国"。不论是外出就餐，还是在家中用餐，饮酒、售酒都有多种严格的限制。违者必受处罚。

439 希腊人在饮食上有何嗜好？

希腊人平时以吃面食为主，对于米饭也能够接受。他们所吃的菜肴，常以柠檬汁、番茄汁和橄榄油烹制而成，既不像法国菜那样十分油腻，也不像中国菜那样要放入许多佐料。用大米、牛奶、桂皮做成的奶米饭，用面粉、奶油、茄子、番茄汁烤成的方糕，用面粉、菠菜做成的菠菜饼，以及夹有烤肉、洋葱的面包，都是希腊人餐桌上的佳品。在肉食方面，希腊人爱吃牛肉和羊肉。在当地，"煮羊头"被视为一道大菜，经常用来招待客人。在火上烤熟的不加任何调料的鱼肉，也是他们很爱吃的。

440 俄罗斯人在饮食上有何嗜好？

俄罗斯人的主食是面包和肉类，大多喜食黑面包。他们以吃冷饮和凉菜而闻名，多数人喜饮烈性酒。最喜欢的热饮料是红茶，习惯在茶中放糖。俄罗斯人口味浓重，喜咸酸味，不怕油腻。

441 波兰人在饮食上有何嗜好？

波兰人平时以吃面食为主。他们爱吃烤、煮、烩的菜肴，口味较淡。在肉食方面，牛肉、羊肉、猪肉、鸡肉、鸭肉、鱼肉以及禽蛋等均能为其所接受。在饮料方面，他们爱喝咖啡与红茶。在饮用红茶之时，波兰人大都爱加入一片柠檬，并且不喜欢茶水过浓。在饮食禁忌方面，波兰人主要不吃酸黄瓜和清蒸的菜肴。

442 罗马尼亚人在饮食上有何嗜好？

罗马尼亚人的饮食习惯极有特色。在粮食方面，他们一般以面食为主，有时也爱吃一些马铃薯和玉米，但是不喜欢吃米饭。米饭在当地仅仅可作配菜之用。在肉食方面，罗马尼亚人爱吃牛羊肉，对于鸡肉、鱼、虾、禽蛋亦能接受，喜欢吃猪肉的人则较少。罗马尼亚人最爱吃的肉菜有土豆烧牛肉、炸牛排、红焖鸡等。从口味上讲，他们较为清淡，不喜油腻。一般而言，他们绝对不吃肥肉，不大吃海鲜，但却爱往菜肴之中添浇奶油。

第九章 饮食习俗

443 美国人在饮食上有何嗜好？

美国人饮食习惯比较随便，他们喜欢食用含脂肪很高的牛肉、猪肉、鸡肉、鱼、虾、蛋及各种蔬菜、水果。口味清淡，对菜的要求是量小、质优、咸中带甜。美国人不吃蒜，不吃各种动物的内脏，没有食醋的习惯，喝饮料时大都喜欢加冰块。

◆ **美国人的饮食忌讳**

一对美国夫妇常住山东某饭店，长期以来他们只吃西餐。一天，夫妇俩可能是为了换换口味，第一次踏进了饭店的中餐厅。入座后，小姐为他们端来了茶水、面巾和四碟小菜。客人奇怪地问服务小姐，为什么没点菜就摆上小菜。小姐微笑地告诉他们，这是吃中餐时的一种礼仪规格，为了表示餐厅对客人的欢迎，茶水和小菜都是免费的。他们听了小姐的解释非常高兴，表示要好好吃一顿正宗的中国菜，并请小姐为他们点几个最有代表性的中国菜。小姐寻思着，中国有八大菜系，到了山东当然得品尝鲁菜。于是，她就对客人说，中国正式宴会上的一道菜，就是鱼。不同的地方吃不同的鱼。到了山东，一定要吃"黄河鲤鱼"。接着，小姐还对他们讲了"鲤鱼跳龙门"的典故。没想到客人听了后，连连摇头，表示他们不吃鲤鱼。有些纳闷的小姐接着向客人推荐了"九转大肠"，这回，客人更是头摇得像"拨浪鼓"，他们告诉小姐，美国人一般不吃动物内脏。连续两个菜都遭到了客人的否定，小姐一时间竟"无语"。

444 加拿大人在饮食上有何嗜好？

在饮食口味上，加拿大人喜食甜酸、清淡、不辣的食品，烹调中较少使用调料，而是将各种调料放在餐桌上由用餐者随意选择。加拿大人在饮食上的一大独特之处，是他们特别爱吃烤制的食品。烤牛排、烤鸡、烤土豆都是他们所喜欢吃的。他们的这一饮食习惯恐怕与该国一年之中长时间的天寒地冻有关。

191

餐饮服务小百科

445 墨西哥人在饮食上有何嗜好？

墨西哥人口味浓重。他们喜辛辣食品，辣味是墨西哥人餐桌上必不可少的调料。他们习惯把番茄、葱头和辣椒放在一起做菜吃，有的人甚至在吃水果时，都愿意撒上些麻辣味调料。他们还喜食中国菜肴，尤其是川菜。墨西哥是玉米之乡，墨西哥人不仅爱吃玉米，而且惯用玉米制作各式各样的风味食品。

446 巴西人在饮食上有何嗜好？

巴西人习惯吃欧式菜，对中餐川菜也很感兴趣。巴西人爱喝咖啡和红茶，葡萄酒、香槟酒、桂花陈酒是他们喜爱的酒品，也爱品尝中国茅台酒，但一般人酒量不大。巴西人最爱吃水果中的香蕉。

447 阿根廷人在饮食上有何嗜好？

阿根廷人口味一般喜清淡，偏爱辣味。主食米、面均可，偏爱吃炒面；喜欢吃中国的京菜和清真菜。阿根廷人爱吃鱼、虾、鸡肉、蛋类、牛肉、羊肉等，蔬菜方面爱吃马铃薯、南瓜、番茄、黄瓜、辣椒、洋葱等，调味品方面爱用胡椒粉、辣椒粉等。比较爱吃以烤、炸、煎等烹调方法制作的菜肴。

448 澳大利亚人在饮食上有何嗜好？

澳大利亚居民的95%为英国移民的后裔，因此生活及饮食习惯基本与英国人相似。菜要清淡，对中国菜很感兴趣。爱吃各种煎蛋、炒蛋、火腿、虾、鱼、牛肉等。不爱吃带辣味的食物。

449 新西兰人在饮食上有何嗜好？

新西兰人饮食与英国人相仿，喜欢吃西餐，特别爱喝啤酒。

450 埃及人在饮食上有何嗜好？

埃及人口味一般偏浓重。喜欢浓郁、软滑、焦香、麻辣味道的菜肴；喜用盐、胡椒、辣椒、咖喱、番茄酱等调料。爱吃牛肉、羊肉、鸡肉、蛋品，喜吃豌豆、洋葱、南瓜、茄子、番茄、卷心菜、萝卜、马铃薯、胡萝卜等蔬菜。一般人对我国的川菜、粤菜、京菜都能适应。埃及人以面食为主食，有时也吃米饭，面粉主要做成"耶素"（一种不发酵的面包），吃时与煮豆、白乳酪、汤一起食用。他们喜欢喝酸牛奶、咖啡、红茶、果汁、凉开水，水果中爱吃桃、西瓜和香蕉。

451 尼日利亚人在饮食上有何嗜好？

尼日利亚人一般以面食为主食，他们喜食粥汤，在菜肴方面忌咸喜辣，讲究丰盛实惠。尼日利亚人最爱吃的是用深黄色的玉米面、浅黄色的木薯面、咖啡色的豆面、绿色的蔬菜、红色的番茄混合在一起烧成的"五色饭"。米粥、菜粥、什锦粥亦大受欢迎。

452 坦桑尼亚人在饮食上有何嗜好？

坦桑尼亚部族众多，饮食习惯各异。有的以牛羊肉为主食，有的以吃鱼、虾为主，也有的以香蕉代饭。大多数坦桑尼亚人以羊肉为主要副食品。还爱吃带浓汁的豆豉鱼、辣味鱼、咖喱牛肉、咖喱鸡等。

第十章
西餐文化

　　西餐是我国人民和其他部分东方国家和地区的人民对西方国家菜点的统称，广义上讲，也可以说是对西方餐饮文化的统称。我们所说的"西方"习惯上是指欧洲国家和地区，以及由这些国家和地区为主要移民的北美洲、南美洲和大洋洲的广大区域，因此西餐主要指代的便是以上区域的餐饮文化。作为一名西餐厅服务生，显然要了解西餐文化。

第十章 西餐文化

453 我国西餐业态主要分为哪几方面？

（1）西式正餐。西式正餐从它的服务、文化包装、直到它的菜品都有各自不同的体系，法餐、德餐、意餐等不同口味也有明显区别。

（2）西式快餐。以麦当劳和肯德基为主，包括比萨、主菜配饭、意面、日面等。

（3）酒吧和咖啡厅。酒吧是一种以酒为主，配有简易食物的结合体，所以归为西餐业态。目前咖啡厅分成两种形态，一种是以咖啡为主，稍带一些小点心；另外一种虽然叫咖啡厅，但实际上是一种有咖啡、茶、便餐的混合体。

（4）茶餐厅。茶餐厅是中国的一个特色，特点是可以让顾客在很西式的环境下吃有中式特点的东西，还有一些西式便餐。

◆ 西餐在中国的发展印记

1840年。上海是中国西餐的发源地。当时的上海在一夕之间，突然从一个落后的小渔村变成了对外通商大埠，外国传教士和商人摩肩接踵而来，他们在上海开设了一些饭店并经营西餐，厨师长由外国人担任，西餐业正式登陆中国。

1860年。香港"太平馆"西餐厅在广州开设第一家店，是中国人开西餐首例，也是中国第一个把酱油加入西餐的创始者。

1925年。俄国人楚吉尔曼在哈尔滨创建华梅西餐厅，这是哈尔滨最正宗的俄式西餐，与北京马克西姆西餐厅、上海红房子西餐厅和天津起士林大饭店并称为中国四大西餐厅。

1954年。始建于1954年的莫斯科餐厅作为新中国成立后的北京首批西餐厅，莫斯科餐厅见证了中苏关系从蜜月到裂痕，旁观了苏联解体，也随着新中国历史的大潮几经沉浮。

1983年。法国时装大师皮尔·卡丹在北京开了第一家中外合资的西餐厅——马克西姆。餐厅从装饰到口味到服务，均是纯正的法国风格，只是当时人均200元的消费足以令大部分国人望而却步。

1987年。肯德基进入北京，在前门第一家肯德基店的门口，人们排起了长长的队伍，为的不是吃快餐，而是吃西餐。

1989年。绿茵阁成立于广州，提供西餐、咖啡、甜品等风味美食，堪称改革开放后最早把西餐本土化、中档化并开展连锁经营的餐厅之一，在当时广受时尚青年追捧。

1990年。深圳新开了一家叫麦当劳的西餐店，开张那天，西华宫外围了一圈又一圈的排队市民，抬头仰望，在层层叠叠的青砖绿瓦中，一个黄色"M"形标志正挺立在深圳解放路的上空。

1990年。新中国成立后第一家外资五星级酒店中国大饭店在北京开业，一起开门迎客的还有酒店内部12家不同地域、不同风味的西餐厅，给当时的中国人带来了前所未有的心理冲击。

2004年。世界最负盛名烹饪大师之一Jean-Georges Vongerichten在纽约之外开设了全球唯一一间以他名字命名的餐厅，也是上海首家以拥有"世界级明星厨师"为亮点的餐厅。

2008年。北京奥运会召开，大部分运动员来自欧美地区，奥运村的餐饮服务将以西餐为主，但同时也希望体现中华民族的饮食文化，让运动员们享受到中国的美食。与之相应的是，国内西餐厅遍地开发，中餐西做也成为一时的潮流。

（资料来源：本刊编辑部.西餐与中国的"爱恋史".天下美食，2010（12）。）

454 西餐有哪些特点？

正宗的西餐，从原料上讲，原料广泛，主料精选；从外观上看，形色多样，摆设精致；从口味上品，鲜美香醇，老嫩讲究，干湿搭配；从就餐上讲，礼仪讲究，餐具精致。除了这些，西餐还有工艺独特、设备考究、营养丰富、分餐健康等特点。西餐的显著特点主要有以下几点：

（1）重视各类营养成分的搭配组合。西餐充分考虑人体对各种营养和热量的需求来安排菜或加工烹调。

（2）选料精细。西餐菜肴大多数不宜烧得太熟，其加热的温度和时间往往达不到杀菌的标准，有的甚至是全生或半生品，如色拉、牡蛎和牛、羊排；所以西餐选料精细，海鲜讲究新鲜、生猛；牛羊肉常选择除皮去骨无脂肪的精肉，一般不食动物内脏和无鳞鱼等。

（3）口味香醇。西餐独特的调料、香料，使其口味香醇。常见的调料有盐、胡椒、咖喱、芥末、番茄酱、丁香、薄荷叶、生姜、大蒜、桂皮等。另外，西餐烹调时也常用酒和奶制品。

（4）单独烹制沙司。西餐调味沙司与主料分开单独烹制。西餐菜肴在形态上以大块为主，烹调时不易入味，所以大都要在菜肴成熟后拌以或浇上沙司，使其口味更富特色。

（5）注重肉类菜肴烹制的老嫩程度。欧美人对肉类菜肴的老嫩程度很讲究。服务员在接受点菜时，必须问清楚宾客的需求，厨师按宾客要求烹制。牛羊肉一般有5种火候，分别是：一成熟（Rare，简写R），表面焦黄，中间为红色，装盘后血水渗出。三成熟（Medium Rare，简写M.R），表面焦黄，外层呈粉红色，中心为红色，装盘不见血，但切开后断面有血流下。五成熟（Medium，简写M.），表面褐色，中间呈粉红色，切开后肉中流出的汁仍然见红。七成熟（Medium Well，简写M.W），肉表深褐色，中间呈茶色，略见粉红色，切开后流出的汁水是白色的。全熟（Well Done，简写W.D），表面焦黄，中间全部为茶色，肉中无汁水流出，肉硬度较高，不容易消化和咀嚼。

455 法式菜的主要特点是什么？

法国菜式选料广泛，用料新鲜，加工精细，烹调考究，滋味鲜美，花色繁多。选料时力求新鲜精细，且较广泛，蜗牛、马兰、百合等均可入菜；在烹调加工时讲究急火速烹，以"半熟鲜嫩"为菜肴特色，如牛、羊肉只烹至五六成熟，烤鸭仅三四成熟即食用。另外，烹调时注重不同的菜肴用各种不同的酒来调味。法式名菜有法式洋葱汤、焗蜗牛、鹅肝冻、红酒山鸡、马赛鱼羹、巴黎龙虾、鸡肝牛排等。法国的各式奶酪也享誉世界。

456 英式菜的主要特点是什么？

英国的饮食烹饪有家庭美肴之称。英国菜式选料多样，口味清淡。选料时多选用肉类、海鲜和蔬菜，烹调上讲究鲜嫩和原汁原味，所以较少用油、调味品和酒。盐、胡椒、酱油、醋、芥末、番茄酱等调味品大多放在餐桌上由客人自己选用。英式名菜主要有薯烩羊肉、烤羊马鞍、鸡丁色拉、烤大虾、冬至布丁等。

457 美式菜的主要特点是什么？

美国菜式是在英式菜的基础上发展起来的，所以继承了英式菜简单、清淡的习惯。美式菜咸中带甜，喜用水果和蔬菜作原料来烹制菜肴，如苹果、葡萄、梨、菠萝、橘子、芹菜、番茄、生菜、马铃薯等。美式名菜主要有蛤蜊浓汤、丁香火腿、圣诞火鸡、苹果色拉等。

458 俄式菜的主要特点是什么？

俄国菜式选料广泛，油大味浓，制作简单，简朴实惠。俄式菜喜用鱼、肉、蔬菜作原料，口味以酸、甜、咸、辣为主，喜用酸奶油调味，烹调方法较为简单，肉禽类菜肴要烹制得全熟才食用。俄式名菜主要有鱼子酱、罗宋汤、串烤羊肉、鱼肉包子、酸黄瓜等。

459 意式菜的主要特点是什么？

意大利菜式汁浓味厚，讲究原汁原味，喜用橄榄油、番茄酱，调味用酒较重。意式菜以面制品见长，如通心粉和比萨饼等。意式名菜主要有铁扒干贝、红焖牛仔肘子、焗馄饨、通心粉蔬菜汤、三色比萨、肉馅春卷、肉末通心粉等。

460 德式菜的主要特点是什么？

德国菜式丰盛实惠，朴实无华。德式菜喜用灌肠、腌肉制品，口味以咸中带酸、浓而不腻为特点，喜用啤酒调味，烹调方法较为简单，某些原料，如牛肉有时生食。德式名菜有酸菜咸猪脚、苹果烤鹅、鞑靼牛排等。

461 何谓"法式服务"？

法式服务又称为"李兹服务"，是由两名服务员同时提供服务，用服务车推出菜肴，由服务员当众进行烹制表演或切割装盘，助手按先女后男的顺序从客人右侧送上；黄油、面包、调味汁和配菜从左侧送上；用过的空盘从右侧撤下，酒水在客人的右侧斟倒和送上。

462 何谓"俄式服务"?

俄式服务又称"国际服务",由一名服务员为一桌客人服务,在厨房出菜前,服务员先从客人右侧送上空盘,顺时针方向进行,再从厨房中用大银盘托出菜肴,从客人左侧直接分派菜肴,逆时针进行。

463 何谓"英式服务"?

英式服务又称"家庭式服务",服务员先将空盘放在主人面前,然后将整块食物端至主人面前,由主人亲自切割分派,再由服务员将装好盘的菜肴依次端送给各位客人。

464 何谓"美式服务"?

美式服务又称"盘子服务",即由厨师按每个客人的点单在厨房做好食物并装盘,由服务人员直接端给每个客人,右上右撤。

465 何谓"大陆式服务"?

大陆式服务,是一种融合了法式、俄式及美式的综合服务方式。

466 何谓自助餐服务?

自助餐服务是把事先准备好的菜肴摆在餐台上,客人进入餐厅后自己动手选择符合自己口味的菜点,然后拿到餐桌上用餐。这种用餐方式称为自助餐。餐厅服务员的工作主要是餐前布置、餐中撤掉用过的餐具和酒杯以及补充餐台上的菜肴等。

467 西餐餐具如何摆放?

(1)摆在中央的为装饰盘或称展示盘,餐巾置于装饰盘的上面或左侧。

(2)装饰盘右边摆刀、汤匙,左边摆叉子。可依用餐顺序、头盘、汤、鱼料理、肉料理,视你所需而由外侧至内使用。

(3) 杯子摆在右上角，依次为水杯、红葡萄酒杯、白葡萄酒杯，有时视情况也会摆上香槟或雪莉酒所用的玻璃杯。

(4) 面包盘和黄油刀摆在叉子的左侧。

(5) 甜品叉勺摆在装饰盘的上方。

(6) 摆放椒盐瓶、烟灰缸、花瓶。

468 西餐宴会服务的程序是怎样的？

(1) 引宾入席。离开宴5分钟左右，餐厅服务负责人应主动询问主人是否可以开席。经主人同意后即通知厨房准备上菜，同时请宾客入座。值台服务员应精神饱满地站在餐台旁。当来宾走近座位时，服务员应面带笑容拉开座椅，按宾主次序引请来宾入座。

(2) 服务程序。在宴会开始前几分钟摆上黄油，分派面包，面包作为佐餐食品可以在任何时候与任何菜肴搭配进行，所以要保证客人面包盘内总是有面包，一旦盘子空了，应随时给客人续添。

按上菜顺序上菜，顺序是：冷开胃品、酒、鱼类、副盘、主菜、甜食、水果、咖啡或茶。

按菜单顺序撤盘上菜。每上一道菜之前，应先将用空的前一道菜的餐具撤下。客人如果将刀叉并拢放在餐盘左边或右边或横于餐盘上方，是表示不再吃了，可以撤盘。客人如果将刀叉呈"八"字形搭放在餐盘的两边，则表示暂时不需撤盘。西餐宴会要求等所有宾客都吃完一道菜后才一起撤盘。

上肉菜的方法。肉的最佳部位对着客人放，而配菜自左向右按白、绿、红的顺序摆好。主菜后的色拉要立即跟汁，色拉盘应放在客人的左侧。

上甜点水果。先撤下桌上酒杯以外的餐具：主菜餐具、面包碟、黄油盅、胡椒盅、盐盅。换上干净的烟灰缸，摆好甜品叉匙，水果要摆在水果盘里，跟上洗手盅、水果刀叉。

上咖啡或茶前放好糖缸、淡奶壶。在每位宾客右手边放咖啡或茶具，然后拿咖啡壶或茶壶依次斟上。有些高档宴会需推酒水车，应问询客人是否送餐后酒和雪茄。

(3) 席间服务注意事项。经常需增添的小餐具。上点心要跟上饼叉；上水果前要摆水果碟、水果刀。

递洗手盅和香巾。时机：宴会中在客人吃完剥蟹、剥虾、剥蚝后或在吃水果之前和餐毕时递洗手盅与香巾。方法：盅内盛凉开水，有时用花瓣或柠檬汁装饰。用

第十章 西餐文化

托盘送至客位右上方，即酒杯上方。

◆ 中、西餐服务主要区别

中餐大多采用合餐制；西餐基本上采用分餐制。

中餐的主要餐具是：碗、筷、匙、盘，而盘子是辅助性餐具；西餐的主要餐具是：盘、刀、叉、匙、碗，而盘子是主要餐具。

中餐各式菜肴可用筷子和匙来吃，西餐菜要分别用不同餐具。

中餐服务分工不细；西餐服务岗位分工明确、各司其职。

中餐服务一般"先宾后主"，分菜、斟酒按席次进行；西餐服务讲究"女士优先"。

西餐菜品与酒水如何搭配？

西餐中的酒水，一共可以分为餐前酒、佐餐酒、餐后酒等三种。它们各自又拥有许多具体种类。总的来说，口味清淡的菜式与香味淡雅、色泽较浅的酒品相配，深色的肉禽类菜肴与香味浓郁的酒品相配，餐前选用旨在开胃的各式酒品，餐后选用各式甜酒以助消化。

（1）餐前酒。餐前酒，别名开胃酒。显而易见，它是在开始正式用餐前饮用，或在吃开胃菜时与之配伍的。在一般情况下，在用西餐之前，很多西方客人喜爱饮用一杯具有开胃功能的酒品，如法国和意大利生产的味美思酒（Vermouth）。也有用鸡尾酒作为餐前酒的，如血玛丽（BloodMary）。

（2）开胃头盘。西方客人吃开胃头盘时要根据开胃头盘的具体内容选用酒水品种。如鱼子酱要用俄国或波兰生产的伏特加酒（Vodka）。虾味鸡尾杯则用白葡萄酒。口味选用干型或半干型。

（3）汤类。不同的汤应配用不同的酒，如牛尾汤配雪莉酒、蔬菜汤配干味白葡萄酒等。

（4）沙拉。与沙拉搭配的一般是口味清淡的白葡萄酒或开胃酒，具体要根据沙拉的内容选用酒水品种。

（5）鱼类及海味菜肴和肉类、禽类及各式野味菜肴。西餐里的佐餐酒均为葡萄酒，而且大多数是干葡萄酒或半干葡萄酒。在正餐或宴会上选择佐餐酒，有一条重要的讲究不可不知，即"白酒配白肉，红酒配红肉"。所谓的白肉，即鱼肉、海鲜、鸡肉。吃它们时，须以白葡萄酒搭配。所谓的红肉，即牛肉、羊肉、猪肉。吃这类肉时，则应配以红葡萄酒。

（6）奶酪。适合配用香味浓烈的白葡萄酒，有些品种的奶酪可配用波特酒。

（7）甜品。一般配用甜葡萄酒或葡萄汽酒，有德国莱茵白葡萄酒、法国的香槟酒等。

（8）餐后酒。指的是在用餐之后，用来以助消化的酒水。最常见的餐后酒是利口酒。这里值得一提的是西餐在进餐过程中，饮用香槟酒佐餐是件愉快的事，它可以与任何种类的菜式相配。

第十一章
卫生消防

　　安全是客人最基本的心理需求。就餐饮企业来说，安全问题主要体现在以下两方面：一是食品卫生。从某种意义上说，清洁卫生是餐厅出售的商品之一，顾客对餐饮服务质量的评价首先是餐饮服务卫生；如果餐厅食品不卫生，会直接影响到顾客的身体健康。二是消防安全。防火是保障顾客生命财产安全的大事，服务员一定要严格遵守企业的各项消防安全制度，积极参加消防安全知识教育和训练，掌握本工种、本岗位的消防安全基本知识。

餐饮服务小百科

470 餐饮卫生主要包括哪几方面？

（1）环境卫生。麦当劳、肯德基、必胜客之所以能在中国这一饮食大国飞速发展，得益于他们的快餐文化，更重要的一点是环境的卫生。餐厅要讲究环境卫生，只有清洁干净的环境才会给顾客就餐营造一种舒适的氛围。

（2）餐具卫生。各餐厅餐具、茶具、酒具要每餐消毒。瓷器、不锈钢餐具和玻璃制品表面光洁明亮，无油腻感。托盘等每餐洗涤，台布等及时更换，平整洁净。各种餐茶具、用品日常保管好，有防尘措施，始终保持清洁。

（3）个人卫生。餐厅的每一位员工都必须注重个人卫生，养成良好的卫生习惯。按照《食品卫生法》的规定，从业人员每年至少进行一次健康检查，必要时接受临时检查。新参加或临时参加餐饮服务工作的人员，应经健康检查，取得健康合格证明后方可参加工作。从业人员有发热、腹泻、皮肤伤口感染、咽部炎症等有碍食品卫生病症的，应立即脱离工作岗位，待查明原因，排除有碍食品卫生的病症或治愈后，方可重新上岗。

（4）工作卫生。餐厅工作人员在给客人服务过程中，要特别注意的是着装一定要整洁，操作一定要卫生，只有这样，才会让客人联想到餐厅的经营水平和尊重顾客的服务精神，从而对餐厅产生信任感。

（5）食品卫生。食品安全是世界性公共卫生的重大问题，餐饮业食品安全更是重中之重。从农田到餐桌，餐桌食品安全是最后一关，一旦出了问题，将直接危及消费者的生命和健康。食品的采购、验收、储藏、加工要卫生。食品的采购应当无毒无害，应达到食品卫生的标准，符合营养要求，具有相当的色、香、味的"感官指标"；对食品进行储藏和加工的工具、容器要严格消毒。餐饮加工人员、服务人员及销售人员要注意个人卫生，以保持食品的健康卫生。

（6）厨房卫生。厨房卫生是整个餐厅卫生的基地，所有出品的饭菜都是在厨房做出来的。因此，厨房卫生的水平高低，势必决定整个餐厅卫生水平的高低。除了保证食品的卫生外，还要保证厨房的清洁干净。

◆ 客人频频吃出"异物"

柔和的背景音乐，飘香的精美菜肴，热情周到的服务……一个大型的团队自助餐正井然有序地进行着。这时，一位戴金丝眼镜老年客人向服务员招手示意。服务员疾步上前轻声地问："先生，请问有什么需要?"客人和蔼地说:"请您看一下,这筷子上是否有一根头发?可能是我看错了。"同时,他用双手扶着镜框又仔细看了一下。服务员走近仔细一瞧,确实有一根细长的头发裹在筷子上,赶忙给客人换上一副干净的筷子,并真诚地对他说:"谢谢您对我们工作的提醒!"同时,给他上了一份精美的时令果拼。

在一家酒店餐厅里,一位女顾客正在吃面条。突然间,客人哎哟地大叫一声,顿时"语惊四座"。其实,客人是感到嘴里面咬着了一块很硬的东西,也许是割破了嘴,令她感到很疼很难受。她也顾不上姿态了,只管捂着嘴,并低下头,继续在叫:"啊,好痛!"隔了一阵,客人从嘴里吐出一块贝壳碎片来。客人拿起它对服务员说:"请问,这面条里面怎样会有这个?"服务员一看:"啊?是碎贝壳。"客人没好气地说:"这是贝壳碎片!它怎么会在面条里!"服务员带点争辩的口吻说:"对不起,它不可能在面条里吧?"客人生气地说:"怎么不可能?事实上,这贝壳碎片就是在面条里,你都看见的。服务员这才有点认真地说:"对不起,真对不起。"

一次,某市一位颇具身份的客人在某酒店的中餐厅宴客。服务员送上鱼翅盅后,客人在盅里赫然发现了一枚订书针,他只用汤匙挑了一下,就没再吃,也没动声色,连一点表情都没有。服务员站立在旁,已经一眼看到,惊出了一身冷汗,一直到换下一道菜色时,服务员要撤去这道鱼翅盅,例行地询问一声:"不再用了?"他也仅用筷子指了一下。服务员机警地说了声"对不起"就撤走了,拿到厨房一看,一枚订书针明显地在那里。这位客人包容的雅量、雍容大度的风范的确令人钦佩。虽然酒店不会有人故意在鱼翅里放订书针,但是事故原因必须调查清楚。经彻底了解才明白,原来是很多的干货,就如鱼翅之类的食物,从市场买回来时都是用纸盒包装,纸盒封口都是用订书针,厨师在拆开纸盒时,就把订书针拉到水盆里了。干的菜还要用水来浸泡,订书针就随着菜肴进到锅里,菜是煮烂了,订书针仍完好,就是这样造成了极大的事故。

471 服务员个人卫生的要点有哪些?

(1)应具有健康意识,懂得基本的健康知识,保持身体健康,精神饱满,睡眠充足，完成工作而不觉得过度劳累。如感不适，应及时向主管报告，如呼吸系统的任何不正常情况（感冒、咽喉炎、扁桃体炎、支气管疾病和肺部疾病），肠疾，如腹泻；还应报告任何皮肤发疹、生疖等疾病；报告受伤情况，包括被刀或其他利器划破和烧伤等。

（2）应养成良好的个人卫生习惯。不用指尖搔头、挖鼻孔、擦拭嘴巴；饭前、厕后要洗手；接触食品或食品器具、器皿前要洗手；不可以在他人面前咳嗽、打喷嚏；经常洗脸、洗澡以确保身体的清洁。上厕所前，应在食品处理区内脱去工作服。

（3）不可在工作场所吸烟、饮食，非必要时勿互相交谈。因为人体的上呼吸道、食道等均与外界相通，这些管壁上均有黏膜，是细菌生长、繁殖的良好场所，除细菌外尚有一些病毒，这些细菌病毒可借唾液传至其他食物上。所以工作场所不可饮食、吸烟，并尽量不交谈。

（4）手因经常与食品直接接触，因而成为传播有害微生物的主要媒介，因此维护手部清洁相当重要。工作人员为确保手部卫生，平时要养成洗手的习惯。手部附着的细菌有两种：一种附着于皮肤表面，称为暂时性细菌；另一种附着于皮肤的皮纹及皮脂腺内，称为永久性细菌。一般洗手、刷手只能清洁皮肤表面附着的细菌。因此当工作人员必须用手直接接触食物时，最好戴上完整、清洁的手套以确保食品卫生。手部有创伤、脓肿时不得接触食品，因创伤、脓肿部位可能有铜绿假单胞菌，一旦污染了食品，会在食品中繁殖，并产生耐热的肠内毒素，易造成食品中毒。因此手部一旦有创伤、脓肿时，应严禁从事接触食品的作业。

（5）正确的洗手方法是：首先以水润湿手部，擦上肥皂或洗洁剂（若使用肥皂，使用后必须用水冲洗肥皂，放回肥皂盒）；两手心相互摩擦；两手间自手背至手指相互揉擦；用力互搓两手的全部，包括手掌及手背，作拉手姿势擦洗指尖；冲去肥皂，洗净手部，用拭手纸擦干（或烘干机烘干）。

（6）拿取餐具、食物都要采用卫生方法，不要用手接触餐具上客人入口的部位。餐具要拿柄，玻璃杯要拿底部，拿盘子时拇指只能接触盘子的边缘部分。

472 冷菜间卫生操作的要点有哪些？

加工前应认真检查待配制的成品冷菜，发现有腐败变质或其他感官性状异常的，不得进行加工。冷菜间每餐（或每次）使用前应进行空气和操作台面的消毒。使用紫外线灯消毒的，应在无人操作时开启30分钟以上。加工后的直接入口生食海产品应放置在食用冰中保存并用保鲜膜分隔，制作与上桌时间应控制在加工至食用的间隔不超过1小时。制作好的冷菜应尽量当餐用完。需批量制作的冷菜起锅后应使用消毒过的容器盛放，并应随即通过冷菜传送窗口放到冷菜间内进行冷却；剩余尚需使用的应存放于专用冰箱内冷藏或冷冻，并须在保存盒上标注具体的制作时间和保存日期；重新食用前，须按规定进行再加热处理；冷菜间使用的工具、容器应做到专用，用前应消毒。冷菜进出必须经冷菜传送窗口传递，不得经过预进间传送。

473 食品粗加工卫生操作的要点有哪些？

加工前应认真检查待加工食品，发现有腐败变质迹象或者其他感官性状异常的，不得加工和使用。动物性食品、植物性食品做到分池清洗，水产品宜在专用水池清洗，禽蛋在使用前应对外壳进行清洗，必要时进行消毒处理。食品原料必须清洗干净，不得留有污垢。清洗好的食品原料须放在清洁容器内，盛放净菜的箩筐不得着地堆放，盛放动物性、植物性、水产品原料的容器宜专用，并应放置在固定的位置，与标识内容相一致。食品粗加工产生的废弃物与垃圾应及时放入废弃物容器，并及时加盖。

◆ 如此洗菜

一家餐馆的厨房里，洗菜的师傅将一大撮长长的青菜连茎带叶丢进一个大盆里，然后在水龙头下随便搓几下，马上捞出来放进旁边一个已经看不出颜色的塑料篮子里；而一些青瓜、苦瓜等瓜类更是简单，放在水里浸一下便捞出来，几乎没有经过浸泡。而厨房的师傅也是从菜篮里抓起菜，放在沸水中烫一下过过水，便捞出来放在碟子里，另一位师傅便接着将一些调料放进去，然后用手把菜摆放得更漂亮一点，一盘凉拌菜就这样"制"成了。

上面是某市卫生监督部门一工作人员在某餐馆进行"暗访"时见到的一个场景。后来，卫生监督部门对该市餐饮业单位进行了一次全面检查，从检查情况来看，餐饮业卫生状况堪忧，餐饮从业人员对个人卫生不太注重是个突出问题，如有的从业人员留着长长的指甲，而有的穿着工作衣随意外出、上洗手间，有的还戴着手表在操作。在一家大型酒店检查时，检查人员发现该店约有一成的被检查人员个人卫生有问题，这家店的二次更衣室基本没有发挥作用，很多人直接从宿舍穿着工作服进入厨房。

474 切配菜卫生操作的要点有哪些？

对所有预切配原料应进行例行质量检查，过期、腐败、变质等不符合卫生要求的原料不得切配，对未洗净的原料不予切配。切配工用具要定位放置，刀不生锈、砧板不霉、操作台面清洁、抹布干净。切配时，废弃物应及时放入废弃物容器，并及时加盖。

475 烹饪卫生操作的要点有哪些？

应对预加工食品及原料进行质量检查，发现过期、腐败、变质等不符合卫生要求的，不得烹饪，烹饪食品按五常（常组织、常整顿、常清洁、常规范、常自律）要求定点定位放置，回收的食品（包括辅料）不得再烹调、再供应。烹饪食品应烧熟煮透，食品中心温度不低于70℃；需冷藏的熟制品，应在起锅后及时送冷菜间内进行冷却，并冷藏。厨师操作时，严禁直接用勺子尝味。严禁用配菜盆盛放成品菜。烹饪操作使用的抹布做到专用并随时保持清洁，禁止使用抹布揩擦盛装菜肴的碗盘。烹饪结束，调料加盖，调料瓶、炊具工具、用具、灶上灶下、台面灶面清洗整理干净，并将各类物品按标识位置存放；废弃油脂按规定统一放置处理。

476 食品再加热卫生操作的要求有哪些？

（1）无适当保存条件（温度低于60℃、高于10℃）存放时间超过2小时的熟食品，再次利用的要充分加热，且确认加热前食品没有变质。

（2）冷冻熟食品应彻底解冻后经充分加热方可食用。

（3）加热时中心温度应高于70℃，未经充分加热的食品不得食用。

477 冷菜制作卫生操作的要求有哪些？

冷菜根据制作工艺不同，分为冷制凉食和热制凉食两种，至于专供观赏的工艺

冷盘或食品雕刻此处不作讨论。

（1）冷制凉食菜肴应符合以下卫生要求：原料用清水彻底清洗，去除泥沙、虫卵和杂质；刀、盛器、案板和工作人员手都要干净；用盐、醋、糖、酒等腌制应有一定时间，以杀灭部分微生物和寄生虫卵；切配和腌制后应尽快食用，未用完原料应妥善保管。

（2）热制凉食菜肴应符合以下卫生要求：动物性原料应烧熟煮透，也要防止烧焦原料；添加剂和调味品应符合卫生要求；盛器、运输工具、包装材料都应检查，认真清洗和消毒；切配时严格生熟分开，操作和销售人员保持手干净；未售完部分应妥善保管，第二天应重新加热后方可食用。

478 热菜制作的卫生要求有哪些？

热菜是经加热烹调的食物，常用炒、煮、爆、炸、烤、煎、烙、熏等烹调方法，热菜应符合以下卫生要求：热菜所用原料应新鲜，烹调中烧熟煮透，彻底灭菌和灭虫卵，也要防止烧焦炒糊；用于炸制的油应经常更换；防止烫伤，一是防止油烫伤手，二是防锅、勺烫伤，三是防尝味时烫伤嘴。

479 面点间卫生操作的要点有哪些？

面点师加工前应认真检查各种食品原辅料的卫生质量，发现有腐败变质或者其他感官性状异常的，不得用于面点加工。未用完的馅料或半成品，应及时放置到冷柜内，并在规定存放期限内用完。奶油类原料应低温存放。蛋糕类成品必须在专间内完成后续制作（如裱花）和分装。水分含量较高的含奶、蛋的点心应在10℃以下或60℃以上的温度条件下存放。散装原料应有统一盒子存放，并严格按标签划线定位，整齐规范摆放。每次操作结束，及时将工用具、台面清洗整理干净，并将各类物品按标识位置放置。

480 备餐卫生操作的要点有哪些？

备菜责任人应认真履行待供食品的卫生质量检查，发现感官性状或其他异常时，应停止供应；备菜操作时，应避免操作过程污染食品。菜肴分派、造型整理的用具，使用前应经消毒。用于菜肴装饰的原料使用前应洗净消毒，并且不能反复使用。备餐间每餐（或每次）使用前应进行空气和操作台面的消毒。使用紫外线灯消毒的，应在备菜间无人时，开启30分钟以上。备餐间内物品应严格按标签划线位置摆放，各类工用具按功能标签专用。

481 什么是突发公共卫生事件？

突发公共卫生事件，指突发性重大传染性疾病疫情、群体性不明原因疾病、重大食物中毒以及其他严重影响公众健康的事件。

482 什么是食物中毒，其发病特点是什么？

食用了被细菌性或化学性毒物污染的食物，或误食了本身有毒的食物，就会引起急性中毒性疾病，这就是食物中毒。食物中毒可分为微生物性食物中毒（包括细菌性食物中毒与真菌毒素、真菌食品中毒）与化学性食物中毒。食物中毒的发病有如下特点：

（1）发病与食物有关。中毒病人在相近的时间内吃过同样的食物，没有吃过这种食物的人不会中毒；停止食用该食物后，就不会再有其他的人中毒。

（2）一般是集体发病，短时间内可能有多数人发病，发病曲线呈突然上升趋势，潜伏期短，来势急剧。

（3）所有病人中毒表现基本相似。最常见的是消化道症状，如恶心、呕吐、腹痛、腹泻等，病程较短。

（4）不会有人与人之间的直接传染。

483 细菌性食物中毒常见原因有哪些？

（1）生熟交叉污染。如熟食品被生的食品原料污染，或被与生的食品原料接触过的表面（如容器、手、操作台等）污染。

（2）食品储存不当。如熟食品被长时间存放在10～60℃之间的温度条件下（在此温度下的存放时间应小于2小时），或易腐原料、半成品食品在不适合温度下长时间储存。

（3）食品未烧熟煮透。如食品烧制时间不足、烹调前未彻底解冻等原因使食品加工时中心温度未达到70℃。

（4）从业人员带菌污染食品。从业人员患有传染病或是带菌者，操作时通过手部接触等方式污染食品。

（5）经长时间储存的食品食用前，未彻底再加热使中心温度达到70℃以上。

（6）进食未经加热处理的生食品。

◆ 婚宴上的食物中毒事件

小吴、小赵在某酒店举办了婚宴，近200名亲戚朋友参加。婚宴后，有数十名客人腹部剧痛，发生了腹泻，有的严重脱水，出现了昏迷，住进了医院。随后，两口子连续数日奔走医院，探望各位在医院治疗的亲朋好友，一一表示歉意，还垫付了几名亲友的医药费用。经查，这次腹泻事件主要是由于该酒店承办婚宴而引起的细菌性食物中毒。两口子既觉得愧对入院治疗的亲友，又觉得自己的身体及精神都受到了极大的损害。

某年10月23日，某地一企业老板龚先生为其子结婚办婚宴，按照当地习俗摆连场婚宴，从10月22日晚到23日中午，共摆了几百桌。10月23日下午，不少人吃完婚宴后回家就开始出现腹痛、呕吐等症状，随后接连有数百人到医院就诊。经卫生部门确认，该事件为一起副溶血性弧菌食物中毒事件，红烧甲鱼和琴鹤香辣蟹为中毒食品，原因是相关食品未彻底加热煮熟煮透。

484 预防细菌性食物中毒的关键点有哪些？

（1）避免污染。即避免熟食品受到各种致病菌的污染。如避免生食品与熟食品接触、经常性洗手、接触直接入口食品的应消毒手部、保持食品加工操作场所清洁、避免昆虫和鼠类等动物接触食品。

（2）控制温度。即控制适当的温度以保证杀灭食品中的微生物或防止微生物的生长繁殖。如加热食品应使中心温度达到70℃以上。储存熟食品，要及时热藏，使食品温度保持在60℃以上；或者及时冷藏，把温度控制在10℃以下。

（3）控制时间。即尽量缩短食品存放时间，不给微生物生长繁殖的机会。熟食品应尽快吃掉；食品原料应尽快使用完。

（4）清洗和消毒。这是防止食品污染的主要措施。对接触食品的所有物品应清洗干净，凡是接触直接入口食品的物品，还应在清洗的基础上进行消毒。一些生吃的蔬菜水果也应进行清洗消毒。

（5）控制加工量。食品的加工量应与加工条件相吻合。食品加工量超过加工场所和设备的承受能力时，难以做到按卫生要求加工，极易造成食品污染，引起食物中毒。

485 化学性食物中毒常见原因有哪些？

（1）作为食品原料的食用农产品在种植、养殖过程或生长环境中，受到化学性有毒有害物质污染。如蔬菜中的农药、猪肝中的瘦肉精等。

（2）食品中含有天然有毒物质，食品加工过程未去除。如豆浆未煮透，使其中的胰蛋白酶抑制物未彻底去除；四季豆加工时加热时间不够，使其中的皂素等未完全破坏。

（3）食品在加工过程中受到化学性有毒有害物质的污染。如误将亚硝酸盐当作食盐使用。

（4）食用有毒有害食品，如毒蕈、发芽马铃薯、河豚鱼等。

486 预防常见化学性食物中毒的措施有哪些？

（1）农药引起的食物中毒。蔬菜粗加工时以食品洗涤剂（洗洁精）溶液浸泡30分钟后再冲净，烹调前再经烫泡1分钟，可有效去除蔬菜表面的大部分农药。

（2）豆浆引起的食物中毒。生豆浆烧煮时将上涌泡沫除尽，煮沸后再以文火维持煮沸5分钟左右，可使其中的胰蛋白酶抑制物彻底分解破坏。应注意豆浆加热至80℃时，会有许多泡沫上浮，出现"假沸"现象。

（3）四季豆引起的食物中毒。烹调时将四季豆放入开水中烫煮10分钟以上再炒。

（4）亚硝酸盐引起的食物中毒。加强亚硝酸盐的保管，避免误作食盐使用。腌制肉制品时所使用的亚硝酸盐不得超过《食品添加剂使用卫生标准》（GB 2760）的限量规定。

487 什么是食品污染?

食品污染指食品从原料的种植、养殖、生长到收获、捕捞、屠宰、加工、储存、运输、销售到食用前整个过程的各个环节，都有可能被某些有毒有害物质污染而使食品的营养价值和卫生质量降低或对人体产生不同程度危害。根据污染食品有害因素的性质，可分为生物性污染、化学性污染、放射性污染三类。

488 什么是绿色食品和无公害食品?

绿色食品并不是指食品的颜色，而是指遵循可持续发展原则，按照特定的生产方式生产，经专门机构认定、许可使用绿色食品商标的无污染的安全、优质、营养类食品。绿色食品按照中华人民共和国农业行业标准NY/T 268～292—1995和NY/T 418～437—2000，由中国绿色食品发展中心统一认证，并有统一的质量认证商标，分为A级和AA级两种。由于对食品安全的关注，绿色食品、绿色蔬菜、绿色餐饮是我国今后食品和餐饮的重要发展方向。与绿色食品不同，黑色食品是指黑褐色或深色的食品，如黑米、黑豆、紫菜、黑芝麻、黑木耳、乌骨鸡、发菜、蚂蚁、黑瓜子、香菇等，其营养保健作用较相应的浅色食品强。与绿色食品相似的概念还有无公害食品、有机食品和生态食品。无公害食品是指产地环境、生产过程和产品质量符合国家标准和规范要求，经认证合格的食品，实际就是有毒有害物质含量不超过国家标准（我国农业部2001年制定的NY/T 5000～5073—2001）的食品。有机食品是在生产和加工过程中，不使用化学合成剂、生产调节剂、基因改造和核辐射技术的食品。生态食品是美国使用的概念，与有机食品相似。

489 禁止采购的食品有哪些?

（1）腐败变质食品；
（2）未经卫生检验或者检验不合格的肉类及其制品；
（3）超过保质期或者不符合食品标签规定的定型包装食品；
（4）其他不符合食品卫生标准和要求的食品。

490 食品保持期和保存期的区别是什么？

保持期（最佳食用期）是指在标签上规定的条件下，保持食品质量（品质）的期限。在此期限，食品完全适于销售，并符合标签上或产品标准中所规定的质量（品质）；超过此期限，在一定时间内食品仍然是可以食用的。保存期（推荐的最终食用期）是指在标签上规定的条件下，食品可以食用的最终日期；超过此期限，产品质量（品质）可能发生变化，食品不再适于销售和食用。千万不要购买超过保存期的预包装食品，过了保质期的食品未必不能吃，但过了保存期的食品就一定不能吃了！

491 什么是火灾？

火灾，指凡在时间上或空间上失去控制的并对财物和人身造成损害的燃烧现象。在各种灾害中，火灾是最经常、最普遍的威胁人身安全、财产安全的主要灾害之一。

492 厨房为什么会成为餐饮企业发生火灾的主要地点？

（1）燃料多。厨房是使用明火作业的场所，所用的燃料一般有液化石油气、煤气、天然气、炭等，若操作不当，很容易引起泄漏、燃烧、爆炸。

（2）油烟重。厨房长年与煤炭、气火打交道，场所环境一般比较潮湿，在这种条件下，燃料燃烧过程中产生的不均匀燃烧物及油气蒸发产生的油烟很容易积聚下来，形成一定厚度的可燃物油层和粉层附着在墙壁、烟道和抽油烟机的表面，如不及时清洗，就有引起油烟火灾的可能。

（3）电气线路隐患大。餐饮行业厨房的使用空间一般都比较紧凑，各种大型厨房设备种类繁多，用火、用电设备集中，相互连接，错乱的各种电线、电缆、插排极易虚接、打火。

（4）用油不当会起火。厨房用油大致分为两种，一是燃料用油，二是食用油。燃料用油指柴油、煤油，大型宾馆和饭店主要用柴油。柴油的闪点较低，在使用过程中，因调火、放置不当等原因很容易引起火灾。有的地方将柴油放置在烟道旁，烟道起火时就会同时引发柴油起火。食用油主要指油锅烹调食物用的油，因油温过高起火或操作不当使热油溅出油锅碰到火源引起油锅起火是常有的现象,如扑救不得法就会引发火灾。

◆ 有惊无险

一天,某酒楼的厨师们都像往常一样有条不紊地开始餐前的准备工作。突然,只听见厨房里"哄"的一声巨响,然后一个火团从炉膛里窜了出来,通红的火光映红了每一个厨师的脸庞,每一个人都惊呆了……但这一"惊"是短暂的,大家马上反应过来,有的厨师直奔灭火器而去,有的厨师立即拿起熄火用的锅盖,几个手脚麻利的员工迅速拿起灭火器,打开消火栓对准火焰的根部喷了起来,很快地火就被扑灭了。后据调查得知:原来是炉灶上的一位厨师在炸食品时忙中出错,不小心把油漏进了炉灶内,于是出现了刚才的一幕。这一幕如果处理不及时或许就真的要酿成不可挽回的损失。好在该酒楼这支训练有素的厨师队伍中,平日酒店安全、消防知识培训到位,所以一场险酿大祸的火灾避免了。

493 饭店厨房的防火应注意哪些?

(1)厨房的各种电器设备的安装和使用必须符合防火安全要求,严禁超负荷使用。各种电器绝缘要好,接头要牢固,要有合格的保险装置。

(2)厨房各种用气设备的使用和操作必须制定安全操作规程,并严格执行。

(3)厨房在炼油和炸、烘、烤各种食品时,油锅、烤箱内的温度不要过高,油锅内的油不要太满,以防引起火灾。

(4)煤气管道及各种灶具附近不准堆放可燃、易燃、易爆物品。气罐与燃烧器及其他火源的距离不得小于1米。各种灶具及液化石油气罐的维修与保养应指定专门人员负责。凡是使用煤气、液化石油气的地方都必须制定安全操作规程,建立岗位责任制。

(5)炉灶要保持清洁,排烟罩要定期擦洗,要经常检查设备、管道有无漏气现象。

(6)安装煤气泄漏报警器,以防煤气泄漏。

(7)温控装置应处在良好状态,不得带故障工作。

餐饮服务小百科

（8）使用火源时工作人员不得随意离开炉灶，以防发生意外。

（9）下班前要有专人认真清理炉灶，保证火头全部熄灭、阀门全部关紧后方可关门。

（10）高楼层厨房不宜使用瓶装液化石油气。煤气管道应从室外单独引入，不得穿过客房或其他房间。

（11）厨房内应配备灭火器、灭火毯等充足的灭火器材。

（12）液化石油气罐应存放在通风良好的地方，不得卧放、倒置。

494 饭店餐厅防火应注意哪些？

（1）在客人用餐及举行各种宴会过程中，随时注意客人吸烟划着的火柴及未熄灭的烟头是否掉在烟缸外面。在收台布时，注意不要把未熄的烟头卷入台布内，以免引起火灾。在清理垃圾时要先将烟头用水浸湿，再倒入垃圾袋。

（2）在使用火锅和酒精灯时，要遵守操作规程，不要在燃烧时添加燃料。

（3）在进行大型宴会或集会等人员众多的情况下，要保证出入口和疏散通道的畅通。

（4）在宴会、集会和日常工作结束后要检查餐厅内有无烟头等，消除隐患，指定专人关闭电源、锁好门窗。

（5）餐厅所使用的备用酒精存放量不得超过2天的用量，应放在备餐间内由专人保管。

阅读材料

◆ **客人烟头险酿大祸**

一天，某饭店中餐宴会厅共预订70多桌的婚宴。一大早，饭店的大堂、楼梯口、休息处、餐厅里已经站满了来参加婚礼庆典的客人。男女老少挤在一起，显得十分拥挤和混乱，餐饮部的徐师傅在拥挤地人群中正忙碌地拣拾着客人扔在地上的果皮杂物。就在这时，有一位客人在离徐师傅有八九米处将一个未熄灭的烟头扔在了地毯上，来来去去的服务员们都在忙着开餐前的最后准备工作，没人留意到这位客人的举动。这一切都在静悄悄地发生着，没有哪一位客人或服务员发现这个潜伏着的危险。这时，细心的徐师傅在混乱的人群中，嗅到了微微的焦糊味，她立刻四处寻找，终于找到了客人在地毯上扔的未熄灭的烟头，此时烟头还在微微地冒着烟气，徐师傅立刻将烟头捡拾起来，将它熄灭；此时地毯已经被烧成了小洞。徐师傅立即将此事告知了餐厅经理，餐厅经理了解情况后和扔烟头的客人进行了友好的沟通，损坏的地毯得到了赔偿。正是因为徐师傅的细心，及时发现了火险隐患，才杜绝了这次潜在的危险，否则引起火灾，后果将不堪设想。

495 灭火有几种基本方法？常用的灭火器有哪几种？

灭火有冷却灭火法、隔离灭火法、窒息灭火法、抑制灭火法等四种基本方法。常用灭火器有：泡沫灭火器、二氧化碳灭火器、干粉灭火器、1211灭火器等。泡沫灭火器适用于扑救油类、木材及一般固体物质初起火灾，但不能用于扑救水溶性物质及带电体的火灾；二氧化碳灭火器适用于扑救图书档案、珍贵设备、精密仪器、少量油类和其他一般物质的初起之火；干粉灭火器适用于扑救石油及石油产品、电气、电器设备的初起之火；1211灭火器用于扑救油类、电器、精密仪器、图书资料等初起火灾。

496 水为什么能灭火？

水之所以能灭火，主要是：

（1）冷却作用。水的热容量和汽化热都比较大，水能从燃烧物质夺取大量热，降低燃烧物质温度。

（2）窒息作用。水被汽化后形成水蒸气，一升水能生成1720升水蒸气，水蒸气能阻止空气进入燃烧区，并减少燃烧区空气中氧的含量，使其失去助燃作用而熄灭。

（3）稀释作用。水能稀释某些液体，冲淡燃烧区可燃气体浓度，降低燃烧强度，能够浸湿未燃烧的物质，使之难以燃烧。

（4）冲击作用。水在机械作用下具有冲击力。水流强烈地冲击火焰，使火焰中断而熄灭。

497 油锅着火是否可以用水灭火？为什么？

油锅着火不可以用水灭火，因为冷水遇到高温热油会形成"炸锅"，使油火到处飞溅，很容易造成火灾和人员伤亡。

498 烟头为什么能引起火灾？

未熄烟头表面温度为200～300℃，中心温度700～800℃。而纸张、棉花、木材、涤纶、纤维等一般可燃物质的燃点都低于这个温度。所以当烟头与这些可燃物接触时，很容易发生火灾。

499 在使用煤气（液化气）点火时，应注意什么？

在使用煤气（液化气）时，应做到先点火、后开气。即火等气，切不可气等火。

500 在液化气灶上起油锅，油锅着火怎么办？

首先关闭液化气灶阀门，同时用锅盖把油锅盖上，使油火与空气隔绝，如是少量食油着火，可以投入青菜或其他食物用于降温即可。

501 为什么液化石油气罐不能卧放和倒置？

气罐立放时，罐内的下部石油气呈液态，上部是气体。打开阀门使用时，首先冲出的是气体，随着气体的逸出，下部的液体又逐渐气化，使罐内上部的气体始终保持一定的压力。如果气罐卧放或倒置，靠近瓶口处多是液体。当打开阀门时，冲出的往往是液体，流经阀门和减压器后，迅速气化。液化石油气从液态变为气态，体积大约扩大250倍。突然有这样多的气体冲出，就大大超过了灶具的负荷，这样容易产生两种可能：一是窜起很大很高的火焰，引起附近可燃物燃烧，二是气体来不及完全燃烧，就有发生爆炸的危险。

502 当发生火灾时，怎样办？

（1）保持沉着冷静的良好心理状态。

（2）及时报警，通知消防中心、电话总机和领导，清楚地说出火警的地点、燃烧物质、火势情况及本人姓名，争取抢救的时间。

（3）在安全情况下，做一些力所能及的灭火和抢救工作，把损失降低到最低限度。

（4）牢记救人优先的原则；疏导客人离开时，要沉着冷静、果断，对有些行动不便的客人，要立即给予帮助，保证客人的生命财产安全；千万不能乘电梯。

（5）若被火困住，应寻找暂时未受火险威胁处躲避，并向窗外显示醒目标志，等待营救，亦可自救逃生，千万不能跳楼。

（6）不了解火场情况不盲目外冲。

503 怎样使用手提式泡沫灭火器和手提式干粉灭火器？

先拔下保险销，将喷枪对准火焰根部，握住提把，然后用力按下压把，阀门开启，干粉或泡沫即从喷管喷枪喷出灭火。注意事项：

（1）灭火器应放置在被保护物品附近，干燥通风和取用方便的地方。

（2）要注意防止受潮和日晒。

（3）灭火器各连接部件不得松动，喷嘴塞盖不能脱落，保证密封性能良好。

（4）灭火器应按规定的时间进行检查。

（5）灭火器使用后必须进行再充装。

504 火场逃生应注意什么问题？

（1）防烟雾中毒。火灾中丧生的人员当中，绝大多数系烟雾中毒所致。因此，在被烟火围困时，不要轻易打开房门，以防烟雾侵入，逃生时要随手关上通过的房门，以防烟雾流通；通过浓烟区时，最好匍匐前进，并用湿毛巾等捂住口鼻。

（2）不要为了穿衣服或寻找贵重物品、钱财而耽误时间，以免失去逃生机会。

（3）在开房门之前，应先用手触摸门板，如果门板发热或发现烟从门缝窜入，说明对面已经着火，不要打开房门，应从其他出口逃脱。即使房门不热，也要小心打开，并做好准备，万一开门后迎面有烟或热浪，应随手迅速关门防止烟气流通、助长火势蔓延。

（4）一旦脱离了危险，不要轻易进入险区。如确知被困人员的准确地点或其他危险情况时，应向火场指挥人员报告。

505 身上着火怎么办？

身上着火后千万不要奔跑，因为奔跑时会加快燃烧速度，还会把火种带到其他场所引起新的火点。如果衣帽着火，应设法脱掉，必要时亦可以撕碎扔掉，来不及脱掉可在地上打滚，把身上的火苗压灭，如果身上的火很大，附近有池塘等水源，可跳入浅水中把火熄灭（这样虽然对治疗烧伤不利，但可以减轻烧伤程度）。若有他人在场时，可向其身上浇水或用湿麻袋、毯子等包裹身体，禁止直接向身上喷射灭火剂（清水除外），以防止伤口感染。

如果手脚着火，手沾上易燃液体燃烧时，可将手迅速插入衣服内灭火；如果脚浇上了易燃液体着火时，可用衣、帽等物品扑打灭火，也可将脚插入无毒难燃的粉粒状物质中灭火。皮肤烧伤后，应避免碰擦、防止脱落而造成感染。

第十二章
基层管理

餐饮企业当中有一个非常显眼的职位,就是领班。领班,从管理层次来说,处于企业管理的最低层,直接面向员工和顾客,对员工进行督导管理,起着"承上启下"的重要作用。目前,餐饮业的领班大多由员工提升上来,他们普遍存在的问题是经验丰富但理论知识还有待加强,岗位技能熟练但综合素质也需进一步提高,而且工作学习的视角有时存在缺陷。在基层管理工作中,领班要具备一定的管理知识与技巧,注意一些管理禁忌。

餐饮服务小百科

506 餐厅领班的工作职责有哪些?

餐厅领班是属于餐厅前场的基层干部,通常是外场餐厅内某一个区域的小主管,负责餐厅服务员有关事宜的管理人员。餐厅领班的工作职责有:

(1)在餐饮部经理及主管的领导下,做好本班组的各项工作。

(2)负责对服务员的考勤、考评,登记好服务员的出勤情况及服务员工作表现,根据表现进行表扬或批评、奖励或处罚。

(3)对菜单了如指掌,熟悉菜式制作程序、烹饪特色,掌握销售技巧。了解当天客人订餐情况、客人的生活习惯和要求。

(4)组织本班组员工召开班前例会,检查员工上岗前准备工作,如着装、证卡、备用金,有无私人物品带入工作区域等。根据每天的工作情况和接待任务安排服务员的工作,交代订餐情况和客人要求,以及特别注意事项。

(5)正确处理工作中发生的问题和客人的投诉,处理不了的问题要及时向主管报告。

(6)检查服务员的餐前准备工作是否完善,餐厅布局是否整齐划一,调味品、配料是否备好、备齐,备餐间、台椅、花架、酒吧、餐柜、门窗、灯光等是否光洁明亮,对不符合要求的要督促其迅速调整。

(7)收集顾客及班组人员意见,并及时汇报部门主管。

(8)协调好与厨房的关系,密切注意餐饮中的菜肴质量与卫生状况,发现问题灵活机动地处理,并及时反映给部门主管及厨房。

(9)检查本部门各项设施、设备运转是否正常,出现故障及时汇报并报修。

(10)完成领导交办的其他工作。

◆ **未通报厨房备货、菜式情况**

一天,餐厅里来了三位衣着讲究的客人,服务员引至餐厅坐定,其中一位客人便开了口:"我要点××菜,你们一定要将味调得浓些,样子摆得漂亮一些。"同时转身对同伴说:"这道菜很好吃,今天你们一定要尝尝。"菜点完后,服务员拿着菜单去了厨房。再次上来时,便礼貌地对客人说:"先生,对不起,今天没有这道菜,给您换一道菜可以吗?"客人一听勃然大怒:"你为什么不事先告诉我?让我们无故等了这么久，早说就去另一家餐厅了。"发了脾气，客人仍觉得在朋友面前丢了面子，于是拂袖而去。在开餐前，领班应了解厨房备货、菜式情况，并在班前例会上通报给服务员。

507 如何才能成为一名称职的领班？

领班可以直接解释为"带领一个班组的班长"，他是使优良服务得以贯穿餐厅服务全过程的关键人物，同时也是餐厅主管经理的助手，又在整个餐厅服务中直接起着带头、督导、协调的作用。一名称职的领班，应具备以下素质：

（1）应熟悉涉及他（她）本职工作的业务知识，有比较强的操作技能。如果一个领班对他所分管的那些工作的程序、标准和质量检查规范掌握不全面，或操作不熟练，是难以管好其下属的，有时甚至会给下属以笑话。

（2）应具备一定的管理理论基础。不少领班在对其下属培训中，对某一项工作的程度、标准讲得头头是道，但为什么要这样做？或应注意避免什么？却讲不出原因来，这是缺乏基本理论素养的一种表现，应努力加以弥补。

（3）要能不断学习。现代社会知识更新周期正在缩短，所以要不断更新知识，淘汰一些过时的知识和经验，积极进取，永不满足。"留心处处皆学问"、"三人行必有我师"，向上级领导学习，向有经验的师傅学习。向下属学习，向书本学习。要根据工作中积累的经验结合相关理论知识进行不断的自我激励、自我提高，也就是积累、学习、总结到融会、提高的过程，通俗地说就是量变（积累、总结）到质变（融会、提高）的过程，只有这样不断提高自己，才能不断增强自己的大局观和工作能力。

（4）应具有服务员工的意识。一个领班在工作上应该是"服务员的服务员"。一旦这样做了，你就会发现你的威信和尊严不但没有下降，反而赢得了更多员工的忠心。

508 领班的禁忌用语有哪些？

很多时候，作为基层管理人员的领班，都犯有一些管理方面的毛病，如过度使用不适当的语句，给普通员工造成极大的心理压力，比如：

- 有什么好问的？叫你怎么干就怎么干！

- 这事都办不成，真是笨到家了！
- 这点小事都办不成，我看你还是回家抱孩子去吧。
- 你这种态度，敢这样和我讲话，还把我放在眼里吗？是不是不想干啦！
- 你搞清楚点，谁是领班，不是你，是我说了算。
- 怕累呀，回家睡觉就不累。
- 不愿干，可以辞职啊，人多着呢。
- 你问我，我问谁啊？
- 是听我的，还是听你的？
- 你怎么又给我惹麻烦！你有病啊！
- 有本事，你告我去啊！
- 你这么有能耐，别在我手下干啊！
- 我就这样，你能把我怎么着？
- 我就是看你不顺眼，怎么着？
- 你怎么老犯错啊？没脑子啊？买点"脑白金"补补。
- 这事我不管了，你爱怎么办就怎么办。
- 只要我在这里，你就别想出人头地。
- 你们这些人，什么事也办不成，给我丢尽了脸！
- 今天我治不了你，就不姓张。
- 你以为你是谁啊，别不知天高地厚了！
- 你这事，我管不着，你找别人去，这与我无关。
- 你是我招来的，你得听我的话。
- 要不是我帮你说话，这事你是绝对办不成的。
- 这次提升你，某某不同意，我是支持你的，帮你做了很多工作。
- 放心，有我在，绝不会叫你吃亏。
- 这个问题是前任领班遗留下的，我不管！

509 领班如何激励女员工？

餐饮企业服务人员中女员工占的比例较大，而且女员工发挥的作用也越来越大，如果不能激发女员工的积极性，领班就不可能发展自己的业绩。在女员工眼里认为是合格的领班，毫无疑义男员工也会认为是合格的。领班必须针对女性员工的心理特征、性格特点，采用恰当的方式，激励女员工的工作积极性。

（1）要用"男女平等"的原则，去安排女员工的工作。尊重她们，她们也会尊重你。

（2）每一位女员工都会产生这种想法：把第一名的荣誉归于我吧。要利用女职员的这种好胜心，去激励她们的积极性。

（3）"依靠你啦！"让每人都去具体负责某一项工作，使其具有责任感。

（4）"你的声音很好听！"赞美能够使女员工对自己更加自信、对工作更加热爱，能够鼓励女员工提高工作效率。给女员工的赞美也要及时而有效，当她们工作表现很出色，领班应该立即给予称赞，让员工感受到自己受到上司的赞赏和认可。

（5）女性之间的人际关系比男性复杂，这一点应引起每位领班的注意，女员工辞职的原因有70%是因人际关系造成的。

（6）要运用说服和影响力来激发女员工自我激励。

（7）让工作尽可能地多样化，可以预防怠惰情况产生。

（8）考虑所有老资格女员工提出的意见。

（9）美女员工虽然长得漂亮，但谁都不能认为长得漂亮应具有特权，因此绝不因长得好与不好而产生偏袒现象。

（10）考虑妥当的批评方式。批评的方式有很多种，这就需要管理者根据具体的当事人和事件进行选择。比如，性格内向的人对别人的评价非常敏感，可以采用以鼓励为主、委婉的批评方式；对于生性固执或自我感觉良好的员工，可以直白地告诉她犯了什么错误，以期对她有所警醒。另外，对于严重的错误，要采取正式的、公开的批评方式；对于轻微的错误，则可以私下里点到为止。

510 领班的工作作风有哪些禁忌？

在餐饮企业实际工作中，领班的工作作风是影响员工工作情绪、服务质量的重要因素。领班易犯的错误主要有：

（1）拒绝承担个人责任。人们在面对责任时有两种行为模式：一种是重实践型，一种是重辩解型。重实践者是敢于承担责任的人；重辩解者一遇事情总爱辩解，是一种责任转嫁型的人。拒绝承担个人责任是领班易犯的一个错误。

（2）不接受员工意见。有的领班自以为高明，对员工的建议往往听不进去，尤其对于那些说话抓不住重点的员工，见了他提意见就心烦；有的心胸比较狭窄，对于感情不相投的员工提意见，听了一点马上就打断，弄得对方下不了台。

（3）当众严词批评与指责。当员工出现工作失误时，切忌当众严词批评与指责。

这样只会把事情搞得更糟，甚至会伤害员工的自尊心，造成员工心情不佳或出现逆反心理或行为。领班千万不要在批评时大发脾气，这样做的后果是领班会在员工面前失去自己的威信，并且给员工造成对他有成见的感觉。

（4）爱讽刺挖苦。有的领班用嘲笑的方法与员工讲话，在其他员工面前嘲笑讽刺一名员工，会使员工没有面子，使员工自尊心受损。调查表明，员工都指出他们不会对一个谈吐粗俗者有好印象。这不单是道德问题，用这种语言不会有助于解决问题的。"己所不欲，勿施于人。"对客服务如此，对待员工也一样。

（5）不善沟通协调。一个领班日常工作中难度最大的可能就是沟通问题了。沟通协调，是领班督导过程的一项重要工作，除应重视搞好班组内部协调外，还要善于同其他班组、部门以及上司的协调。那些只顾自己埋头干、而不注意调动各方面关系的领班，即使干得再苦再累，往往只会落得事倍功半的尴尬局面。

（6）独裁。由于餐饮企业较早、较多地使用国外的管理制度和方法，"命令式"的指挥多，"商讨式"的管理少。一些领班认为一个成功的管理者需要运用强硬的手段才行。领班发布命令，而员工是不能在有疑问中执行命令的。事实上，这容易使人际关系紧张，领班变得孤独无援，员工不能对工作产生归属感。

（7）不懂运用职权。许多领班得不到员工的尊敬、信任是因为他们不懂得运用自己的权力，使员工觉得自己的小组不如别人，许多员工不喜欢自己的领班是弱者，在应发言时却不发言，而给其他部门以机会。

（8）不善于激发部属的士气。领班要善于激励、鼓励、夸奖员工。下面几句话应为领班的常用语言：做得好；进步很快；那就对了；你很能干；继续保持；你想的是个好主意；进行得顺利吗；真高兴你有如此表现；我就知道你能做到；你今天做得很认真；你每天都有进步；我很感谢你的帮忙；你下次会做得更好；对了，就这么做；你的动作真快；你的这种办法使工作容易多了；你看，你想出办法来了；这是你做得最好的一次，下次会更好；继续，你很有进步；我为你今天做的工作感到高兴……

（9）墨守成规。一些领班以为一味按老一套的管理方法去做，准不会出差错。其实，领班工作总不能是守住现成的规则、方法丝毫不变地做下去，这样永远也不能提高工作效率和质量。如果领班丧失主动性，就会变成一个机械型的管理者。

（10）欺上瞒下。一些领班在经理面前唯命是从、大讲自己的功绩，报喜不报忧，在员工面前却飞扬跋扈，甚至阻碍经理与下层员工交流，自己一个人欺上瞒下。这样的领班让经理无法真正听到员工心声，甚至让员工对经理造成误解。经理最怕把自己被当作"孤家寡人"孤立起来，不了解员工心声。能带领员工团结合作、创造成绩，又能让经理与员工沟通交流、打成一片，这样的领班会让经理信任。

◆ 领班如何与下属搞好沟通

沟通，不仅是信息的传递和交换，还包括感情和意见的交流。领班督导效果如何，能否与员工进行有效的沟通是关键。领班如何与下属搞好沟通？

重视沟通的双向性。布置工作或与个别员工谈话，应注意多听听下属的意见，拓宽思路和了解员工心里究竟在想些什么，即使有时员工的意见并不正确，也应让他把话说完，然后针对不正确部分做些解释、说服工作。

应意识到与下属谈话时的态度比谈话的内容更重要。例如员工犯了错误，领班如果从关心、爱护出发，即使批评得重一点，员工也会从内心感激你；如果埋怨、讽刺，即使员工内心认识到错了，也会认为你是在借题发挥。有些领班还应改变怜惜表扬下属的习惯，随时注意并挖掘员工值得称赞的地方，让被称赞者感到愉快而倍加感动，"关心我者乃我的领班"。

培养倾听下属意见的良好习惯。有的领班自以为高明，对下属的建议往往听不进去；有的心胸比较狭窄，对于感情不相投的员工提意见，听了一点马上就打断，弄得对方下不了台。这些都不是广开言路的做法。要明白，"一个出色的听者，往往会有一种强大的感染力，他使说话者感到重要，而不至于心灰意懒，欲言又止"。领班应把改善人际关系的聆听方式作为一个重要课题来研究。

（资料来源：聪酒.员工心目中的现代饭店领班.中国旅游报，2004。）

511 领班如何处理员工的抱怨？

抱怨是一种正常的心理情绪，当员工认为他受到了不公正的待遇，就会产生抱怨情绪，这种情绪有助于缓解心中的不快。伴随着抱怨，可能还会出现降低工作效率等情况，有时甚至会拒绝执行工作任务，做出破坏企业财物等过激行为。因此，领班一定要学会处理好员工的抱怨。

（1）乐于接受抱怨。抱怨无非是一种发泄，他需要听众，而这些听众往往是他最信任的那部分人。当你发现你的下属在抱怨时，你可以找一个单独的环境，让他无所顾忌地抱怨，你需做的就是认真倾听。

（2）尽量了解起因。任何抱怨都有它的起因，除了从抱怨者口中了解事件的原委以外，领班还应该听听其他员工的意见。在事情没有完全了解清楚之前，领班不要发表任何言论，过早的表态会使事情变得更糟。

（3）有效处理抱怨。实际上，80%的抱怨是针对小事的抱怨或者是不合理的抱怨，它来自员工的习惯或敏感。对于这种抱怨，可以通过与抱怨者平等沟通来解决。另外20%的抱怨是需要做出处理的，它往往是因为企业的管理或某些员工的工作出现了问题。对此，领班要先使抱怨者平静下来，阻止住抱怨情绪的扩散，然后再采取有效的措施。

512 领班如何给新员工以友善的欢迎？

正因人际交往中第一印象的重要性，给新员工留下良好的第一印象是很必要的。领班接待新进人员时，要有诚挚友善的态度。能让员工留下深刻的第一印象的办法有：

（1）在新同事到达的前一天，向全班组的工作人员宣布他的到来，并对他进行详细介绍。这样你的同事们就不会在他到来时感到惊讶，而他也会感觉到是受欢迎的。

（2）举办一个招待会，备好咖啡或茶点。邀请班组的每一位员工前来与新员工见面。

（3）帮助新员工做好工作准备，看看其办公用品是否齐备。

（4）送给新员工公司的纪念品，如印有公司标识的水杯、T恤衫、钢笔或小计算器等。

（5）对一位新人来说心理上最难过的莫过于中午单独进餐。那么第一天就邀请他共进午餐并建议其他同事和他一起吃饭。在吃饭时，避免谈论工作，因为他是新人了解较少，会感觉很受冷落。

（6）用企业的"行话"写一封欢迎信送给新员工。当他们读信时，给他解释一下这些"行话"的意思。

（7）老员工自我介绍时，请他们列出公司独一无二的"特点"来。例如，有人可能会谈到一位古怪的顾客，也有人会说起每年圣诞节聚餐时的"杯盘狼藉"等。介绍完之后，新员工也就掌握了许多关于企业和企业员工的信息。

（8）在他到达后再给他一份关于企业服务的简介，并给他一张详细介绍企业结构的图表。别忘了告诉他企业老总的个性及管理风格，特别是提醒他的工作目标以及你对他的期望和时限。

513 领班应让新员工了解关系其自身生存与发展的哪些信息？

新进人员常常因对企业的政策与制度不明了，而造成一些不必要的烦恼及错误，所以第一件必须做的事，就是让他明白与他有关的企业各种政策及规章，借此，他将知道企业对他的期望是什么，以及他可以对企业贡献些什么。所有企业的政策及规章都有其制定的理由，主管人员应将这些理由清楚地告诉新员工。

向新员工解释给薪计划也是一个必不可少的步骤，新员工极欲知道何时发放薪金、上下班时间、何时加班，加班工作能赚多少钱等情况。因此把企业付薪制度详细地告诉新员工，可提高其士气，增强进取心，同时亦可避免误会。

几乎不可能有满足最初工作或原来职务而不思上进的员工，所以工作上晋升的机会对新员工而言是十分重要的，也务必于在其初进公司时即加以说明。但切记不作任何肯定的承诺，以免将来所雇用人员不适应时，导致承诺不能兑现的困扰。以下是适当的说明内容：对新进人员解释，单位内同事们已有些什么成就，同时他们遵循些什么方法在做。很坦白地告诉他，晋升是根据工作表现而定的。使他了解，若要有能力处理较难的工作，必须要先有充分的准备。提供一些建议，若要获得升迁的机会，必须做哪些准备。很清楚地说明，晋升并不能由偏袒或徇私而获得。升迁之门对好员工是永远开着的。

514 领导如何让新老员工和谐相处？

有这样一种普遍现象：一位新员工进入到既定的部门后，虽然接受过企业制度、工作职责和流程等一系列的岗前培训，但对于企业内部各种人际关系，甚至其他工作或生活上的许多细节问题肯定是一无所知的。如果这名新员工是属于性格开放、善于交际的人，可能会很快融入到新的环境中，否则难免会有较强的边缘感和孤独感。而这时候如果有位热心肠的老同事主动向他提供帮助，引导他如何应付各类工作或生活遇到的问题时，那么这名新员工就会消除被冷落的心理；假设这位老同事还能把他带进老员工的圈子，那这名新员工就会更快地成为老员工中的一员了。据此，可以设计这样一种做法：根据新员工的兴趣爱好，在班组里挑选一个与其兴趣爱好一致或相近的同性老员工，作为新员工在公司里的"导游"。因为，同样的兴趣爱好者之间自然会有许多共同话题，利于彼此沟通交流；性别相同的人比较方便相处，也可避免不必要的误会产生。

"导游"的工作就是要向新员工全面介绍公司里的人和事，工作上什么问题该找谁解决，各个同事的工作习惯和脾性如何，日常做事过程中该注意哪些细节，甚至包括就餐、交通等琐碎事情。因为人事经理或主管领导不可能在对新员工的入职培训中讲授太多的细节问题，尤其是许多规章制度里没有载明的内容，而且从新员工的心理角度考虑，一位与其地位平等的老员工与其交流更易被接受。"导游"的工作为期30天比较合适，同时需列入其当月一项重要的绩效考核内容。在"导游"工作结束时，人事经理或主管领导应分别与"导游"、新员工和其他老员工沟通，了解新员工的融入情况，正确评价"导游"的工作效果及新员工是否适应本职工作和公司的工作环境。因为，一个月的时间足够新员工对自己的工作有一个大致的了解。如果必要，也可以根据新员工的特点在这个时候对其岗位进行合适的调整，毕竟一个月的时间也不算太长。需要指出的是，"导游"的人选是需要认真挑选的，必须具备对企业高度的认同感、相当的工作能力和良好的人际关系，这样才能避免把新员工导入歧途或对其施加对企业不利的负面影响。

515 领班的不良心态有哪些？

领班主要存在以下几种不良心态：

（1）唯利是图。表现为学识低，但业务能力和社会活动能力较强。表面上对领导唯命是从，其实心里却打着小算盘，拼命保住自己的领地，以最大可能获取利益，较轻视企业的长远利益和员工的利益。

（2）怨声载道。表现为学识较高、业务能力较弱。他们一方面指责企业的不是，而另一方面又无力改变现状。

（3）急功近利。表现为有一定的学识和能力，对目前个人发展情况不满足，一旦遇到更好的去处便立马离去，是"潜在反叛者"。

516 "走动管理法"有哪些优点?

"走动管理法"也叫现场管理法,要求管理者走出办公室,深入第一线现场,加强巡视检查。这种管理方法有以下优点:

(1)表现在"我在你左右",给人一种制度和管理者"在场"的约束。

(2)能够及时了解情况,发现各种疑难问题,处理发生的各种事件,协调各方面关系,保证服务质量。

(3)可以让人感到上下一致、共同努力,给人一种温馨和支持,实现现场激励。

(4)能较好地将顾客、员工、管理者3个方面结合起来,能够将管理层与员工、上级与下级很好地结合起来。

(5)"走动管理法"还可以避免官僚主义作风,做到信息传达迅速。

阅读材料

◆ 麦当劳把经理的椅子靠背锯掉

麦当劳快餐店创始人雷·克罗克,是美国社会最有影响的十大企业家之一。他不喜欢整天坐在办公室里,大部分工作时间都用在"走动管理"上,即到各公司部门走走、看看、听听、问问。麦当劳公司曾有一段时间面临严重亏损的危机,克罗克发现其中一个重要原因是公司各职能部门经理有严重的官僚主义,习惯躺在舒适的椅背上指手画脚,把许多宝贵的时间耗费在抽烟和闲聊上。于是克罗克想了一个"奇招",将所有经理的椅子靠背锯掉。开始很多人骂克罗克是疯子,不久大家悟出了他的一番苦心。他们纷纷走出办公室,也像克罗克那样,深入基层,开展"走动管理"。

517 影响员工微笑的因素有哪些?

影响员工微笑的因素有:个人情绪(如家庭不和睦、失恋等);工作环境不轻松、职工男女比例不协调;薪酬与自身能力的比例不协调;没有完善的激励、福利机制(做多做少一个样);严肃而令人讨厌的领导(如不会笑的领导);公司对员工许下的承诺没有兑现;人际关系矛盾(如同事与同事、上下级员工的关系);没有相应的团队活动(如聚会、竞赛);人的性格及心理素质;对企业的发展和前途没有信心。

餐饮服务小百科

◆ 消失的微笑

某酒楼新员工小张是个开朗活泼的女孩，阳光般的微笑总是洋溢在她的脸上。正式上岗后的前几天，她总是面带着甜美微笑向客人问候，为客人提供周到细致的服务。领班非常满意她的微笑服务，正准备借机表扬她时，突然发现，小张脸上的微笑不见了。问起原因，小张的回答是："遇到客人，我都非常热情的问候，可是有些客人理也不理。他们不理我，我也觉得没意思。"本案例中，小张的问题其实是新员工当中存在的普遍现象，小张是知晓了微笑在服务过程中的重要性，但只能说她停留在这样一个表面的状态，没能真正理解，以至于在运用过程中产生错误的思维。客人是来店里享受服务的，客人的任何态度都不能影响员工将要为客人提供热情主动的服务。员工与客人所处的角度与位置不同，客人无论以何种态度回应，员工都不能让微笑消失。当客人态度不好时，员工更应该用热情、主动的服务消除客人的不快。

518 如何妥善处理客人的投诉？

一般来说，客人对餐厅投诉，大致有以下几种原因：上菜太慢；样品与实际菜肴的分量相差太多；菜中有异物；味道太咸或太淡；上错了菜等。餐厅领班应事先做出预防以及设计出万一不慎发生后的补救方法。在处理客人投诉时，应注意遵守下列三项基本原则：

（1）真心诚意地帮助客人解决问题。客人投诉，说明企业的管理及服务工作有漏洞，说明客人的某些需求尚未被重视。领班应理解客人的心情，同情客人的处境，努力识别及满足他们的真正需求，满怀诚意地帮助客人解决问题。只有这样，才能赢得客人的信任与好感，才能有助于问题的解决。

（2）绝不与客人争辩。当客人怒气冲冲前来投诉时，首先应适当地选择处理投诉的地点，避免在公共场合接受投诉；其次应该让客人把话讲完，然后对客人的遭遇表示歉意，还应感谢客人对企业的关心。当客人情绪激动时，领班更应注意礼貌，绝不能与客人争辩。如果不给客人一个投诉的机会，与客人逞强好胜，表面上看来你似乎得胜了，但实际上却输了，因为，当客人被证明犯了错误时，他下次再也不会光临我们的餐厅了。因此，服务员应设法平息客人的怒气，解决问题。

（3）不损害企业的利益。服务员对客人的投诉进行解答时，必须注意合乎逻辑，不能推卸责任，随意贬低他人或其他部门。因为采取这种做法，实际上会使服务员处于一个相互矛盾的地位，一方面，希望企业的过失能得到客人的谅解，另一方面却在指责企业的某个部门。其次，除了客人的物品被遗失或损坏外，退款及减少收费不是解决问题的最有效方法。对于大部分客人投诉，企业是通过提供面对面的额外服务，以及对客人的关心、体谅、照顾来得到解决的。

◆ 真诚对待前来投诉的客人

在一家酒店，一位客人在就餐时发现菜里有一根头发，于是怒气冲冲地投诉："你们难道只顾赚钱，不讲卫生，不顾客人的死活吗？""你们考虑过这头发吃下去的后果吗？""你们做菜的厨师难道不戴帽子工作吗？"餐厅领班见势，马上关切地对客人说："很对不起，这一根头发是否截断了，粘在喉咙上没有？如果粘上了，我们立即请酒店医务室的大夫来，头发粘在喉咙上是很难受的。"这种设身处地为客人着想、关心客人的谦恭语言，缓和了气氛，再加上又吩咐厨房免费换上一份新炒的菜，使问题得到了圆满解决。

519 领班如何采取有效的培训方法？

由于餐饮企业员工都是在职成人，具有成人学习的一般特征。因此，培训工作者应采取针对成人的培训方法：

（1）联系未来的发展情景。成人参与学习的主要目的是为了更好地履行社会职责和角色任务，培训者在培训中需不断地联系未来的发展情景，强调培训中所学知识一定会有利于员工今后的工作和发展。

（2）注重成人的经验。成人员工在生活、学习和工作中积累了丰富的经验，成人常常以个人的经验来指导自己的活动，他们在进入某种学习环境时，总会回想起过去的学习感受和体验，并将其与教育环境相联系起来。因此，培训者在教学前一定要了解员工的知识、经验和需求，甚至可以让员工参与到教与学的设计中来，做好需求评价有助于提高培训效率。

（3）教学内容要"实"。成人有丰富的经历，其中有不少经历使他们对某些道理深信不疑。培训者使用的案例如果与他们的经历和背景相似，就会有助于成人学习。他们会拿这些有趣而引人注意的例子与其以前的经历相比较，通过比较他们的理解会更深刻。成人学习新知识时，总希望亲自动手做一下。而且实践也证明，凡是在培训期间完成了实际任务的人总是比只完成了虚拟任务的人收获大得多。所以训练内容越真实，训练效果就越好。

参考文献

[1] 张建宏.餐厅服务400问.北京:化学工业出版社,2008.
[2] 郭敏文,樊平.餐饮服务与管理.第2版.北京:高等教育出版社,2006.
[3] 程新造.星级饭店餐饮服务案例选析.北京:旅游教育出版社,2000.
[4] 张建宏.饭店服务36计.北京:旅游教育出版社,2008.
[5] 张建宏.饭店服务36技.北京:化学工业出版社,2009.
[6] 沈群.餐厅服务手册.北京:旅游教育出版社,2003.
[7] 南兆旭,腾宝红.现代酒店星级服务培训.广州:广东经济出版社,2004.
[8] 刘硕,刘志伟.服务员特训教程.北京:中国盲文出版社,2003.
[9] 周名丁,谢朝刚.饭店对客服务指南.北京:旅游教育出版社,2005.
[10] 辽宁省人民政府交际处.宾馆酒店服务技术考核总汇.沈阳:辽宁科学技术出版社,1991.
[11] 金敏,周名丁.餐厅服务员实战手册.北京:旅游教育出版社,2007.
[12] 龙凡,庄耕.酒吧服务技能综合实训.北京:高等教育出版社,2004.
[13] 宋晓玲.饭店服务常见案例570则.北京:中国旅游出版社,2001.
[14] 金正昆.涉外礼仪教程.北京:中国人民大学出版社,1999.
[15] 陆永庆.旅游交际礼仪.大连:东北财经大学出版社,2001.
[16] 佟玉华.餐厅服务2000问.北京:中国商业出版社,1998.
[17] 曾郁娟.顾客应对技巧.广州:广州出版社,2001.
[18] 张永宁.饭店服务教学案例.北京:中国旅游出版社,1999.
[19] 杨富荣.旅游饭店服务教学案例分析.北京:高等教育出版社,2000.
[20] 孔永生.餐饮细微服务.北京:中国旅游出版社,2007.
[21] 陈文生.酒店经营管理案例精选.北京:旅游教育出版社,2007.
[22] 谢红霞.怎样开饭店.北京:经济科学出版社,2009.
[23] 李春生.微笑与服务美学.北京:中国经济出版社,2000.